高等教育“十三五”规划教材

建设项目评估

主　编　史玉芳
副主编　董留群　尚　梅

中国矿业大学出版社
·徐州·

内容提要

本书根据行业最新动态，结合作者多年教学和科研经验，在取材上注意吸收国内外最新的研究成果和先进经验。全书共分为十章，包括绪论、项目概况及建设必要性评估、市场分析与生产规模的确定、项目生产建设条件及技术评估、投资估算、项目资金来源与融资方案研究、建设项目财务分析、建设项目经济分析、不确定性分析与风险分析、建设项目后评价等内容。

本教材可作为高等院校工程管理、经济管理、工商管理及其他相关专业的本科和研究生教学用书，也可作为从事投资决策、项目评估、规划设计和技术经济工作等工程咨询实际工作者的参考用书，还可作为注册咨询（投资）工程师、注册造价工程师等执业资格考试的参考用书。

图书在版编目(CIP)数据

建设项目评估/史玉芳主编. —徐州：中国矿业大学出版社，2020.1

ISBN 978-7-5646-1329-7

Ⅰ. ①建… Ⅱ. ①史… Ⅲ. ①基本建设项目—项目评价 Ⅳ. ①F282

中国版本图书馆 CIP 数据核字(2019)第 219675 号

书　　名 建设项目评估
主　　编 史玉芳
责任编辑 黄本斌
出版发行 中国矿业大学出版社有限责任公司
（江苏省徐州市解放南路　邮编 221008）
营销热线 (0516)83884103　83885105
出版服务 (0516)83995789　83884920
网　　址 http://www.cumtp.com　**E-mail**:cumtpvip@cumtp.com
印　　刷 虎彩印艺股份有限公司
开　　本 787 mm×1092 mm　1/16　**印张** 15.75　**字数** 393 千字
版次印次 2020 年 1 月第 1 版　2020 年 1 月第 1 次印刷
定　　价 32.00 元

前　言

项目投资决策不仅关系投资者的投资效益，还关系贷款机构的放贷质量以及整个国民经济的健康发展，因此投资项目的决策机制和决策水平尤为重要。项目评估是项目投资决策前期的重要工作内容，为上级主管部门、政府职能部门审批项目及金融机构贷款决策提供重要依据，对于提高项目投资决策的科学化水平、加强固定资产投资宏观调控、引导和促进资源合理配置、优化投资结构等方面具有重要作用。

建设项目评估是在工程技术学科、经济学科和管理学科的基础上发展起来的一门新兴的边缘学科。它是对建设项目的建设必要性、技术可行性、经济效益、社会效益及环境效益等方面进行全面的分析、论证、比较和评价，为投资决策提供科学依据的一门学科。在市场经济条件下，建设项目评估是一门企业投融资决策人员、政府投资计划部门工作人员和金融机构项目贷款管理人员应当熟悉的实用性及操作性很强的学科。

随着国家经济体制改革的不断深入，项目投融资体制、项目管理模式改革逐步深化，一系列法律法规和政策措施陆续出台。2014 年国家新修订颁布了《中华人民共和国环境保护法》；2015 年国务院发布了《水污染防治行动计划》和《关于调整和完善固定资产投资项目资本金制度的通知》；财政部、国家税务局联合下发了营业税改征增值税试点方案，并于 2016 年全面推广实施等；2016 年和 2018 年国务院两次修订了《政府核准的投资项目目录》，出台了具体的简政放权的政策措施。这些法律法规、政策的出台及体制改革等使得建设项目评估领域的相关内容及规定发生相应变化。

本教材根据行业最新动态，结合作者多年教学、科研经验，在取材上注意吸收国内外最新的研究成果和经验，适用于高等院校工程管理、经济管理、工商管理及其他相关专业的本科和研究生教学使用，也可作为投资决策、项目评估、规划设计和技术经济工作等工程咨询实际工作者的参考用书，还可作为注册咨询(投资) 工程师、注册造价工程师等执业资格考试的参考用书。

本教材具有以下特点：

(1) 反映项目投资决策领域的新动态、新政策、新要求。将营业税改增值税、资本金制度调整、PPP(政府与社会资本合作)项目评估等方面的新知识纳入教材，及时反映投资决策领域所处的经济、社会、法制环境发生的深刻变化。

(2) 内容全面系统。教材全面系统地阐述了建设项目评估的基本理论、内容与方法。在结构上按照建设项目评估内容的先后顺序编写，思路清晰。

(3) 理论联系实际，实操性强。教材附有具体项目完整的可行性研究报告、环境影响评价报告和社会评价报告，并附有各类报告的编写大纲、各类表格的样表等，力求进一步缩短理论学习与实际操作之间的距离，提高学生实践操作能力。

(4) 重点突出建设项目经济评价。教材中项目投资估算、财务分析和经济分析等经济评价相关章节配有大量案例分析并有详细计算过程，各章后附有复习思考题、案例分析题，覆盖面广，综合性强，重点突出。

(5) 体现学校人才培养与社会执业资格对接的理念。在内容设置上，参考了我国注册咨询（投资）工程师资格考试大纲及考试教材，便于实现学校人才培养与社会执业资格认证的对接，为学生将来走向社会、更快适应工作奠定基础。

本教材共分为十章，由西安科技大学史玉芳担任主编，董留群、尚梅担任副主编。各章的编写分工为：第一章、第五章、第七章、第八章及附录由西安科技大学史玉芳编写；第二章和第九章由西安科技大学尚梅编写；第三章由西安财经大学李伟红编写；第四章由西安科技大学李文琴编写；第六章由淮阴师范学院董留群编写；第十章由山东交通学院刘爱华编写。全书由史玉芳统一审定、修改和定稿。在本教材的编写过程中，硕士研究生宋平平、马依依、卢吉发、徐志鹏、朱静文、董芮、黄万丽在资料收集和整理方面给予了大力协助，为本教材的编写付出了辛勤劳动，在此表示感谢。

另外，在教材编写过程中，作者参考了许多国内外专家的研究成果，在此，谨向他们表示崇高的谢意。感谢中国矿业大学出版社相关编辑为本书出版付出的艰辛劳动。

尽管本教材经反复推敲，并几易其稿，但由于作者水平所限，书中难免存在疏漏和不足之处，敬请各位读者和同行专家批评指正。

作　者

2019 年 4 月

目 录

第一章 绪 论

本章主要介绍项目投资决策、可行性研究、项目评估及项目经济评价的历史沿革等相关内容。通过本章的学习,读者要掌握可行性研究与项目评估的概念及内容;熟悉可行性研究与项目评估的关系,以及我国现行的投资项目决策和审批程序;了解项目申请报告和资金申请报告的主要内容,以及项目评估的历史沿革。

第一节 项目投资决策概述

一、投资项目

(一)项目与投资项目

根据美国项目管理协会(PMI)的定义,项目是指为完成某一独特的产品、服务或任务所做的一次性努力。在社会经济生活中,符合这一定义的事物或活动是极为普遍的,比如研究一项科技攻关课题叫作科研项目,开发一个管理信息系统叫作 IT 项目,治理某项环境污染叫作环保项目,建设一个住宅小区、一条高速公路叫作建设项目等。如今,项目的概念已渗透到社会的各个领域,成为使用频率最高的词汇之一。在这些项目中,大部分属于投资项目,如无特殊解释,本书中所指项目均为投资项目。随着社会经济的发展,项目将会越来越多,其投资决策成功与否不仅事关企业的盈亏,而且直接关系到国家和地区的兴衰。

在我国,关于投资项目尚无一种公认的解释。按照世界银行的解释,投资项目是指在规定的期限内,为完成一项(或一组)开发目标而规划的投资、政策、机构以及其他各方面投入的综合体。

尽管项目种类繁多、千差万别,但如果抽掉其具体内容,它们都具有以下一些共同特征:

(1)单件性(又称一次性)。这是项目的最主要特征。项目不同于工业生产的批量性和生产过程的重复性,任何项目都有自己的任务内容、完成的过程和最终的成果,不会完全相同。只有认识到项目的单件性,才能有针对性地根据项目的特殊情况和要求对其可行性进行科学的评估与论证。

(2)独特性。每个项目都有自己的特点,每个项目都不同于其他项目。项目所生产的产品、提供的服务或完成的任务与已有的相似产品、服务或任务在一些方面有明显的区别。项目自身在建设时间、性能质量、投资费用等方面有具体的限制要求,因此,项目具有自身的独特性。

(3)目标的明确性。每个项目都有自己明确的目标,任何项目都是为了完成一定的目标而设立的。项目目标必然存在一定的约束条件,一般情况下约束条件为限定的时间、限定的质量和限定的投资等，这就要求项目实施前必须进行科学论证与周密策划，考察投资项目目标的清晰度与可行性。

(4) 组织的临时性。项目开始时要建立项目组织，项目组织中的成员及其职能在项目的执行过程中都在不断地变化，项目结束时组织会解散，因此项目组织具有临时性。

(5) 系统性。一个项目往往需要多个甚至成百上千个单位共同协作，由成千上万个在时间、空间上相互影响、制约的活动构成。每个项目既是其子系统的母系统，又是其更大母系统中的子系统。这就要求在项目运作中，必须全面、动态、统筹地分析处理问题，以系统的观念进行管理。

(二) 投资项目的类型

投资项目种类繁多，可按照不同的标准、从不同的角度对其进行分类。

1. 根据投资项目的性质分类

根据投资项目的性质不同，投资项目可划分为基本建设项目和更新改造项目。

(1) 基本建设项目，简称建设项目，是指通过增加生产要素的投入，以扩大生产能力(或工程效益)为目的的投资项目。建设项目又可划分为新建项目、扩建项目、改建项目、恢复项目和迁建项目等不同类型。

① 新建项目，是指原来没有、现在开始建设的项目，或对原有的规模较小的项目扩大建设规模，其新增固定资产价值超过原有固定资产价值3倍以上的建设项目。

② 扩建项目，是指为了扩大原有主要产品的生产能力或增加经济效益，在原有固定资产基础上，增建一些车间、生产线或分厂的项目。

③ 改建项目，是指为了改进产品质量或产品方向，对原有固定资产进行整体性技术改造的项目。此外，为提高综合生产能力，增加一些附属辅助车间或非生产性工程，也属于改建项目。

④ 恢复项目，是指对因重大自然灾害或战争而遭受破坏的固定资产，按原来规模重新建设或在重建的同时进行扩建的项目。

⑤ 迁建项目，是指因调整生产力布局或环境保护的需要，将原有单位迁至异地重建的项目(不论其是否维持原来的规模)，均称为迁建项目。

(2) 更新改造项目，是指以新的设备、厂房、建筑物或其他设施替换原有的部分，或以新技术对原有的技术装备进行改造的投资项目。建设项目与更新改造项目的主要区别在于：前者主要是固定资产的外延扩大再生产，后者主要是固定资产的简单再生产和以内涵为主的扩大再生产。

2. 根据投资项目的用途分类

根据投资项目的用途不同，投资项目可划分为生产性投资项目和非生产性投资项目。

(1) 生产性投资项目，是指直接用于物质生产或满足物质生产需要的投资项目，它包括工业、农业、林业、水利、气象、交通运输、邮电通信、商业和物资供应设施、地质资源勘探建设等投资项目。

(2) 非生产性投资项目，是指用于人们物质和文化生活需要的投资项目，包括住宅、文教卫生、公用事业设施、科学实验研究以及其他非生产性建设投资项目。

3. 根据投资项目的资金来源分类

根据投资项目的资金来源不同，投资项目可划分为政府投资项目和企业投资项目。

(1) 政府投资项目,是指政府直接投资兴建和政府注入了资本金的投资项目。

(2) 企业投资项目,是指企业直接投资兴建的项目,包括企业使用政府补助、转贷、贴息投资建设的项目。

4. 根据投资项目产品性质和行业差别分类

根据投资项目产品性质和行业差别,投资项目可划分为竞争性投资项目、基础性投资项目和公益性投资项目。

(1) 竞争性投资项目,是指项目所属的行业基本上不存在进入与退出障碍,行业内存在众多企业,各企业产品基本上具有同质性和可分性,项目以追求利润最大化为目标,如加工工业项目、商业项目和服务业项目等。

(2) 基础性投资项目,是指为其他产业的发展提供基本生产资料和生产条件的基础产业投资项目,包括农业项目、基础工业项目和基础设施项目。

(3) 公益性投资项目,是指为满足社会公众需要的投资项目。公益性投资项目又可分为两类:一类是免费供社会公众消费的项目,如城市道路、公园和社会安全设施等投资项目;另一类是有偿供社会公众消费的项目,如公立学校、基础设施和新闻传播等投资项目。

二、建设项目及其发展周期

(一) 投资与建设

建设项目是最常见、最典型的项目类型,它属于投资项目中最重要的一类,是一种既有投资行为又有建设行为的项目决策与实施活动。一般来讲,投资与建设是分不开的,投资是项目建设的起点,没有投资就不可能进行建设;没有建设行为,投资的目的就无法实现。所以,建设过程实质上是投资的决策和实施过程,是投资的实现过程,是把投入的货币资金等转换为实物资产的经济活动过程。

当然,投资的内容要比建设的内涵宽泛得多,在某些情况下,投资与建设是可以分开的,有投资行为不一定都有建设行为,但本书所涉及的对象属于既有投资行为又有建设行为的项目评估与投资决策。

(二) 建设项目

通常而言,一个建设项目就是一个固定资产投资项目,是在一个总体设计或总预算范围内,由一个或若干个互有内在联系的单项工程(指建成后能独立发挥效能或生产出设计规定的主要产品的车间或工程)所组成,建成后在经济上可以独立经营、实行统一核算,行政上有独立的组织形式,实行统一管理的建设工程总体。凡同属一个总体设计范围内的主体工程和相应所属配套工程、综合利用工程、环境保护工程、供水和供电工程、运输通信工程和生活设施工程、铁路专用线工程以及水库的干渠配套工程等,均作为一个建设项目;不属于同一总体设计、经济上分别核算、工艺流程上没有直接关联的几个独立工程,不能捆在一起作为一个建设项目。在一个总体设计范围内分批分期进行建设的若干个建设项目,均算作一个建设项目。总之,建设项目是将一定量的投资,在一定的约束条件下,经过科学的决策和实施,最终形成固定资产特定目标的一次性建设任务。

与一般项目相比,建设项目具有如下特点:

(1) 目标的多样性。任何建设项目都具有明确的建设目标,包括宏观目标和微观目标。政府有关部门主要审核项目的宏观经济效益、社会效益和环境效益;企业则更加重视项目的盈利能力等微观财务目标。

（2）条件的约束性。建设项目要实现其目标，要受到多方面条件的制约，如：时间约束，即要有合理的工期时限；资源约束，即要在一定的人、财、物条件下来完成建设任务；质量约束，即项目要达到预期的生产能力、技术水平、产品等级的要求；空间约束，即项目要在一定的施工空间范围内通过科学合理的方法来组织完成。

（3）实施的不可逆性。建设项目最终形成的实体是固定资产，建设地点一次性确定，建成后不可移动。设计的单一性、施工的单件性等特征，使得它不同于一般商品的批量生产，也不同于一般项目的成果交付，一旦建成，要想改变非常困难。

（4）影响的长期性。建设项目一般建设周期长，投资回收期长，工程寿命周期也长，工程质量好坏影响面大、作用时间长。

（5）投资的风险性和管理的复杂性。由于建设项目实施过程是一次性的，建设过程中各种不确定因素多，投资风险大；建设项目内部组织的临时性与开放性等是项目管理的薄弱环节，使得参加建设的各单位之间的沟通、协调难度增大。

鉴于建设项目的以上特点，建设项目投资决策就显得更为重要。与其他项目相比，由于建设项目伴有建设行为，因此建设项目评估的内容与其他项目评估也有所不同，它需要对建设项目的建设必要性、技术可行性、经济效益、社会效益及环境效益等方面进行全面的分析、论证、比较和评价，为项目投资决策提供科学依据。

（三）建设项目发展周期

建设项目发展周期是指任何一个建设项目按照自己发展的客观规律，从项目立项到竣工投产、收回投资、达到预期目标的过程。根据我国现行工程项目建设程序相关法规的规定，工程项目建设程序共分为五个阶段，每个阶段又各包含若干环节，各阶段、各环节的工作应按规定顺序进行。当然，建设项目性质不同、规模不一，同一阶段内各环节的工作会有一些交叉，有些环节还可省略，在具体执行时，可根据本行业、本项目的特点，在遵守工程项目建设程序的大前提下，灵活安排各项工作。

1. 投资决策阶段

这一阶段主要是对建设项目投资的合理性进行考察并对建设项目进行选择。对投资者来讲，这是进行战略决策。这个阶段包含投资机会分析、项目建议书编报、项目可行性研究、项目评估等环节。

（1）投资机会分析

投资机会分析是投资主体对投资机会所进行的初步考察和分析，认为机会合适、有良好的预期效益时，则可进行进一步的行动，它是工程项目建设活动的起点。

（2）项目建议书编报

项目建议书是对拟建项目的设想，由项目筹建单位或项目法人根据国民经济的发展、国家和地方中长期规划、产业政策、生产力布局、国内外市场、所在地的内部条件，就某一具体新建、扩建项目提出的项目建议文件，是对拟建项目提出的框架性的总体设想。它要从宏观上论述项目设立的必要性和可能性，把项目投资的设想变为概略的投资建议。项目建议书应对拟建工程的必要性、客观可行性和获利的可能性逐一进行论述。

（3）项目可行性研究

项目可行性研究是指项目建议书被批准后，对拟建项目在技术上是否可行、经济上是否合理等内容所进行的分析论证。项目可行性研究应对项目所涉及的社会、经济、技术问题进行深入的调查研究，对各种各样的建设方案和技术方案进行发掘并加以比较、优化，对项目建成后的经济效益、社会效益进行科学的预测及评价，提出该项目建设是否可行的结论性意见。

(4) 项目评估

项目评估是有关部门(上级主管部门、政府主管部门、银行、中介咨询机构等)对拟建项目的建设必要性、建设条件、生产条件、产品市场需求、工程技术、财务效益、经济效益和社会效益等进行全面分析论证，并就该项目是否可行提出评估结论。

2. 建设准备阶段

工程项目建设准备是为勘察、设计、施工创造条件所做的建设现场、建设队伍等方面的准备工作。这一阶段包括规划、获取土地使用权、拆迁、项目报建、工程发包与承包等主要环节。

(1) 规划

在规划区内建设的工程，必须符合城市规划或村庄、集镇规划的要求。其工程选址和布局必须取得城市规划行政主管部门或村、镇规划主管部门的同意、批准。

在城市规划区内进行工程项目建设的，要依法先后领取城市规划行政主管部门核发的"选址意见书""建设用地规划许可证""建设工程规划许可证"，方能进行获取土地使用权、设计、施工等相关建设活动。

(2) 获取土地使用权

《中华人民共和国土地管理法》规定，农村和城市郊区的土地，除法律规定属国家所有的以外，属于农民集体所有，其余的土地都归国家所有。工程建设用地都必须通过国家对土地使用权的出让或划拨而取得。

在集体所有的土地上进行工程建设的，必须先由国家征用农民土地，然后再将土地使用权出让或划拨给建设单位或个人；通过国家出让取得土地使用权，应向国家支付出让金，并与土地管理部门签订书面出让合同，然后按合同规定的年限与要求进行工程建设；通过国家划拨取得土地使用权，虽不向国家支付出让金，但在城市要承担拆迁费用，在农村和郊区要承担土地原使用者的补偿费和安置补助费，其标准由各省、自治区、直辖市规定。

(3) 拆迁

在城市进行工程项目建设，一般都要对建设用地上的原有房屋和附属物进行拆迁。国务院颁布的《城市房屋拆迁管理条例》规定，任何单位和个人需要拆迁房屋的，都必须持国家规定的批准文件、拆迁计划和拆迁方案，向县级以上人民政府房屋拆迁主管部门提出申请，经批准并取得房屋拆迁许可证后，方可拆迁。拆迁人和被拆迁人应签订书面协议，被拆迁人必须服从城市建设的需要，在规定的搬迁期限内完成搬迁，拆迁人对被拆迁人(被拆房屋及附属物的所有人、代管人及国家授权的管理人)应依法给予补偿，并对被拆迁房屋的使用人进行安置。

(4) 项目报建

建设项目被批准立项后，建设单位或其代理机构必须持建设项目立项批准文件、银行出具的资信证明、建设用地的批准文件等资料，向当地建设行政主管部门或其授权机构报建。

建设项目报建的主要内容包括：工程名称、建设地点、投资规模、资金投资额、工程规模、发包方式、计划开竣工日期和工程筹建情况等。凡未报建的建设项目，不得办理招标手续和发放施工许可证，设计、施工单位不得承接该项目的设计、施工任务。

(5) 工程发包与承包

建设单位或其代理机构在上述准备工作完成后，须对拟建工程进行发包，择优选定工程勘察设计单位和施工单位。工程发包与承包有招投标和直接发包两种方式，为鼓励公平竞争，建立公正的竞争秩序，国家提倡招投标方式，并对许多工程强制进行招投标。

3. 建设实施阶段

(1) 工程勘察设计

在工程选址、可行性研究、工程施工等各阶段都必须进行必要的勘察。设计是项目建设的重要环节，设计文件是制订建设计划、组织工程施工和控制建设投资的依据，它对实现投资者的意愿起关键作用。设计与勘察是密不可分的，设计必须在进行工程勘察，取得足够的地质、水文等基础资料之后才能进行。

(2) 施工准备

施工准备包括施工单位在技术、物资方面的准备和建设单位取得开工许可两方面内容。

① 施工单位在技术、物资方面的准备。工程施工涉及的因素很多，过程也十分复杂，所以施工单位在接到施工图后，必须做好细致的施工准备工作，以确保工程顺利建成。它包括熟悉、审查图纸，编制施工组织设计，向下属单位进行计划、技术、质量、安全、经济责任的交底，下达施工任务书，准备工程施工所需的设备、材料等活动。

② 建设单位取得开工许可。建设单位应具备一定条件，方可按国家有关规定向工程所在地县级以上人民政府建设行政主管部门申领施工许可证。未取得施工许可证的建设单位不得擅自组织开工。

(3) 工程施工

在施工准备就绪，经政府有关部门批准后，即可开始施工。施工既是设计意图又是整个投资意图的实现阶段。工程施工是施工队伍具体配置各种施工要素，将工程设计物化为建筑产品的过程，也是投入劳动量最大、所费时间较长的工作。工程施工应按照工程设计要求、施工合同条款以及施工组织设计，在保证工程质量、工期、成本、安全和环保等目标下进行。

(4) 生产准备

工业项目在竣工前还需进行生产准备，生产准备是从施工到生产的桥梁。建设单位在加强施工管理的同时，也要着手做好生产准备工作，保证工程一旦竣工即可投入生产。

生产准备的主要内容有：

① 招收和培训必要的生产人员；

② 落实生产用原材料、协作产品、燃料、水、电、气和其他协作配合条件；

③ 组织工具、器具、备品、备件等的制造和购置；

④ 筹建生产管理机构、制定管理制度、收集生产技术经济资料和产品样品等。

4. 竣工验收阶段

(1) 工程竣工验收

建设项目按设计文件规定的内容和标准全部建成，并按规定将工程内外全部清理完毕后应组织竣工验收。原国家计委颁布的《建设项目(工程)竣工验收办法》规定，凡新建、扩建、改建的基本建设项目(工程)和技术改造项目，按批准的设计文件所规定的内容建成，符合验收标准的，必须及时组织验收，办理固定资产移交手续。工程验收合格后，方可交付使用。此时，承包和发包双方应尽快办理固定资产移交和工程结算手续。

(2) 工程保修

根据《中华人民共和国建筑法》及《建设工程质量管理条例》等相关法规的规定，工程竣工验收交付使用后，在保修期内，承包单位要对工程中出现的质量缺陷问题承担保修与赔偿责任。

质量保修期从工程竣工验收合格之日算起。分项、单项竣工验收的工程，按单项工程分别计算质量保修期。当事人可以协商约定不同工程部位的保修期限，但不得低于法定标准。

5. 项目后评估阶段

建设项目后评估是工程竣工投产、生产运营一段时间后，对项目的立项决策、设计施工、竣工投产、生产运营等全过程进行系统评价的一种技术经济活动。它是工程建设管理的一项重要内容，也是工程建设程序的最后一个环节。它可使投资主体达到总结经验、吸取教训、改进工作、不断提高项目决策水平和投资效益的目的。

三、项目投资决策

(一) 项目投资决策的含义

在一定时期内，无论政府还是企业，可利用的资源都是有限的，因此合理配置资源，提高资源的利用效率就显得非常重要。投资是利用资源的一种重要方式，怎样在投资活动中充分利用有限的资源就成为投资者最关心的问题。投资者要审慎地选择项目，以达到最佳资源配置，使生产最有效率。从另一方面讲，进行投资不但需要热情，而且需要冷静的头脑。一个投资者仅有投资的冲动是不够的，在拟建项目之前，还要对拟建项目进行科学的分析论证，分析该项投资能给投资者带来什么好处，给整个社会经济带来什么影响，在权衡利弊的基础上来决定是否实施该项投资。另外，投资项目不但具有效益性、长期性和不可逆性的特点，而且在未来具有很大的不确定性，投资者能否取得预期的利润取决于未来社会经济发展的条件、环境和趋势等。所有的投资都建立在对未来收益的预测上，这就需要投资者和资金的供给者在拟建项目之前进行科学的投资决策，充分估计未来的不确定性，使一定的投入取得最佳的回报。建设项目投资决策就是指根据预期的建设项目投资目标，拟定若干个有价值的建设项目投资方案，并用科学的方法或工具对这些方案进行分析、比较和遴选，以确定最佳实施方案的过程。

(二) 项目投资决策的分类

从不同投资者的角度可将项目投资决策分为以下类型：

1. 企业投资项目决策

企业投资(包括个人投资者兴办企业)项目决策是指企业根据总体发展战略、自身资源条件、在竞争中的地位以及项目产品所处的生命周期阶段等因素，以获得经济效益、社会效益和提升持续发展能力为目标，做出是否投资建设项目的决定。

2. 政府投资项目决策

政府投资项目决策是指政府有关投资部门根据经济和社会发展的需要，以满足社会公共需求，促进经济、社会、环境可持续发展为目标，做出政府是否投资建设项目的决定。

3. 金融机构贷款决策

金融机构贷款决策是指银行等金融机构遵照“独立审贷、自主决策、自担风险”的原则，依据申请贷款的项目法人单位的信用水平、经营管理能力和还贷能力以及项目的盈利能力，做出是否贷款的决定。

（三）项目投资决策的工作内容

1. 一般投资决策的工作内容

(1) 调查研究，收集信息，提出问题，并在此基础上确定预期目标。一般来讲，投资项目是投资者在充分调研和分析的基础上提出来的。作为一个政府，为了充分发挥其经济职能，必然要投资项目建设。而一项投资总是为实现一定的目的服务的，或者是为了更多地提供公共品，满足社会需求；或者是为了充分发挥城市的功能；或者是为了消除外部不经济性和垄断。同样，一个企业，无论是老企业还是新建企业，为了企业的生存和发展，都要进行项目投资，而其必然有一定的目的。企业投资的主要目的有：① 高科技成果的商品化和产业化；② 扩大市场份额，提高市场竞争力；③ 扩大生产规模，实现规模经济；④ 开发与企业目前正在生产的产品相关的产品（如"上游"和"下游"产品），实现范围经济；⑤ 平衡企业的生产能力，增加产量；⑥ 进行产品的更新换代，保证市场占有率；⑦ 实施替代进口战略服务；⑧ 把资源优势转化为经济优势等。

(2) 根据宏观环境和现有条件拟定若干个有价值的方案。一般来讲，要达到预期目标，可能存在诸多可实施方案。投资者或受投资者委托的中介咨询机构可根据预期的目标和现有的市场、资源、技术等条件，拟定若干个有价值的方案。所谓有价值的方案，是强调拟定的方案要具有可实施性。在拟订方案时，可能只有实施和不实施两个方案（后者称为"零方案"），也可能是若干个实施方案和不实施方案。这里需要我们牢记：不实施方案本身也是一个有价值的方案。

(3) 对拟定的方案进行分析、比较，遴选出最满意的实施方案。拟定出一系列有价值的方案以后，还要用科学的方法对这些方案进行全面的分析、比较，遴选出使投资者最满意的方案。科学的方法是指可行性研究和项目评估，它们都是投资决策的重要手段和工具（详细内容见本章第二、三节）。作为政府投资的项目，可主要进行经济分析，遴选出既可以保证项目的可持续性，又有利于政府财政和利益相关者的可实施方案。作为企业投资的项目，可以利用可行性研究和项目评估对这些方案的市场、规模、建设条件、生产条件、技术工艺、财务效益以及经济效益等进行分析、比较，遴选出具体实施的方案。投资者满意的方案是指在各个方面都基本满足投资者要求的方案。实施一项投资项目，需要满足各方面的条件，项目可行与否取决于诸多方面的因素。从某一个方面讲，实施某方案可能是最佳的，但从另一方面看，可能是次佳方案，甚至是不可行的。所以，几乎不存在从各个方面讲都是最佳的方案，所选择的方案只能是使投资者最满意的方案。

(4) 确定实施计划，提出合理化的建议。确定了实施方案以后就要制订实施计划，或者是细化可行性研究和项目评估中的实施计划，或者是修改实施计划，或者是根据论证结果重新制订实施计划。之所以要提出合理化建议，是因为在实施项目中，不是所有的条件都能满足要求，需要有关部门或有关人员为项目的顺利实施提出建议，使项目按照预期的目标和时间竣工并投入使用，取得应有的效益。

2. 一些国际金融机构的投资决策内容

各个国家和国际组织对投资决策程序都有自己的规定。世界银行和一些地区性的开发银行如亚洲开发银行、非洲开发银行等的项目决策内容如下：① 明确问题和目标；② 研究项目的背景；③ 搜集有关信息资料；④ 安排项目分析的步骤；⑤ 对项目进行经济分析；⑥ 衡量非经济因素的影响；⑦ 进行不确定性分析；⑧ 综合权衡；⑨ 提出项目评估报告及其他建议；⑩ 做出投资决策。

以上只是这些国际金融机构一般的投资决策内容，实际上，不同规模、不同性质的投资项目具有不同的特点，从而在决策内容的繁简上也有所区别。

（四）我国现行的投资项目决策及审批程序

根据2004年发布的《国务院关于投资体制改革的决定》的要求，把投资项目划分为政府投资项目和企业投资项目，分别实行不同的审批制度。

1. 政府投资项目审批程序

政府投资项目仍然实行审批制。对于政府投资项目，采用直接投资和资本金注入的，只从投资决策角度审批项目建议书和可行性研究报告，除特殊情况外不再审批开工报告，同时应严格政府投资项目的初步设计、概算审批工作。

政府投资项目的决策与审批程序如下：

(1) 提交项目建议书。在拟建项目之前，项目的投资者必须向政府职能部门（发改委或发改局）提交项目建议书，并由政府职能部门审批。

(2) 编制并提交可行性研究报告。如果项目建议书得到批准，投资者要委托有资质的中介咨询机构编制可行性研究报告，并提交给政府职能部门。对一般投资项目，政府职能部门组织有关专家进行论证；对重大投资项目，政府职能部门要委托有资质的中介咨询机构进行项目评估。对于符合有关要求的投资项目，政府职能部门下发文件，准予实施。

(3) 办理相关手续。项目批准后，投资者可以办理相关手续，包括环境保护、土地征用和城市规划等。在投资者办理环境保护手续前，要根据相关要求，委托有资质的机构编制环境影响评价报告。

(4) 金融机构进行项目评估。如果政府投资项目需要贷款，金融机构在提供贷款之前，要按照贷款程序进行项目评估。

2. 企业投资项目审批程序

企业投资项目不再实行审批制，区别不同情况实行核准制和备案制。为贯彻落实《中共中央国务院关于深化投融资体制改革的意见》，进一步加大简政放权、放管结合、优化服务改革力度，使市场在资源配置中起决定性作用，更好地发挥政府作用，切实转变政府投资管理职能，加强和改进宏观调控，确立企业投资主体地位，激发市场主体扩大合理有效投资和创新创业的活力，政府只对重大项目和限制类项目从维护社会公共利益角度进行核准，具体项目目录见国务院发布的最新版《政府核准的投资项目目录》。其他项目无论规模大小，均改为备案制，项目的市场前景、经济效益、资金来源和产品方案等均由企业自主决策，风险自担，并依法办理环境保护、土地使用、资源利用、安全生产、城市规划等许可手续和减免税确认手续。

对于实行核准制的投资项目，投资者仅需向政府提交项目申请报告，政府不再批准项目建议书、可行性研究报告和开工报告等；对于实行备案制的投资项目，除国家另有规定外，由投资者按照属地原则向地方政府主管部门备案。对于企业使用政府补助、转贷、贴息投资的建设项目，政府只审批资金申请报告。

企业投资项目的决策与审批程序如下（以实行核准制为例）：

（1）提交项目申请报告。对于项目申请报告，国家规定有比较严格的标准，投资者应按所要求的内容提交报告。

（2）政府职能部门（发改委或发改局）对投资者提交的项目申请报告进行核准。在投资者提出项目申请以后，政府职能部门在规定的时间内对项目进行核实、论证。如果属于重大项目，政府职能部门还要委托有资质的中介咨询机构进行项目评估，符合有关要求，则予以核准。

（3）办理相关手续。项目核准后，投资者可以此办理相关手续，包括环境保护、土地转让和城市规划等。与政府投资项目相同，在办理环境保护手续前要根据相关要求，委托有资质的机构编制环境影响评价报告。

（4）金融机构进行项目评估。如果企业需要贷款，金融机构在提供贷款之前，要按照贷款程序进行项目评估。

第二节　可行性研究概述

一、可行性研究的概念及作用

（一）可行性研究的概念

可行性研究是项目前期工作的重要内容，它是指项目在投资决策前，通过对项目有关的工程技术、经济、社会等方面的条件和情况进行系统的调查、研究分析，对各种可能的技术方案进行比较论证，并对投资项目建成后的经济效益进行预测和评价，考察项目技术上的先进性、适用性，经济上的合理性和财务盈利性，以及建设的可能性，继而确定项目投资建设是否可行的科学分析方法。

可行性研究的最终成果是可行性研究报告，它是投资者在前期准备工作阶段的纲领性文件，是进行其他各项投资准备工作的主要依据。

（二）可行性研究的作用

对投资者而言，可行性研究有如下作用：

1. 为投资者进行投资决策提供依据

进行可行性研究是投资者在投资前期的重要工作，投资者需要委托有资质的、有信誉的投资咨询机构，在充分调研和分析论证的基础上，编制可行性研究报告，并以可行性研究的结论作为其投资决策的主要依据。《国务院关于投资体制改革的决定》颁布以后，取消了企业投资项目编制可行性研究报告的要求，只规定投资者提交项目申请报告。实际上，这只是审批体制的变化，并不等于投资者不需要编制可行性研究报告。无论从理论上讲，还是从国内外的实践经验上讲，在拟建项目之前，投资者都应当进行可行性研究。从市场、技术、工程建设、经济及社会等多方面对建设项目进行全面综合的分析和论证，依其结论进行投资决策可大大提高投资决策的科学性。

2. 为投资者筹措资金提供依据

投资者筹措资金包括寻找合作者投入资金和申请金融机构贷款。在寻找合作者，特别是国外的合作者时，往往需要可行性研究报告。例如，到国外去招商，在向外商提供项目资料时，可行性研究报告是主要的资料之一，外商会根据项目可行性研究报告与国内的投资者签订合作意向书。对于申请金融机构贷款，无论是国外的金融机构，还是国内的金融机构，它们在受理项目贷款申请时，首先要求申请者提供可行性研究报告，然后对其进行全面细致的审查和分析论证，并在此基础上编制项目评估报告，评估报告的结论是银行确定贷款与否的重要依据。世界银行等国际金融机构也都将提交可行性研究报告作为申请贷款的先决条件。

3. 为商务谈判和签订有关合同或协议提供依据

有些项目可能需要引进技术和进口设备，如外商在与国内投资者谈判时要以可行性研究报告的有关内容(如设备选型、生产能力、技术先进程度)为依据。有时，外商会要求在项目可行性研究报告被批准之后才与之签约。在项目实施投入运营之后，都需要与供电、供水、供气、通信和原材料供应等单位或部门协作配合，因此，要根据可行性研究报告的有关内容与这些单位或部门签订有关协议或合同。

4. 为工程设计提供依据

在可行性研究报告中，对项目的场址选择、总图布置、生产规模、产品方案、生产工艺、设备选型等进行了方案比选和论证，确定了最优方案。投资者可依据可行性研究报告进行工程设计。

5. 为环保部门、地方政府和规划部门审批项目提供依据

建设项目开工前，需当地政府批拨土地，规划部门审查项目建设是否符合城市规划，环保部门审查项目对环境的影响。这些审查都以可行性研究报告中总图布置、环境及生态保护方案等方面的论证为依据。因此，可行性研究报告为建设项目申请和批准提供了依据。

6. 为施工组织、工程进度安排及竣工验收提供依据

可行性研究报告对以上工作都有明确的要求，所以它是检查施工进度及工程质量的依据。

7. 为项目后评估提供依据

在项目后评估时，以可行性研究报告为依据，将项目的预期效果与实际效果进行对比考核，可对项目的运行进行全面评价。

二、可行性研究的阶段划分

国外大型投资项目的可行性研究一般包括投资机会研究、初步可行性研究和详细可行性研究三个阶段，下面介绍的是发达国家可行性研究的阶段划分。

(一) 投资机会研究

投资机会研究亦称投资鉴定，即寻求最佳投资机会的活动。投资机会研究可分为一般机会研究和具体机会研究。一般机会研究又可划分为三种：一是地区研究，旨在通过研究某一地区自然地理状况、这一地区在国民经济体系中的地位以及自身的优势、劣势而寻求投资机会；二是部门(或行业)研究，旨在分析某一部门(或行业)由于技术进步、国内外市场变化而出现的新的投资机会；三是以资源为基础的研究，旨在分析由于自然资源开发和综合利用而出现的投资机会。在进行一般机会研究时，可参考国内外同类项目、同类地区和同类投资环境的成功案例。在发展中国家，一般机会研究通常由政府部门或专业机构进行，作为中央政府制订国民经济长远发展规划的依据。

根据一般机会研究的结论，当某项目具有投资条件时，就可进行具体机会研究，即具体研究某一项目得以成立的可能性，将项目设想转变为投资建议。

投资机会研究是可行性研究的第一阶段，如果机会研究的结论表明投资项目是可行的，则可进入下一阶段，即进行更深入的研究。机会研究是比较粗略的，投资费用和生产(或经

营)成本一般根据同类项目加以推算,投资额误差一般要求为±30%,研究费用一般占总投资额的0.2%～1.0%,时间一般为1～3个月。

(二) 初步可行性研究

初步可行性研究亦称预可行性研究,是指在投资机会研究的基础上,对项目可行与否所做的较为详细的分析论证。初步可行性研究是介于投资机会研究与详细可行性研究之间的一个中间阶段,起着承上启下的作用,对于大型复杂项目而言,是一个不可缺少的阶段。一般来讲,详细可行性研究需要收集大量的基础资料,花费较长的时间,支出较多的费用,因此,在此之前进行项目初步可行性研究是十分必要和科学的。初步可行性研究与详细可行性研究相比,除研究的深度与准确度有差异外,其内容大致是相同的。初步可行性研究得出的投资额误差一般要求为±20%,研究费用一般占总投资额的0.25%～1.25%,时间一般为4～6个月。

(三) 详细可行性研究

详细可行性研究亦称最终可行性研究,它是投资决策的重要阶段。在该阶段,要全面分析项目的组成部分和可能遇到的各种问题,并最终形成可行性研究的书面成果——可行性研究报告。详细可行性研究得出的投资额误差一般要求为±10%,研究费用一般占总投资额的1.0%～3.0%(小型项目)或0.2%～1.0%(大型项目),时间一般为8～12个月或更长。

此外,对某些特定的大型复杂项目,还要进行辅助研究。辅助研究亦称功能研究,是指对项目某一个或某几个方面的关键问题进行的专门研究。辅助研究并不是一个独立的阶段,而是作为初步可行性研究和详细可行性研究的一部分。辅助研究一般包括以下几类:产品市场研究;原材料和其他投入物研究;实验室和中间实验研究;厂址选择研究;规模经济研究;设备选择研究等。

由于基础资料的占有程度、研究深度与可靠程度要求不同,可行性研究的各个工作阶段的研究性质、工作目标、工作要求、工作时间与费用各不相同。一般来说,各阶段的研究内容由浅入深,项目投资和成本估算的精度要求由粗到细,研究工作量由小到大,研究目标和作用逐步提高,因此,工作时间和费用也逐渐增加,具体见表1-1。

表1-1 可行性研究各工作阶段的要求

类别	工作阶段		
	机会研究	初步可行性研究	详细可行性研究
研究性质	项目设想	项目初选	项目准备
研究要求	编制项目建议书	编制初步可行性研究报告	编制可行性研究报告
估算精度	±30%	±20%	±10%
研究费用 (占总投资的比例)	0.2%～1.0%	0.25%～1.25%	大项目:0.2%～1% 小项目:1.0%～3.0%
需要时间/月	1～3	4～6	8～12

三、可行性研究报告的编制程序、依据和要求

(一) 可行性研究报告的编制程序

在可行性研究的三个阶段中,除了机会研究阶段比较单一、不一定有比较固定的程序

外,初步可行性研究和详细可行性研究阶段一般都有一个比较固定的程序。

1. 组织工作小组

对拟建项目进行可行性研究,首先要确定工作人员,成立可行性研究小组。工作小组的人员结构要尽量合理,不同规模和不同行业的项目,工作小组的人员构成有一定的区别,以工业投资项目可行性研究为例,一般包括:工业经济学家(一般担任组长)、市场分析专家、财务分析专家、土木建筑工程师、专业技术工程师和其他辅助人员等。根据我国的实际情况,编制可行性研究报告实行资质制度,投资者一般要委托有资质的中介机构(如工程咨询公司、各类设计院等)编制可行性研究报告。工作小组成立以后,可按可行性研究的工作内容进行分工,并分头进行调研,分别撰写详细的提纲,然后由组长综合工作小组各成员的意见,编写可行性研究报告的详细提纲,并要求根据提纲展开下一步的工作。

2. 数据调研

根据分工,工作小组各成员分别进行数据调查、整理、估算、分析以及有关指标的计算等。在可行性研究过程中,数据的调查和分析是重点。可行性研究需要的数据可来源于三个方面。一是投资者提供的资料。因为投资者在进行投资项目的初步决策时,已经对与项目有关的问题进行过比较详细的考察,获取了一定量的信息,这可以作为中介咨询机构的重要信息来源。二是中介咨询机构本身拥有的信息资源。一般来讲,中介咨询机构都是有资质的从事投资项目咨询的机构,拥有丰富的经验和专业知识,同时也占有大量的历史资料、经验资料和关于可行性研究方面的其他相关信息。三是通过调研获取信息。一般来讲,投资者提供的资料和中介咨询机构占有的信息不可能满足编制可行性研究报告的要求,还要进行广泛的调研,以获取更多的信息资料。必要时,也可委托专业调研机构进行专项信息调研,以保证获得更加全面的信息资料。

3. 形成可行性研究报告初稿

在取得信息资料后,要对其进行整理和筛选,并组织有关人员进行分析论证,以考察其全面性和准确性。在掌握了所需信息资料以后即进入可行性研究报告的编写阶段,首先编写可行性研究报告的初稿。报告的编写要求工作小组各成员间要进行很好的衔接,因为可行性研究报告的各项内容是有联系的,需要各成员联合工作才能完成。

4. 修改和论证

编写出可行性研究报告的初稿以后,首先要由工作小组成员进行分析论证,形式是:由工作小组成员介绍各自负责的部分,大家一起讨论,提出修改意见。对于可行性研究报告,要注意前后的一致性、数据的准确性、方法的正确性和内容的全面性等,提出的每一个结论,都要有充分的依据。有些项目还可以扩大参加讨论人员的范围,可以邀请有关方面的决策人员、专家和投资者等参加讨论。在经过充分的讨论后,再对可行性研究报告进行修改,并最后定稿。

(二) 可行性研究报告的编制依据

编制可行性研究报告的主要依据有:

(1) 国民和地方的经济和社会发展规划,以及行业部门发展规划;

(2) 项目建议书(初步可行性研究报告)及其批复文件;

(3) 国家有关法律、法规和政策;

(4) 对于大中型骨干项目,必须具有国家批准的资源报告、国土开发整治规划、区域规划、江河流域规划、工业基地规划等有关文件；

(5) 有关机构发布的工程建设方面的标准、规范和定额；

(6) 合资、合作项目各方签订的协议书或意向书；

(7) 委托单位的委托合同；

(8) 经国家统一颁布的有关项目评价的基本参数和指标；

(9) 有关的基础数据。

(三) 可行性研究报告的编制要求

1. 编制单位必须具备编制可行性研究报告的条件

可行性研究报告的质量取决于编制单位的资质和编写人员的素质。项目可行性研究报告的内容涉及面广，还有一定的深度要求。因此，编制单位必须是具备一定的技术力量、技术装备、技术手段和相当实践经验等条件的工程咨询公司、设计院等专门单位。研究人员应具有所从事专业的中级以上专业技术职务，并具有相关的知识、技能和工作经历。

2. 确保可行性研究报告的真实性和科学性

可行性研究报告是投资者进行项目最终决策的重要依据，其质量如何影响重大。这要求编制单位必须保持独立性和公正性，切实做好编制前的准备工作，在调查研究的基础上，按客观情况实事求是地进行技术经济论证、技术方案比较和优选，切忌主观臆断、行政干预、划框框、定调子，保证可行性研究的严肃性、客观性、真实性、科学性和可靠性，确保可行性研究的质量。

3. 可行性研究报告的内容和深度要规范化和标准化

不同行业和不同项目的可行性研究报告的内容和深度可以各有侧重和区别，但其基本内容要完整、文件要齐全，研究深度要达到国家规定的标准，按照国家发展和改革委员会颁布的有关文件的要求进行编制，以满足投资决策的要求。

4. 可行性研究报告必须经签证与审批

可行性研究报告编完之后，应由编制单位的行政、技术、经济方面的负责人签字，并对研究报告的质量负责。同时，还须上报主管部门审批。

四、可行性研究报告的主要内容

可行性研究报告的内容和编写格式随项目的不同有所差异。联合国工业发展组织(UNIDO)编写的《工业可行性研究编制手册》(最新修订及增补版)提供了一般工业项目可行性研究报告的内容。主要包括以下几个方面：

(一) 总论

综述项目概况，包括项目的名称、主办单位、承担可行性研究的单位、项目提出的背景、投资的必要性和经济意义、投资环境、提出项目调查研究的主要依据、工作范围和要求。项目的历史发展概况、项目建议书及有关审批文件、可行性研究的主要结论和存在的问题与建议。

(二) 产品的市场需求和拟建规模

主要内容包括：调查国内外市场近期需求状况，并对未来趋势进行预测，对国内现有工厂生产能力进行调查估计，进行产品销售预测、价格分析，判断产品的市场竞争能力及进入国际市场的前景，确定拟建项目的规模，对产品方案和发展方向进行技术经济论证比较。

（三）资源、原材料、燃料及公用设施情况

经国家相关部门正式批准的资源储量、品位、成分以及开采、利用条件的评述；所需原材料、燃料的种类、数量、质量及其来源和供应的可能性；有毒、有害及危险品的种类、数量和储运条件；材料试验情况；所需动力（水、电、气等）公用设施的数量、供应条件、外部协作条件以及签订协议和合同的情况。

（四）建厂条件和厂址选择

确定厂区的地理位置，与原材料产地和产品市场的距离；根据工程项目的生产技术要求，对厂区的气象、水文、地质、地形条件、地震、洪水情况和社会经济现状进行调查研究，收集基础资料，了解交通运输、通信设施及水、电、气、热的现状和发展趋势；了解厂址面积、占地范围，厂区总体布置方案、建设条件、地价、拆迁及其他工程费用情况；对厂址选择进行多方案的技术经济分析和比选，提出选择意见。

（五）项目设计方案

在选定的建设地点内进行总图和交通运输的设计，进行多方案比较和选择；确定项目的构成范围，主要单项工程（车间）的组成，厂内外主体工程和公用辅助工程的方案比较论证；项目土建工程总量的估算，土建工程布置方案的选择，包括场地平整、主要建筑和构筑物与厂外工程的规划；采用技术和工艺方案的论证，包括技术来源、工艺路线和生产方法，主要设备选型方案和技术工艺的比较，引进技术、设备的必要性及其来源国别的选择比较；设备的国外分交或与外商合作制造方案设想以及必要的工艺流程图。

（六）环境保护与劳动安全

对项目建设地区的环境状况进行调查，分析拟建项目“三废”（废气、废水，废渣）的种类、成分和数量，并预测其对环境的影响；提出治理方案的选择和回收利用情况，对环境影响进行评价；提出劳动保护、安全生产、城市规划、防震、防洪、防空、文物保护等要求以及采取相应的措施方案。

（七）企业组织、劳动定员和人员培训

全厂生产管理体制、机构的设置，对选择方案的论证，工程技术和管理人员的素质和数量的要求；劳动定员的配备方案；人员的培训规划和费用估算。

（八）项目施工计划和进度要求

根据勘察设计、设备制造、工程施工、安装、试生产所需时间与进度要求，选择项目实施方案和总进度，并用横道图和网络图来表述最佳实施方案。

（九）投资估算和资金筹措

投资估算包括项目总投资估算，主体工程及辅助、配套工程的估算，以及流动资金的估算；资金筹措应说明资金来源、筹措方式、各种资金来源所占的比例、资金成本及贷款的偿付方式。

（十）项目的经济评价

项目的经济评价包括财务分析和经济分析，并通过有关指标的计算，进行项目盈利能力、偿债能力等分析，得出经济评价结论。

（十一）综合评价与结论、建议

运用各项数据，从技术、经济、社会、财务等方面综合论述项目的可行性，推荐一个或几个方案供决策参考，指出项目存在的问题以及结论性意见和改进建议。

可以看出，建设项目可行性研究的内容可概括为三大部分。首先是市场研究，包括产品的市场调查和预测研究，这是项目可行性研究的前提和基础，其主要任务是要解决项目的“必要性”问题；第二是技术研究，即技术方案和建设条件研究，这是项目可行性研究的技术基础，它要解决项目在技术上的“可行性”问题；第三是效益研究，即经济效益的分析和评价，这是项目可行性研究的核心部分，主要解决项目在经济上的“合理性”问题。市场研究、技术研究和效益研究共同构成项目可行性研究的三大支柱。

五、项目申请报告的主要内容

项目申请报告是企业投资建设报政府核准的项目时，为获得项目核准机构对拟建项目的行政许可，按核准要求报送的项目论证报告。项目申请报告应重点阐述项目的外部性、公共性等事项，包括维护经济安全、合理开发利用资源、保护生态环境、优化重大布局、保障公众利益、防止出现垄断等内容。编写项目申请报告时应根据政府公共管理的要求，对拟建项目从规划布局、资源利用、征地移民、生态环境、经济和社会影响等方面进行综合论证，为核准机构对企业投资项目进行核准提供依据。

（一）企业投资项目申请报告

根据《政府核准投资项目管理办法》和《政府核准和备案投资项目管理条例》，企业投资建设实行核准制的项目，应当编制项目申请报告，依法取得应附具的有关文件，按照规定报送项目核准机关。企业投资项目申请报告应包括以下内容：

（1）项目单位情况；

（2）拟建项目情况，包括项目名称、建设地点、建设规模、建设内容等；

（3）资源开发及综合利用分析，主要包括资源开发方案、资源利用方案、资源节约措施三项内容；

（4）生态环境影响分析，主要包括生态和环境现状、生态环境影响分析、生态环境保护措施、特殊环境影响四项内容；

（5）经济影响分析，主要包括社会经济费用效益或费用效果分析、行业影响分析、区域经济影响分析、宏观经济影响分析四项内容；

（6）社会影响分析，主要包括社会影响效果分析、社会适应性分析、社会稳定风险分析、其他社会风险及对策分析四项内容。

（二）外商投资项目申请报告

根据《外商投资项目核准和备案管理办法》，中外合资、中外合作、外商并购境内企业、外商投资企业增资及再投资项目等各类外商投资项目，应按照《指导外商投资方向规定》和《政府核准的投资项目目录》要求，编制外商投资项目申请报告。外商投资项目申请报告主要包括以下内容：

（1）项目及投资方情况；

（2）资源利用和生态环境影响分析；

（3）经济和社会影响分析。

外国投资者并购境内企业项目申请报告应包括并购方情况、并购安排、融资方案和被并购方情况、被并购后经营方式、范围和股权结构、所得收入的使用安排等。

（三）境外投资项目申请报告

根据《境外投资项目核准和备案管理办法》，境内各类法人以新建、并购、参股、增资和注资等方式进行的境外投资项目，以及投资主体以提供融资或担保等方式通过其境外企业或机构实施的境外投资项目，国家根据不同情况分别实行核准和备案管理。实行核准制管理的境外投资项目，需报送境外投资项目申请报告。境外投资项目申请报告应包括以下内容：

(1) 项目基本情况；

(2) 投资主体情况；

(3) 项目背景、必要性投资环境分析；

(4) 项目实施内容；

(5) 项目投融资方案分析；

(6) 项目风险分析。

（四）项目申请报告与可行性研究报告的区别与联系

项目申请报告与可行性研究报告既联系密切，又有区别。对于企业投资需要由政府核准的项目，通常是企业先完成项目可行性研究报告，再根据可行性研究的基本意见和结论，编制项目申请报告，两者深度要求基本相同。投资者也可以根据项目情况直接编制项目申请报告，或以满足项目申请报告内容要求的可行性研究报告代替项目申请报告。但两者也存在着明显区别，主要表现在以下三个方面：

1. 适用范围和作用不同

可行性研究报告是投资建设项目内在规律的要求，是项目决策分析与评价过程中的客观要求，适用于所有投资建设项目。即使是企业投资项目，为防止和减少投资失误、保证投资效益，在企业自主决策时，也应以项目可行性研究报告作为企业内部决策的依据。

项目申请报告是政府行政许可的要求，仅仅适用于企业投资建设实行政府核准制的项目，即列入《政府核准的投资项目目录》的，不适用政府投资建设的重大项目和限制类项目。其作用是根据政府关注的公共管理要求，主要从维护经济安全、合理开发利用资源、保护生态环境、优化重大布局、保障公众利益、防止出现垄断等方面进行论述。政府投资项目和实行备案制的企业投资项目，均不需要编制项目申请报告。

2. 目的不同

对于企业投资项目而言，可行性研究报告的目的是论证项目的可行性，提交内部决策机构（如企业董事会）审查批准，以及提交贷款方（包括内、外资银行以及国际金融组织和外国政府）评估，以便做出贷款决定。

项目申请报告不是对项目财务可行性的研究，而是对政府关注的项目外部影响，涉及公共利益的有关问题进行论证说明，以获得政府投资主管部门的核准（行政许可）。在政府投资主管部门核准之前，企业需要根据规划、环保、国土资源等部门的要求，进行相关分析论证，以获得各有关部门的许可。

3. 内容不同

可行性研究报告不仅要对市场前景、技术方案、设备选型、项目选址、投资估算、融资方案、财务效益、投资风险等方面进行分析与研究，而且要对政府关注的涉及公共利益的有关问题进行论证。

项目申请报告主要从规划布局、资源利用、征地移民、生态环境、经济和社会影响等方面对拟建项目进行论证，而市场、技术、资金来源、财务效益等不涉及政府公共权利等“纯内部”问题，不作为主要内容，但需要简要说明项目有关内容，作为对项目核准提供项目背景、外部影响评估的基础材料。例如，为了便于政府对发展规划、产业政策及行业准入等内容进行审查，需要对所采用的工艺技术方案的先进性、创新性做简要说明等。

六、资金申请报告的主要内容

资金申请报告是指项目投资者为获得政府资金支持、财政专项资金（简称专项资金）、国际金融组织或者外国政府贷款而编制的报告。资金申请报告的作用是，从资金使用合理性角度，向政府回答项目财务的可行性以及项目对经济、社会、资源、环境等的影响和贡献。

（一）财政补贴性资金支持项目资金申请报告

根据《中央预算内投资补助和贴息项目管理办法》，以投资补助和贴息方式使用中央预算内资金（包括长期建设国债投资），应编制资金申请报告。按照规定需要各级政府财政补贴、转贷、贷款贴息或资金支持的项目，应编制资金申请报告。

财政补贴性资金支持项目资金申请报告应当包括以下内容：

(1) 项目单位的基本情况；

(2) 项目的基本情况，包括在线平台生成的项目代码、建设内容、总投资及资金来源、建设条件落实情况等；

(3) 项目列入三年滚动投资计划，并通过在线平台完成审批（核准、备案）情况；

(4) 申请投资补助或者贴息资金的主要理由和政策依据；

(5) 工作方案或管理办法要求提供的其他内容。

（二）高科技产业化项目资金申请报告

根据《国家高技术产业发展项目管理暂行办法》，国家高技术产业化项目、国家重大技术装备研制和重大产业技术开发项目、国家产业技术创新能力建设项目、国家高技术产业技术升级和结构调整项目以及其他国家高技术产业发展项目，申请使用国家或地方政府投资资金补助时，应编制资金申请报告。

高科技产业化项目资金申请报告应包括以下主要内容：

(1) 项目单位的基本情况和财务状况；

(2) 项目的基本情况，包括项目背景、项目建设（研发）内容、总投资及资金来源、技术工艺、各项建设（研发）条件落实情况等；

(3) 申请国家补贴资金的主要理由和政策依据；

(4) 项目招标内容（适用于申请国家补贴资金500万元及以上的投资项目）；

(5) 国家发展和改革委员会项目公告或通知要求提供的其他内容。

（三）国际金融组织贷款项目资金申请报告

根据《国际金融组织和外国政府贷款投资项目管理暂行办法》，借用世界银行、亚洲开发银行、国际农业发展基金会等国际金融组织贷款和外国政府贷款及与贷款混合使用的赠款、联合融资等投资项目，项目纳入国外贷款备选项目规划并完成审批，核准或备案手续后，项目用款单位需按要求向有关部门报送项目资金申请报告。

国际金融组织贷款项目资金申请报告应包括以下主要内容：

(1) 项目概况，包括项目建设规模及内容、总投资、资本金、国外贷款及其他资金、项目业主、项目执行机构、项目建设期；

(2) 国外贷款来源及条件，包括国外贷款机构或贷款国别、还款期、宽限期、利率、承诺费等；

(3) 项目对外工作进展情况；

(4) 贷款使用范围，包括贷款用于土建、设备、材料、咨询和培训等的资金安排；

(5) 设备和材料采购清单及采购方式，包括主要设备和材料规格、数量、单价；

(6) 经济分析和财务评价结论；

(7) 贷款偿还及担保责任、还款资金来源及还款计划。

第三节 项目评估概述

一、项目评估的概念及作用

(一) 项目评估的概念

项目评估是指在可行性研究的基础上，根据国家有关部门颁布的政策、法律法规、方法和参数等，从国民经济和社会的角度出发，由有关部门(包括银行、中介咨询机构等)对拟建项目建设的必要性、建设条件、生产条件、产品市场需求、工程技术、财务效益、经济效益和社会效益等进行全面分析论证，并就该项目是否可行提出相应职业判断的一项工作。

(二) 项目评估的作用

在我国，当投资者向上级主管部门和政府职能部门提出投资要求时，上级主管部门首先需要投资者提出可行性研究报告，然后组织有关人员或委托有资质的中介机构进行项目评估。如果该项目属于大型项目或项目比较复杂，政府职能部门就需要委托有资质的中介机构进行项目评估。当投资者向金融机构提出贷款申请时，金融机构也要进行项目评估。金融机构可能委托其职能部门进行评估。如果提出的项目属于大型项目，并且结构比较复杂，或者该项目是有关国计民生的项目，可能还会委托有资质的中介机构进行评估。可以看出，项目评估对投资者及上级主管部门、贷款银行和政府部门进行投资(或贷款)决策都是非常重要的。

1. 为上级主管部门把关提供依据

在现行经济体制下，投资者在拟建项目之前都要由其主管部门进行审批，在征得主管部门同意之后，方能实施该项目，而主管部门只有在进行项目评估(或通过类似于项目评估的形式)以后才能决策。从这个意义上讲，项目评估可以为上级主管部门把关提供依据。

2. 为金融机构贷款决策提供依据

金融机构提供贷款一般坚持“三性”原则，即效益性、安全性和流动性。凡是申请贷款的投资者，都要在提交贷款申请的同时提供项目的可行性研究报告，由金融机构组织或委托有资质的中介咨询机构进行项目评估，并主要以项目评估的结论作为是否提供贷款的依据。在现行的经济体制和金融体制下，金融机构更加重视信贷资产的质量，对投资项目贷款的要求更加严格，无论项目规模的大小，也无论项目属于什么行业，都要严格把关，进行真正的项目评估。从这个意义上讲，项目评估可以为金融机构贷款决策提供依据。

3. 为政府职能部门审批项目提供依据

在现行经济体制下，我国实行的是项目审批制度，一般的投资项目都要经过各级政府职能部门的审批才能实施。即使对项目审批制度进行改革，有些项目也需要政府职能部门的审批，如有关国计民生的项目、大型基础设施项目和资源开发项目等。在审批项目之前，政府职能部门要对拟建的大型项目进行评估，而且，对这些项目的评估，所花费的时间、财力和人力可能比可行性研究更多，特别是那些有关国计民生的大型的、结构复杂的投资项目。从这个意义上讲，项目评估为政府职能部门审批项目提供了依据。

二、项目评估的内容和程序

（一）项目评估的内容

项目评估的目标是为投资决策提供科学的依据。项目的类型很多，其规模、性质和复杂程度各不相同，因而项目评估的内容与侧重点也有一定的差异，但其基本内容大同小异，主要包括以下几个方面。

1. 项目与企业概况评估

首先，对项目实施的背景进行简要分析；其次，对各类项目的基本概况进行简要分析。对于基本建设项目，主要评估项目的投资者、建设性质、建设内容、产品方案、项目隶属关系以及项目得以成立的依据（如立项批复文件、选址意见书）等。对于更新改造项目，除上述内容外，还要评估现有企业的基本概况、历史沿革、组织机构、技术经济水平、资信程度、经济效益等。对于中外合资项目，还要分别评估合资各方的基本概况。

2. 项目建设必要性评估

主要从宏观和微观角度论述项目建设的必要性，如项目的建设是否符合国家的产业政策，是否符合国民经济发展规划与地区发展规划，是否有助于优化城市发展总体布局等。

3. 项目市场需求分析

主要分析项目所生产的产品（或所提供的服务）的市场现状、未来发展趋势以及产品（或服务）在市场上的竞争能力等。

4. 项目生产规模确定

在必要性评估与市场需求分析的基础上，结合项目的具体情况（如厂址情况、资金筹措能力、技术和管理水平、规模经济等），确定项目的最佳生产规模。

5. 项目建设、生产条件评估

主要评估项目的建设施工条件能否满足项目正常实施的需要，项目的生产条件能否满足正常生产经营活动的需要。

6. 项目工程与技术评估

主要评估项目工程设计是否合理，项目所采用的工艺是否具备先进性、经济性、合理性和安全性，以及设备选型是否合理等。

7. 投资估算与资金筹措

主要估算项目总投资额（包括建设投资、流动资金投资与建设期利息等），并制订相应的资金筹措方案和资金使用计划。

8. 财务效益分析

从企业或项目的角度出发，根据收集和估算出的财务数据，以财务价格为基础，编制有关表格，计算相应的技术经济指标，据此判断项目的盈利能力、偿债能力和财务生存能力。

9. 国民经济效益分析

从国民经济的角度出发，根据收集和估算出的数据，以影子价格为基础，编制有关表格，计算相应的技术经济指标，据此判断项目对国民经济的贡献。

10. 社会效益分析

从社会的角度出发，以社会影子价格为基础，编制社会评价表格，计算相应的技术经济指标，据此判断项目对实现社会发展目标的贡献。

应当指出，目前项目社会评价的指标体系尚不完善，加之有关权数的确定受主观因素的影响较大，特别是有些学者认为，我国项目社会效益分析所要解决的问题可通过制定宏观经济政策加以解决，故我国项目评估中一般不包括此项内容。

11. 不确定性分析

通过运用盈亏平衡分析和敏感性分析等不确定性分析的方法计算有关指标，考察项目抵御风险的能力。

12. 项目总评估

在上述各项评估的基础上得出项目评估的结论，并提出相应的问题和建议。在实际评估中，可根据项目的性质、规模、类别等对上述内容加以调整。

（二）项目评估的程序

项目评估是一项时间性强、涉及面广、内容复杂的工作，因此，在开展项目评估工作时，一定要合理地组织和有计划地进行。项目评估一般分为评估前准备、成立评估小组、制订评估计划、调查和收集资料、分析测算和编写评估报告等六个阶段。

1. 评估前准备

在签订委托评估合同后即开展准备活动，主要是熟悉项目情况，分清评估的重点和难点，与业主建立沟通渠道，指定项目负责人和联络人等。

2. 成立评估小组

根据项目的行业特征和繁简程度，由项目经理选择专家组成评估小组。评估小组人员一般包括：市场分析人员，负责项目建设必要性、市场分析等评估内容；工程技术人员，负责建设条件、技术设计、工程建设与设备安装、环境保护等评估内容；财务、经济分析人员，负责项目的投资估算、财务分析、资金来源和经济评价等评估内容；其他辅助人员。

3. 制订评估计划

评估小组成立后首先应制订详细的项目评估计划，以指导评估工作的正常进行。评估计划包括：① 评估内容，即按照项目的特点和性质提出需要解决的问题，明确评估目的；② 评估重点，即根据项目的具体情况提出评估的重点，如产品市场及发展趋势、原材料供应的保障、投资估算、资金落实情况、工艺技术的先进性和适用性、主要设备选择的合理性、财务及经济效益等；③ 资料清单，主要包括产品市场分析资料，投资估算依据，工艺及技术资料，财务和经济分析的基础数据，项目的有关水电气和原材料供应、资金来源、用地、环保等的证明、保函、协议和合同文件资料，调研的地点、部门和内容等；④ 进度安排，即按照要求制定出各个工作环节的时间和步骤。

4. 调查和收集资料

围绕评估计划和人员分工情况，分头对评估所需的资料和信息进行调查和收集，并加工处理。通常收集的资料有：市场资料，包括产品和原材料的供求现状、趋势、价格、来源和销售方向等；可行性研究报告中的各项原始数据及必要的旁证和补充资料；有关制度、规定、规范和办法等。在调查和收集过程中，应注意数据资料的可靠性、准确性和完整性。

5. 分析测算

在对调查资料进行加工整理的基础上,对项目进行全面的分析和测算,主要包括市场容量和生产规模分析、工艺和技术分析、基本财务及经济数据预测、财务分析、经济分析、不确定性分析和社会评价等。

6. 编写评估报告

评估报告是评估机构将分析测算的结果,按照一定的格式和要求形成的文字报告。应注意不能从项目业主或决策者的角度来编写,而应站在第三者的立场上,大量运用比较分析的方法,提供有说服力的评估结论。报告要求结构简明、清晰,语言简洁、明确。

三、可行性研究与项目评估的异同

(一) 可行性研究与项目评估的相同点

1. 两者同处于项目研究的前期阶段

可行性研究是继项目建议书批准后,对投资项目在技术、工程、外部协作配套条件和财务、经济上的合理性及可行性所进行的全面、系统的分析和论证工作;而项目评估则是在项目决策之前对项目的可行性研究报告及其所选方案所进行的系统评估。它们都是项目前期工作的重要准备,都是对项目是否可行及投资决策的咨询论证工作。

2. 两者的出发点一致

项目评估与可行性研究都以市场研究为出发点,遵循市场配置资源的原则,按照国家有关的方针政策,将资源条件同产业政策与行业规划结合起来进行方案选择。

3. 考察的内容及方法基本一致

可行性研究与项目评估无论是经济评价指标计算的基本原理、分析对象、分析依据,还是分析内容都是相同的。就一个投资项目而言,从经济评价的角度看,无论是项目评估还是可行性研究,它们计算评价指标的基本原理是相同的,都是通过计算比较计算期的费用与收益,计算一系列技术经济指标,得出可行与否的结论;其分析的对象是一致的,都是项目;其分析的大部分依据是相同的,都是国家的有关规定和有关部门为拟建项目下达的批复文件等;其所分析的内容均包括建设必要性、市场条件、资源条件、工程技术、经济效益等部分。

4. 目的和要求基本相同

二者的目的均是要提高项目投资科学决策的水平,提高投资效益,避免决策失误,都要求进行深入、细致的调查研究,进行科学的预测与分析,实事求是地进行方案评价,力求资料来源可靠,数据准确,结论客观公正。

(二) 可行性研究与项目评估的区别

1. 二者承担的主体不同

为了保证项目决策前的调查研究和审查评价活动相对独立,应由不同的机构分别承担这两项工作。在我国,可行性研究通常由项目投资者或项目主管部门来主持,投资者既可以独自承担该项工作,也可委托专业设计或咨询机构进行,受托单位只对项目投资者负责;项目评估一般由项目投资决策机构或项目贷款决策机构(如贷款银行)主持和负责。主持评估的机构既可自行组织评估,也可委托专门咨询机构进行。

2. 评价的角度不同

可行性研究一般要从企业(微观)角度去考察项目的盈利能力,决定项目的取舍,因此它着重于投资项目的微观效益;而国家投资决策部门主持的项目评估,主要从宏观经济和社会的角度去评价项目的经济和社会效益，侧重于项目的宏观评价。贷款银行对项目进行的评估，则主要从项目还贷能力的角度评价项目的融资主体(借款企业)的信用状况及还贷能力。

3. 二者在项目投资决策过程中的任务不同

可行性研究除了对项目的合理性、可行性、必要性进行分析、论证外，还必须为建设项目规划多种方案，并从工程、技术经济方面对这些方案进行比较和选择，从中选出最佳方案作为投资决策方案。因此，它是一项较为复杂的工程咨询工作，需要较多人力进行较长时间的论证；而项目评估一般则可以借助可行性研究的成果，并且不必为项目设计多个实施方案，其主要任务是对项目可行性研究报告的全部内容，包括所选择的各种方案，进行系统的审查、核实，并提出评估结论和建议。

4. 二者在项目投资决策过程中的先后顺序和作用不同

在项目建设程序中，可行性研究在先，评估在后，其作用也不相同。可行性研究是项目投资决策的基础，是项目评估的重要前提，但它不能为项目投资决策提供最终依据。项目评估则是投资决策的必备条件，是可行性研究的延续、深化和再研究，通过更为客观地对项目及其实施方案进行评估，独立地为决策者提供直接的、最终的依据，比可行性研究更具权威性。

第四节 项目经济评价的历史沿革

项目经济评价是微观经济学和福利经济学的基本原理在管理决策中的具体应用。作为一门应用经济学的分支，项目经济评价经历了从理论与方法的初步形成到不断发展，再趋于成熟的过程，其发展大体上经历了以下几个阶段。

一、项目评价的产生

这一阶段是指20世纪30年代以前，主要以古典经济学理论为基础的财务评价，属于项目经济评价的初期阶段。投资项目评价理论来源于强调利润动机作用的西方传统经济学。古典经济学派偏重于企业的微观效益分析，早期的评价方法以完全竞争模型下的利润最大化为理论基础，主要是通过预算项目的成本与效益来考察项目的盈利能力，为投资决策服务。由于数据的测算局限于项目的财务成本和效益，因此，也被称为财务分析方法，是项目财务评价的雏形。

这些理论大多集中分析私有企业追求最高利润的行为，并假设项目评价和经济环境是政府自由放任政策下的完全竞争的市场机制。费用-效益分析法在这一阶段初见端倪。现在一般公认富兰克林首先提出了费用-效益分析的雏形。他提出面临一个公共工程项目的决策难题时，列出其正面(即效益)和负面(即费用)因素，并分别予以度量，即所谓“道义的或慎思的代数”。1844年法国工程师杜比特(Jules Dupuit)发表《公共投资项目效用的度量》一文，文中提出了“消费者剩余”的概念，并以几何图形表达了其含义。根据消费者剩余理论，他提出公共项目的评价标准是一个公共项目的净生产量乘以相应的市场价格所构成的社会效益下限加上消费者剩余。

由于完全竞争市场模型的局限，这种以财务价值为评价依据的方法无法正确反映具有外部经济效益的项目的全部成本与效益。例如，那些由政府进行投资建设的公共工程及福利性项目，这些项目的建设虽然本身没有财务收益，但是却为社会做出了巨大贡献。或者是由于提高了基础设施的质量;或者是由于改善了投资环境,事实上提高了私人资本的投资效率和收益水平;或者由于这些投资直接提高了社会福利水平。早期的项目评价方法局限于微观经济效益的评价,因此无法从更广泛的经济角度对拟建项目进行恰当的评价。

二、项目评价理论与方法的形成

该阶段主要指20世纪30年代至60年代,标志是基于福利经济学的社会费用-效益分析方法(SCBA)的出现。普遍的观点认为,这一时期是现代项目评价方法的形成阶段。随着社会生产技术和经济管理科学的发展,投资项目的评价方法也不断得到改进,尤其是西方福利经济学的研究和发展,不仅为项目评价提供了基本概念、一般的理论准则和福利标准,也为SCBA应用到范围更广的经济活动中创造了条件。

古典经济学偏重于集中分析企业的微观效益,相对忽视了宏观社会效益,因此财务评价是立足于微观效果的角度进行项目评价的。与古典经济学不同的是,福利经济学的研究是为了寻求一些规范以作标尺,使我们可以评比社会福利的增减及高低,以排列可供选择的不同的社会经济情况,正是基于这一特点,迪帕克·莱尔(Deepak Lal,1974)认为"大多数现存的费用-效益分析的方法都是从理论福利经济学传衍下来的"。而凯恩斯理论引发的政府干预宏观经济的政策效果,则使得项目评价向整个国民经济宏观层面发展和延伸。

这一时期在凯恩斯经济理论的影响下,资本主义国家加大了公共开支,社会福利设施和工程项目的投资增加,然而,初期形成的以古典经济学为理论依据、以企业微观效益为判别标准的分析对于公共项目的经济评价无能为力。于是,以福利经济学为理论依据的SCBA在项目评估中得到了发展。代表这种应用的是1950年美国联邦机构向河域委员会的成本效益小组公布的《河域工程项目经济分析的建议》,其中引用了福利经济学原理。分析评价的基本程序可以简述为:① 选出项目相关的费用和效益,这种费用、效益的划分范围与分析决策者的观点相关。② 费用和效益的量化。这一步骤的难点在于市场价格经常不能反映项目费用、效益的实际价值,此外不同种类的费用效益也存在不同度量的问题。③ 计算指标。④ 衡量项目综合价值。

这个时期,SCBA不断得到充实和完善,而其应用范围也从开发建设项目发展到研究工农业的生产管理、科学实验,甚至是对自然与社会改革等问题。同时,该方法也开始被推广到了欧洲等其他发达国家,特别是由于国际性经济组织的努力,发展中国家也开始普遍采用。这个时期的评价方法主要是以福利经济学理论为基础,采用传统的静态效益分析,评价方法与程序逐渐统一,形成了一套系统的科学研究方法。

随着福利经济学地位的确立、发展经济学的兴起、宏观经济理论和微观经济理论的逐步完善、经济数学和计算机技术的进一步发展,以及对社会实践的总结,经济评价的理论和方法体系进一步完善,并日臻成熟。

三、项目评价理论与方法的发展与成熟

从20世纪60年代末开始,项目评价理论不断涌现了大量的新方法和新观点,这些研究为标准的现代评价方法的形成提供了重要的方法论基础。1970年至今是项目评价方法发展过程中的现代阶段,这个阶段的主要特征是以折现技术、风险分析技术为主要代表的动态分析方法取代了传统的静态分析技术,而项目评价的程序也不断趋于成熟和稳定。此阶段产生的"新方法论"尝试从不同的角度进行项目评价理论和方法的探索。

1968年,英国牛津大学教授里特尔和米尔里斯联合出版了《发展中国家工业项目分析

手册》，这是第一本应用现代费用-效益分析方法来解决发展中国家的项目评价著作。在这本著作中，提出了项目评价中如何进行影子定价的新方法，并指出为避免国内价格的失真，应该将货物划分为可贸易货物与非贸易货物，尽量用国际市场价格为基础推算各种投入物与产出物的价格。1974 年，上述两位教授在对原著进行补充修改后，又出版了《发展中国家的项目评价和规划》，对费用-效益分析方法做出了更系统的解释。上述两本著作，形成了世界经济合作与发展组织（OECD）的 OECD 法（也称 L-M 法）。

1972 年，英国伦敦经济学院的帕萨·达斯古普塔、阿马泰亚·森和美国哈佛大学的斯蒂芬·马格林合著出版了《项目评价准则》一书，系统地介绍了 OECD 所推荐的对工业项目进行社会费用-效益分析的理论与方法，以及所积累的一整套实践经验，这也是针对发展中国家的需要而制定的一套准则。该书是项目经济评价的经典之作，具有一定的权威性。虽然该准则也将货物分为可贸易货物与非贸易货物，但该方法主张应以国内市场价格作为投入物、产出物的计算基础。对于非贸易货物，其影子价格的确定可直接同国内价格政策相联系；对于可贸易货物，在贸易较发达的国家，需将货物按边际价格计算出外汇值，再用影子汇率换算成国内价格。这种方法要求在调整汇率时，应考虑储蓄、收入分配和产品具体需要三个因素。但是由于这种方法有可能与各国政府的汇率政策相冲突，因此，不太容易被政府部门接受。1978 年，世界银行专家约翰·R. 汉森根据《项目评价准则》，编写出版了《项目估价适用指南——发展中国家效益费用分析》。该书把《项目评价准则》中项目经济评价方法的分析程序分为财务分析、经济分析、储蓄分析、收入分配分析和高价值与低价值分析五个阶段，并详细地说明了各个阶段的调整与评价方法，创造性地设计了便于分析计算的标准表格和图解法。1980 年，英国布拉德福德大学的约翰·韦斯出版了《工业项目的实际评价：社会成本利得分析在巴基斯坦的应用》。该书可以说是《项目估价适用指南——发展中国家效益费用分析》的重要补充，书中主要说明了该书所介绍的方法如何应用于巴基斯坦三个公共项目的经济评价。上述三本书奠定了联合国工业发展组织（UNIDO）的 UNIDO 法（也称准则法）。

1975 年，世界银行专家林恩·斯奈尔和赫尔曼·范德塔克合著出版了《项目经济分析——影子价格的推导和估算》，这是西方项目经济评价方面的主要文献之一。该书综合 OECD 法和 UNIDO 法提出了 S-Vt 法（也称 WB 法）。其主要观点更为接近 OECD 的方法。不同之处在于，它在计算项目收益过程中，注重考察项目在一个国家内对收入分配的影响。另外，该方法还提出了进行社会效益评价的理论和方法。

1976 年，法国的马克·谢韦尔和米歇尔·莱格尔合著出版了《项目经济评价手册——影响方法》，书中提出了一种新的方法，完全不同于上述国际经济组织的项目经济评价方法，在许多发展中国家也有比较广泛的应用，此书独树一帜，被称为 EM 法（也被称为影响方法）。1980 年，UNIDO 又与阿拉伯国家工业发展中心（IDCAS）联合编著出版了《工业项目评价手册》一书，目的是为发展中国家的费用-效益分析提供一种协调的、相对简单的、容易理解的逐步工作方法，以缩小理论与实践之间的差距，形成了 UNIDO-IDCAS 法（也称阿拉伯法）。1991 年，世界银行专家威廉·沃德、巴里·戴伦和伊曼纽尔·德西尔瓦合著出版了《项目分析经济学——实践指南》。2001 年，世界银行专家贝利和安德森等合著出版了《投资运营的经济分析——分析方法与实际应用》。上述国际经济组织、专家和其编著的经典著作，不但对经济评价的理论和方法的进一步完善做出了巨大贡献，而且对经济评价的具体应用，特别是对在发展中国家的应用功不可没。

以上提到的 OECD 法、UNIDO 法、S-Vt 法、EM 法以及后来的 UNIDO-IDCAS 法，统称为“新方法论”。

与传统费用-效益分析法相比，新方法论在项目经济评价方法及理论有以下新的尝试和探索：

(1) 与传统费用-效益分析方法不同，新方法论对于项目物品中参与外贸部分用世界价格作为衡量价值的基础；对非外贸部分用国内价格作为衡量价值的基础，重点在于把世界价格以各种外汇及与其等同的单位作为价值标准；而传统方法则把国内市场价格作为价值衡量的基础，通过影子价格加以调整。

(2) 新方法论涉及的项目成本与收益范围较传统方法广泛得多。传统方法评价重点在于项目社会生产效益上，不涉及社会分配效应，而新方法论则对两者都很重视。

(3) 传统方法局限于在国家政策或公共政策范围内评价单个项目，遵循从项目到项目的程序。新方法论则包括宏观、微观两方面的项目评价，项目评估被认为是项目层次上的经济规划。

(4) 新方法论与传统方法相比，它是一种更广泛的均衡分析方法。

20 世纪 80 年代后，社会、环境、经济等可持续发展理论的发展，使得项目评估不再局限于经济评价范畴，而是拓展到包括技术、环境、社会、政治等各方面的综合评价。

应该说，项目评价经过了大半个世纪的发展，其学科范围、理论基础、程序和方法已经不断成熟并趋于稳定。目前的趋势是，其概念由复杂趋向简单，计算方法也逐渐标准化，尤其是计算机的出现和计算机程序的引入，使得原来繁重的手工计算变得越来越简单，相应地，评价的程序也出现了表格化的趋势。

四、项目评价在我国的发展与应用

与以上国际组织和西方国家对项目评价理论的创建性研究相比，发展中国家对项目评价的认识大都源于国际组织和西方国家的财务援助工作。从中华人民共和国成立后至改革开放前，我国的项目决策主要沿用苏联的做法。中华人民共和国建立初期的项目管理基本上是按照“先勘察、后设计，先设计、后施工”的基本原则进行的，而真正将项目投资方法引入项目管理程序，最早是在“一五”计划时期。当时，国家为了使国民经济迅速恢复和发展，在苏联的帮助下，进行了以 156 个重点建设项目为中心的工业化基础投资。为了得到预期的投资效果，对建设项目的评价和管理主要借鉴了当时苏联的建设项目管理办法。苏联理论界长期以来只承认劳动消耗是费用，不承认还有其他费用。国家提供给工厂、农庄的资金都不计利息，导致运行成本低的资金密集型项目容易通过决策，这种评价依据造成了资金使用不当及资源的严重浪费。我国在“一五”计划期间，经济评价主要沿袭苏联的方法，采用投资回收期和投资效果系数等静态指标。尽管只采用了简单的、静态的技术经济分析方法，却也为当时的投资管理起到了一定的积极作用。

从 1958 年到 20 世纪 70 年代中期，由于强调“算政治账”，忽视了社会经济效益，搞“三边建设”(边勘察、边设计、边施工)，不重视投资项目论证和评价，没有严密的评价方法和制度，投资效益较差，有人估算这一时期由于投资失误造成损失达千亿元以上。

我国真正发展建设项目经济分析与评价是在改革开放以后，开始重视项目的前期工作。20 世纪 70 年代末，随着我国经济的对外开放，在西方发达国家应用了 40 多年后的投资项目决策工具——可行性研究开始传入我国。政府有关部门组织国内外的一些专家学者，从理论和实践两个方面探讨把可行性研究纳入我国投资项目决策程序的必要性和可行性。为了适应新形势下投资决策及经济管理工作的要求，1981 年国家科学技术委员会下达了“工业建设项目可行性研究经济评价方法”的课题任务。1983 年 5 月国务院技术经济研究中心组织专家编写了《工业建设项目企业经济效益的评价方法》一书。1983 年 2 月国家计划委员会又颁发了《关于建设项目进行可行性研究的试行管理办法》，规定“可行性研究是建设前期工作的重要内容，是基本建设程序中的组成部分”，正式把可行性研究纳入投资项目决策程序。

1984 年，国务院技术经济研究中心组织大专院校的学者和实际工作部门的高级工程师组成专家组，共同编写了《建设项目国民经济评价方法与参数》。1986 年，国家计划委员会组织了“建设项目经济评价方法与参数”专题研究专家组，以《工业建设项目企业经济效益的评价方法》和《建设项目国民经济评价方法与参数》为蓝本，在总结我国可行性研究的经验和教训的基础上，借鉴国外经济评价的理论和方法，结合当时我国的国情，制定了《关于建设项目经济评价工作的暂行规定》《建设项目经济评价方法》《建设项目经济评价参数》《中外合资项目经济评价方法》四个规定性文件，经过全国专家论证会审定后，于 1987 年 10 月正式出版了《建设项目经济评价方法与参数(第一版)》，对经济评价的程序、方法和指标等做了明确规定和具体说明，并首次颁布了各类经济评价所用的国家参数。1988 年，国家经济贸易委员会公布了《工业企业技术改造项目经济评价方法》，形成了较为完整的评价标准和规范。1993 年，国家计划委员会、建设部联合公布了《建设项目经济评价方法与参数(第二版)》，在 1987 年第一版的基础上总结了投资项目评价的经验，做了一定的调整：在财务评价指标的盈利能力分析中新增了“资本金利润率”指标；在偿债能力上，除了保留原来的“固定资产投资借款偿还期”指标外，新增了“资产负债率”“流动比率”“速动比率”等财务资本结构指标，强化了投资项目的财务风险评价。

2006 年，国家发展和改革委员会、建设部又再次进行了补充和修订，联合出版了《建设项目经济评价方法与参数(第三版)》。与第二版相比，在方法部分和参数部分存在变动。方法部分：结构比第二版有较大的调整，内容也比第二版更丰富，更贴近我国社会主义市场经济条件下建设项目经济评价的需要；调整了经济效益分析与财务分析的侧重点；增设了财务效益与费用估算、资金来源与融资方案、费用效果分析、区域经济与宏观经济影响分析等内容；对财务分析、经济分析、不确定性分析与风险分析、方案经济比选等内容进行了调整和扩充；增加了公共项目财务分析和经济分析的内容；增加了经济风险分析内容；方案经济比选增加了不确定性因素和风险因素下的方案比选方法；简化了改扩建项目经济评价方法；增加了并购项目经济评价的基本要求；补充了电信、农业、林业、水利、教育、卫生、市政和房地产等行业经济评价的特点。参数部分：建立了建设项目经济评价参数体系；明确了评价参数的测算方法、测定选取的原则、动态适时调整的要求和使用条件；修改了部分财务评价参数和国民经济评价参数等。《建设项目经济评价方法与参数(第三版)》对方法与参数两部分逐章逐条地编写了条文说明，详细介绍了各条制定的作用意义、编制依据和使用中需要注意的有关事项以及名词术语解释等，以便帮助评价人员更好地理解和使用。

20 世纪 80 年代初，随着我国经济体制改革的进一步深入以及学术界和实际工作者对投资效果的关注和大讨论，金融机构尝试借鉴西方经济发达国家的经验，对拟提供贷款的投资项目进行评估，各级政府投资决策部门也开始在决策之前对重大投资项目进行评估。在世界银行专家的帮助下，中国投资银行也在其贷款项目管理过程中引入了项目评价的理论和方法，并于1984年9月正式出版了《工业贷款项目评估手册》，作为投资银行系统开展项目评价的依据，为我国项目评估工作的开展起到了很大的推动作用。随后，中国建设银行又于1984年拟定了《中国人民建设银行工业项目评价试行办法》，用以指导建设银行对基建贷款的投资决策管理。自20世纪80年代后期开始，中国建设银行、中国工商银行、中国银行和中国农业银行相继成立了专门的咨询机构（如中国建设银行成立了中国投资咨询公司），对贷款项目进行评估；各级政府投资决策部门也相继成立了专门的投资（工程）咨询机构（如国家计划委员会成立了中国国际工程咨询公司），对需要政府审批的重大投资项目进行评估。20世纪90年代后期，随着经济体制改革和投资体制改革的进一步深化，国家计划委员会成立了中国工程咨询协会，并实行投资项目咨询资质制度，以2号令和3号令发布了《工程咨询业管理暂行办法》和《工程咨询单位资格认定暂行办法》。中国工程咨询协会根据3号令制定了《工程咨询单位资格认定实施细则》，并颁发了《工程咨询单位持证执业管理暂行办法》，规定没有资质的机构不能从事投资项目可行性研究和评估工作，从而为投资咨询行业的竞争奠定了基础。2004年，在投资咨询行业开始实行执业资格考试制度，即实行全国注册咨询工程师（投资）考试。全国注册咨询工程师（投资）考试是指通过考试取得《中华人民共和国注册咨询工程师（投资）执业资格证书》，经注册登记后，在经济建设中从事工程咨询业务的专业技术人员。国家人力资源和社会保障部、国家发展和改革委员会共同负责全国注册咨询工程师（投资）执业资格制度的政策制定、组织协调和监督指导，并成立全国注册咨询工程师（投资）执业资格管理委员会，负责注册咨询工程师（投资）执业资格管理工作，该委员会办事机构设在中国工程咨询协会。注册咨询工程师（投资）执业资格实行全国统一考试制度，每年举行一次。国家对工程咨询行业关键岗位的专业技术人员实行执业资格，纳入全国专业技术人员职业资格制度统一管理。只有通过考试成绩合格，表明其具有相应的水平和能力，才可获得工程咨询行业的执业资格。

2004年7月，国务院颁布了《国务院关于投资体制改革的决定》，界定了政府投资项目和企业投资项目的决策程序。政府投资项目仍然实行审批制，企业投资项目区别不同情况实行核准制和备案制。在原有的投资项目决策制度下，所有的项目都必须编制可行性研究报告，政府决策机构可以根据投资者提供的可行性研究报告审批项目，金融机构可以根据借款人提出的可行性研究报告进行项目评估。而投资项目决策制度改革以后，企业投资项目的投资者可以不提供可行性研究报告。这样，在投资项目决策时，政府职能部门只是从宏观上进行审查，金融机构则需要进行更加严格的项目评估。因此，决策制度的重新安排，对金融机构在贷款前考察投资项目提出了更严格的要求。

与其他应用学科一样，虽然项目评价无论是工作程序，还是理论方法都已经相当成熟，但其理论与方法还必须随着国民经济和各种经济制度的发展而适时调整，不断发展。随着国民经济发展水平的不断提高，我国的经济政策不仅仅是以经济增长为主要目标，同时还包括了更加广泛的社会发展内容，如社会收入的公平分配、劳动就业、技术进步以及各种社会变革等。为了考察投资项目对实现社会目标方面的贡献，还必须从整个社会的角度出发，对项目进行社会评价。而目前，我国的项目评价还主要局限于经济评价的范围，社会评价还处于初步探索阶段，仍需要在吸收发达国家经验的基础上，结合社会学、政治学、心理学以及数学等多学科成果，大力地发展和完善。

【复习思考题】

1. 什么是投资项目？投资项目有哪些类型？
2. 建设项目的发展周期是什么？
3. 投资决策的一般程序是什么？
4. 我国现行的项目投资决策程序是什么？
5. 什么是可行性研究？可行性研究的作用有哪些？
6. 可行性研究分为哪几个阶段？
7. 可行性研究包括哪些内容？
8. 项目申请报告一般包括哪些内容？
9. 什么是项目评估？项目评估的作用有哪些？
10. 项目评估的内容有哪些？
11. 可行性研究与项目评估有何异同？
12. 简述项目评价的发展历程。

第二章　项目概况及建设必要性评估

本章主要介绍项目概况评估、项目投资者资信评估和项目建设必要性评估等具体内容和方法。通过本章的学习，读者要掌握项目提出背景评估、投资者资信评估和建设必要性评估的内容；熟悉投资环境评估的内容；了解企业资信等级的划分。

第一节　项目概况评估

一、项目提出背景评估

项目提出背景是指最初设计或规划的投资项目的建设根据和理由。任何一个投资项目都是在一定背景下提出的。项目提出的背景从整体上讲，均可归纳为宏观背景和微观背景两个方面，相应地，项目提出背景评估即可分为宏观背景评估和微观背景评估。

项目宏观背景评估主要是考察项目是否符合国家一定时期的方针、政策、规划等，这是项目是否可行的基本依据。评估人员应掌握各级政府一定时期的方针、政策，分别论述其要点，把项目的动机与这些要点进行比较。同时，还要充分研究政府的有关规划，以考察项目投资与这些规划的关系。另外，还要考察在规划中项目所处的地位和安排的投资时机等，并论述有关规划和项目的建设内容以及项目对有关规划的影响。

项目微观背景评估主要是从项目本身提出的理由着手进行分析评估。通过分析该项目投资能给地方、部门和企业带来的好处，考察投资项目提出的理由是否充分。例如，可以利用资源，可以增加加工产品的附加价值，填补本地区的空白，可以替代进口，可以增加出口，以满足市场需求，扩大就业，利用社会协作条件和优惠政策等。

在实际进行项目评估时，通常从项目的产业背景、区位背景和项目定位三个方面入手，对投资项目的相关背景进行分析和评价，另外，还要对项目可行性研究的情况进行考察与评估。

（一）产业背景评估

对于一个国家来说，当商品经济发展到一定程度，国民经济具备一定的基础之后，都要制定相应的产业政策。对于一个项目而言，在进行背景分析时，首先应当对国家在这一时期的产业政策进行深入研究。因为产业政策是政府为了实现一定的经济和社会目标而制定的与产业有关的一切政策的总和，是政府对未来产业结构变动方向的干预，是为了弥补市场机制可能造成的“调节失灵”而采取的一些干预和补救措施。产业政策的主要功能就是协调产业结构，如扶持战略产业，调整和援助弱小产业，培育和鼓励新兴产业等。因此，产业政策在某种意义上能最集中地反映政府希望通过调整投资结构以实现经济发展目标的强烈愿望，并确定整个国民经济优先发展和抑制发展的产业。具体来讲，如果一个部门或行业是属于国家产业政策中鼓励发展的，那么它在整个国民经济中所占比例就会增加；相反，如果一个部门或行业被列入政府或部门限制发展的行业之列，它在整个国民经济中所占的比例就会减少。因此，产业政策对项目的建设具有指导作用，引导投资者把资金投向鼓励发展的行业。从这个意义上讲，项目的建设也是实现国家产业政策的一个重要手段。

对项目的产业背景进行评估，首先要分析国家的产业政策，包括产业结构政策、产业组织政策、产业分布政策以及国家在这一时期的技术政策和投资政策等，把项目的建设与国家同期的产业政策、技术政策和投资政策的要求进行对比分析。只有符合国家产业政策、技术政策和投资政策要求的投资项目，才可以被认为是合理的，项目的建设才是必要的。也就是说，符合国家产业政策是项目合理、可行的一个必要条件。同时，这里不仅要考察项目建设与国家这一时期的产业政策、技术政策和投资政策的关系，还要分析产业政策与项目建设内容的相符程度以及项目建设对产业政策的影响程度。

行业分析包括对国家的行业政策、管制与准入政策、行业周期，以及行业的成长性、稳定性、发展趋势等的分析，特别是基础设施建设项目。项目管制与准入对项目需求量、现金流入及未来偿还能力影响甚大。对项目背景进行分析，还要了解项目实施人的资格、项目是否符合产业规划、项目对应产品与服务的市场前景及行业供需状况、项目的技术和建设条件及规模定位等。对于工业、房地产等行业来说，不仅需要对影响行业本身竞争力的因素做充分评估，更要关注相关行业的联动性、行业间替代产品的出现及行业内产品的升级，且对其目前市场份额、行业同层次竞争者及潜在竞争者要有清楚的了解，以准确确定自身的市场定位。

(二) 区位背景评估

任何经济活动都离不开特定的空间，不管这种经济活动的发展水平如何，最终都要在某一特定空间找到它的位置。投资项目建设也是与一定地区紧密联系在一起的。优越的区位，对投资者和生产者而言，可以用同样的投入获得更大的产出；对消费者而言，可以用同样的支出获得了更大的效用。

投资者或生产者应尽可能寻找能使利益最大化的地点进行建设或生产，因为不同投资项目对生产要素和相关配套服务的要求是不同的，对市场距离、资源分布和环境等的依赖程度也有所差异。从区位的角度看，项目对生产要素、市场和环境的区位指向类型主要有市场指向型、资源地指向型、原料供应地指向型、燃料及动力指向型、劳动力指向型、技术指向型以及集聚经济指向型等。

1. 市场指向型

市场指向型也称为消费地指向型，它是指项目布点具有趋于靠近消费地的倾向。具有这种布局倾向的项目通常有以下几类：

(1) 产品易碎或易失重，经长途运输可能会发生较大的途中损失的项目。

(2) 产品易腐，难以长久保存，经过长时间、远距离的运输，不能保证产品质量的项目。

(3) 原料产地相当分散，而消费区分布相对集中的项目。

2. 资源地指向型

这里的资源仅指自然资源。有些项目在布局时只能考虑建在有某种自然资源储量的地区，一般是那些直接以自然资源的开采和利用为目的的项目，如采煤项目、采油项目、森林加工项目和水力发电项目等。这类项目在布局时几乎没有其他选择。

3. 原料供应地指向型

原料供应地指向型是指项目布点趋于原材料产地的倾向。具有这种布局倾向性的项目通常有以下几类：

(1) 生产中所需要原料用量大且不易运输的项目，如制糖项目、钢铁项目和建材项目等。

(2) 为便于某种重要原料的运输而对其进行初步处理、加工的项目，如棉花打包厂项目等。

(3) 生产过程与其主要原料的生产过程之间存在着重要的生产联系与互补关系的项目。这类项目如果设在原料产地，可能会取得比较好的经济效益。例如，石油化工项目设在炼油中心，冶金机械项目设在钢铁产地等。

(4) 消费市场在地域分布上十分分散，没有明显的主次之分，而各种重要生产原料分布相当集中的项目，如矿产品加工项目等。

4. 燃料及动力指向型

许多工业项目在布局时要侧重考虑接近燃料和动力产地。这主要是指那些在生产过程中对燃料和动力依赖性极强，且消耗量非常大的项目，如火力发电项目、有色金属冶炼项目、稀有金属生产加工项目等。这类项目在生产加工过程中，燃料和动力的消耗量往往可占其生产总消耗的50%左右。靠近燃料和动力产地，可以大大节省燃料或动力长距离运输中所发生的巨大的成本费用和损耗，并且有助于燃料和动力供给的充分性和稳定性。

5. 劳动力指向型

劳动力指向型是指某些项目具有密集使用廉价劳动力的倾向。有些生产活动受劳动力费用高低、劳动力供给数量和质量的影响程度比较高，在布局时须重点考虑那些有条件节约劳动力费用或能提供相应劳动力资源的区域。劳动力指向型的项目一般是劳动密集型的项目，但也可能是技术密集型的项目(如需要高素质劳动力的项目)，如纺织、服装、食品和造船等行业实施的项目。

6. 技术指向型

技术指向型是指随着新技术变革而产生的一系列新兴产业朝着文化、教育、科技发达的地区布点的倾向，如电子、信息和生物基因工程等项目。

7. 集聚经济指向型

在现代化大生产的条件下，不同企业间的经济联系日趋密切，一些企业的产出常常是另一些企业的投入。如果这些互相联系、互相依赖的企业集聚在一起，就能够更好地协调其相互间的产供销关系，进行更有效、更合理的分工协作，从而可以节约成本。同时，这些企业集聚在一起，即使它们之间没有直接的联系，也可以共同使用某些基础设施，以节省投资费用。如果一个投资项目在将来生产经营中的协作关系对其非常重要，或必须使用某种基础设施而凭自身能力无法独自建设，因而在布局中必须首先考虑接近具备上述条件的工业基地时，这个项目在布局上就是集聚经济指向型的项目。

综上所述，投资项目的建设要充分发挥项目所在地的地区优势，就是要在诸多绝对优势中强调最大的优势，在没有绝对优势的情况下选择劣势最小者，这符合地区作为相对利益主体的要求。只有这样，项目的提出背景才是合理的。

(三) 项目定位评估

在市场经济条件下,需求总量决定了产业调整空间,需求结构牵动产业结构的调整,从而在根本上决定了项目的市场定位。投资项目所生产的产品是不是为社会所需要,确切地讲,是否为市场所接受从根本上决定项目能否取得比较好的经济效益,也决定项目是否有建设的必要性。因此,企业必须生产市场特别需要的产品,这是企业生产的真谛,投资项目也是如此。市场的变化必然引起产业结构、产品结构的变化,同时也引起投资"热点"的变化。只有把资金投向适应市场需求的产品生产中去,投资才能取得预期的效益,投资才具有必要性。

要成功地为项目的产品定位,就必须了解项目在市场中所处的位置,必须清楚项目的强项和弱项,对竞争对手和项目所在的行业进行全面、透彻的分析,从而获取差异优势。

因此,项目定位分析首先要研究市场的需求情况,调查目前市场需求和供给状况,预测市场未来发展态势,判断项目投产后生产的产品是否符合市场的要求。在此基础上再制定策略,进行企业或产品的市场定位。只有项目定位准确,项目的建设才能实现预期的经济目标。项目定位分析是从项目角度,即微观的角度对项目的建设背景进行分析。

二、项目投资环境评估

(一) 投资环境分类

投资环境是指影响项目投资行为的外部条件的总称,它是投资项目赖以进行的前提。根据不同的标准,可将投资环境分为不同的类型。

1. 按投资环境与投资的关系,可分为狭义投资环境和广义投资环境

狭义投资环境,一般是指经济环境,它是由与项目投资直接相关的各个子环境构成,如投资项目建设环境、项目总体环境等。

广义投资环境,一般指自然环境、社会经济环境、国际环境等。它的范围较广,是由与项目投资直接、间接相关的诸多子环境构成的,如拟建项目所在国家或地区的地理环境、自然资源、气候条件、市场情况、民俗传统、风俗习惯、价值观念、政治状况、国际交往、贸易往来等。

2. 按投资地域,可分为国内和国外投资环境

国内投资环境,一般是指投资者在本国境内投资,影响其投资机会决策的诸多因素所构成的环境。

国外投资环境,一般是指东道国影响投资决策的诸多因素构成的环境。

3. 按其表现形态,可分为软环境和硬环境

软环境属于投资环境中无形的非物质条件,一般是吸引投资的政策和措施、政府对投资的态度、办事效率、服务机构设置、科学文化发展程度以及法律、经济制度、经济结构等社会经济、政治环境。

硬环境属于投资环境中有形的物质条件,它是投资环境的物质基础,一般是指与项目相关的交通运输条件、通信设施、城市基础设施,为生活服务的第三产业发展状况、自然资源、技术条件等。

进行项目评估既要评估项目的软环境,又要评估项目的硬环境。

(二) 投资环境评估的内容

投资环境评估的具体内容主要包括社会政治环境、经济环境以及自然、技术和物质环境

的评估。

1. 社会政治环境评估

社会政治环境是投资环境中最敏感的因素，包括政治环境、社会意识形态和法制建设等。对政治环境评估是考察国家或地区的政局稳定性、政策连续性和社会安定等情况，政府对投资者的态度，以及政府的办事能力和办事效率等；对社会意识形态评估是考察项目所在地区的风俗习惯、宗教信仰、价值观念、生活方式、社会关系和文化素质等；对法制建设评估是考察与项目实施有关的法律法规是否完善、有效，能否保障投资者的权益等。

2. 经济环境评估

经济环境是构成投资环境诸多组成因素中涵盖面最广、内容最丰富的因素，它广泛涉及与投资者相关的各种经济内容，诸如经济体制的健全程度、社会经济发展水平及增长速度、物价及货币的稳定性、市场环境、生产要素供给水平、行业竞争状况、专业化协作水平以及国际收支状况、国际贸易和国际金融等涉外经济政策等。

3. 自然、技术和物质环境评估

自然、技术和物质环境包括自然环境、技术环境和基础设施配套条件等。对自然环境的评估是考察项目所在地的地理位置和自然资源状况；对技术环境的评估是考察相应时期的技术政策、科技发展水平、科技人员素质及数量、科技结构与组织结构等；对基础设施的评估是考察项目所在地的运输条件、通信条件和公用设施条件等。

第二节　项目投资者资信评估

项目投资者资信评估是指对投资者的资质和信用度进行系统分析，并科学、客观地做出全面评价的过程。由于进行投资建设时，除了投资主体按照规定应缴纳一定比例的资本金以外，大部分需向银行或其他金融机构借贷筹资。此外，通过对投资者资信进行分析，还可以看出投资者是否有能力承担投资项目的具体实施工作。

一、项目投资者资信评估的作用和内容

（一）项目投资者资信评估的作用

对投资者进行资信评估是指对投资企业的资质和信用度进行检验，对投资企业素质和资信等因素进行系统分析，并科学、客观地做出全面评价的过程。资质是指企业的经济技术实力、经营管理能力、经营状况等企业基本条件；信用度是指企业在经济活动中履行承诺、讲求信誉的程度。由于项目投资除了投资主体按规定应缴纳一定比例的资本金（即注册资金）以外，大部分需向银行或金融机构借贷筹资，因此，在项目评估时，银行对借贷企业进行资信评估尤为重要，这是保证金融资产安全的一项重要措施。在可行性研究过程中，对投资者进行评估主要是分析投资企业的法人素质和从业人员整体素质、经济技术实力、经营管理水平、生产经营效益、资产负债状况及偿还能力，目的是保证投资者有足够的能力承担项目的实施工作。

对项目投资者资信进行评估是可行性研究和项目评估的重要组成部分，重视对项目投资者资信的评估，对可行性研究和项目评估及项目决策具有十分重要的意义和作用。第一，能够确保银行信贷资金的安全，为项目贷款决策提供依据。通过对投资者资信的评估，银行

可以更全面地了解借贷企业的情况，特别是投资企业未来的还款意愿和偿还能力，可以使其掌握向企业发放项目贷款的尺度，确定贷款条件的宽严程度和利息的高低，降低贷款风险，确保信贷资金的安全。第二，明确项目投资的客观条件，为提高项目成功率服务。如果企业有一定的经济实力，经营管理能力强、效益好，在社会上信誉好、资信品质高，就能增加企业的无形资产价值，提高项目投资活动成功率。因此，对投资者资信进行评估，有利于客观公正地认识项目投资的客观条件，为项目投资决策服务。

（二）项目投资者资信评估的内容

对于一般的投资项目，投资者资信评估的内容主要包括历史沿革评估、投资者企业素质评估、投资者信用评估、经营管理评估、经营效益评估和发展前景评估等方面。

1. 历史沿革评估

对投资者历史沿革的评估，主要是审查分析投资者企业的创立和发展过程、隶属关系和体制变化的情况，从而掌握企业的特点和发展变化的过程，为下一步评估做好准备。

2. 投资者企业素质评估

投资者企业素质是指投资者企业内在素质的情况，它是企业生存与发展的关键和根本，也是企业资信的基础和内在条件。因此，企业素质分析与评估是对影响项目投资的企业根本条件的考察。企业素质主要包括领导群体和职工队伍素质、产品素质、技术装备素质、资产素质、经营管理素质和企业行为等。

(1) 企业领导群体和职工队伍素质评估

对企业领导的考察，应从企业生产经营的组织者和管理者的角度，从对领导者的思想觉悟、敬业精神、道德品质和行为准则等方面的评估着手，进一步对领导人的工作经历、文化水平和知识结构与工作能力等业务素质进行评估，着重考察领导者的创新、决策、组织、指挥、控制和协调应变等能力；还应对领导班子成员的年龄结构、知识结构、职责分工、团结合作程度，以及企业管理组织、机构职能和管理人员的素质等方面进行整体评估。

对企业职工素质的考察主要是分析职工的文化程度、技术等级及人员结构的情况，以判断企业从事生产经营和管理活动的基本能力。

(2) 产品素质评估

产品素质评估是指对企业主要产品的品质、市场销售竞争能力和产品寿命期等进行分析，以判断企业的生存能力。

(3) 技术装备素质评估

技术装备素质评估是指对企业所采用的生产工艺技术和设备的先进性与适用性、生产规模的合理性和有效性、生产能力的协调性和平衡性等因素进行评估，以判断企业生产手段和生产资料要素的素质。

(4) 资产素质评估

资产素质评估是指对企业拥有的资产数量、质量和结构进行分析，以判断企业的获利能力(经济效益)和抗风险能力。它主要通过固定资产净值率、无形资产占总资产比重、流动资金流动率、资产负债率、速动比率等指标来衡量。

(5) 经营管理素质评估

经营管理素质评估是指对企业的组织、协调和控制等情况进行分析评估，以判断企业运用管理技术的能力。它主要包括组织机构的合理设置和协作配合的运行能力与效果考核，企业自主权限的运用能力，企业运行机制的正常化情况，以及管理目标、管理手段和决策方式的科学化、现代化和民主化等企业整体管理水平的考察与评估。

(6) 企业行为评估

企业行为评估是指对企业行为目标、行为规范以及影响企业行为的企业文化等因素进行分析评估，以此判断企业的内部凝聚力、团队精神，以及职工的责任感等。它是衡量企业素质特征的具体表现。

3. 投资者信用评估

投资者信用评估是指分析与评估投资者在一定资产结构下所表现的信用状况，包括对投资者的借贷资金信用评估、经济合同履约信用评估和产品信誉评估。

(1) 贷款资金信用评估

贷款资金信用评估主要评估投资者借贷资金占用、使用和偿还情况及信誉状况，是反映企业经济效益水平和资信品质的重要内容。通过各项借贷资金指标的测算，了解企业历年来银行贷款和其他借款的偿还情况。

(2) 经济合同履约信用评估

通过对投资者经济合同履约信用的评估，可以了解企业的法制意识和企业与其他单位经济活动往来的信誉状况。

(3) 产品信誉评估

产品信誉是企业赖以生存和发展的基本条件，对产品信誉的评估，主要是考察企业产品的一级品率、优质率、合格率、产品的市场占有率和竞争能力。不仅要重视企业产品的主体质量，而且还要注重产品的外包装质量和售后服务质量的评估。

4. 经营管理评估

经营管理评估主要考察投资者在产品生产、销售以及流动资金周转方面的情况。在评估中，一般需要测算新产品开发计划完成率、产品销售增长率、合同履约率、产品库存适销率及全部流动资金周转加速率等指标。

5. 经营效益评估

经营效益评估就是对企业的获利能力进行评价，这是投资者、债权人(即贷款者)以及经营者都十分关心的关键问题。经济效益评估主要从利税角度，通过测算企业的资金利润率、利税率、利润增长率和资本金利润率等指标，考核企业的经营水平和效果状况。

(1) 经济实力评估

经济实力评估，主要是指分析借款企业的总资产、净资产、固定资产净值以及资产结构等情况。主要评估指标包括总资产、净资产、固定资产(与无形资产)净值率、长期资产与长期负债比率、存货周期率和应收账款周转率等。

(2) 生产经营情况评估

生产经营情况评估，主要是指调查现有产品的质量和生产能力，考核企业的经营水平、经营效果和获利能力，并预测其变化趋势。

考察产品质量和生产能力的评估指标包括近年来各年产品的产量、营业收入、营业税金和利润总额变动情况等。

考察经营水平、经营效果和获利能力的指标包括生产能力利用率、营业收入利润率、利润增长率、资金利税率、资本金利润率、资产报酬率、资本保值增值率、社会贡献率和社会积累率等。

(3) 资产负债及偿债能力评估

资产负债及偿债能力评估，主要是指分析评价企业近三年来各年末的资产、负债、所有者权益总额指标及其增长情况，并预测其变化趋势。评估指标包括资产负债率、流动比率、速动比率等。

6. 发展前景评估

发展前景评估主要考察投资者近期、远期的发展规划、目标与措施，产品的地位与市场竞争能力，企业的应变能力及发展趋势。

二、企业资信等级的划分

按照国际惯例，结合我国实际情况，企业资信等级一般应采用三等九级制(表 2-1)。在资信评估机构的实际工作中，目前只对评估得分达到 60 分以上的客户定级，因此实际上采用的是四级评定的办法，该方法的各级评定标准见表 2-2。

表 2-1　企业资信等级表

级位等级与次序		计分标准/分		级别说明
		下限	上限	
一等	AAA	90	100	信用极好
	AA	80	89	信用优良
	A	70	79	信用较好
二等	BBB	60	69	信用一般
	BB	50	59	信用欠佳
	B	40	49	信用较差
三等	CCC	30	39	信用很差
	CC	20	29	信用太差
	C	0	19	没有信用

表 2-2　常见企业信誉等级及评定标准说明表

级位次序	计分标准/分		级别含义	说明(评定标准)
	下限	上限		
AAA	90	100	信用极好	企业资金实力雄厚，资产质量优良，各项指标先进，经营管理状况良好，经济效益明显，清偿支付能力强
AA	80	89	信用优良	企业资金实力较强，资产质量较好，经营管理状况较好，经济效益稳定，有较强的清偿与支付能力
A	70	79	信用较好	企业资金、资产质量一般，有一定实力，经济效益不够稳定，清偿与支付能力有一定限度，但不至于发生危机
BBB	60	69	信用一般	企业资产、财务信用状况较差，各项经济指标处于中等水平，经营管理不佳，经济实力不强，清偿与支付能力差，有一定风险性

由于不同系统对企业的资信要求不同，因而，对四级资信等级划分的具体标准的解释也各有不同。鉴于此，可参照表 2-3 部分评估机构对企业信用等级设置的不同说明。

表 2-3　部分评估机构对企业信誉级别的设置与说明

信用级别	中国工商银行系统	中国建设银行系统	中国农业银行系统	大连市信用评级委员会	西安市资信评级委员会	重庆市企业资信评级委员会	南宁市企业资信评级委员会	沈阳市企业资信评级委员会	天津市信誉评级委员会
AAA	特级信用（程度较好）	一级信用（程度优良）	特级信用（程度极好）	特级信用（程度极好）	信用程度可靠，经济效益高，很有发展前途，经营管理好	特级信用（程度极好）	信用可靠，很有发展前途	特级信用（程度极好）	信誉良好
AA	一级信用（程度优良）	二级信用（程度可靠）	一级信用（程度良好）	一级信用（程度优良）	信用程度比较可靠，经济效益较高，有发展前途，经营管理较好	一级信用（程度优良）	信用优良，有发展前途	一级信用（程度优良）	信誉较好
A	二级信用（程度较好）	三级信用（程度较好）	二级信用（程度一般）	二级信用（程度较好）	信用程度尚可，获利水平一般，发展前途欠佳，经营管理较差	二级信用（程度较好）	信用一般，经济效益一般	二级信用（程度较好）	信誉一般
BBB	三级信用（程度一般）	四级信用（程度及格）	三级信用（程度较差）	三级信用（程度一般）	信用程度一般，获利水平低，无发展前途，经营管理差	三级信用（程度一般）	信用较低	三级信用（程度一般）	信誉欠佳
BB									信誉较差
B									
CCC									
CC									
C									

第三节　项目建设必要性评估

项目建设必要性评估，是指项目评估者从宏观和微观两方面，就是否应当组织有关投资项目的建设提出建议和评价的工作。宏观上主要考察项目建设是否符合国民经济平衡发展的需要、是否符合工业布局的需要和是否符合国家的产业政策；微观上考察项目是否符合市场的需求、是否符合地区或部门的发展规划和企业的发展要求、是否能把科研成果转化为社会生产力，以及是否能取得较好的经济效益、社会效益和环境效益。

一、项目宏观必要性评估

项目宏观必要性评估，就是从国民经济的整体角度出发，衡量项目是否符合国民经济总量平衡、结构优化的需要，是否符合国家产业政策，以及地区规划与行业规划等。一般来说，对于大中型建设项目应侧重于从国民经济和社会发展的角度进行分析评估；对于中小型建设项目则侧重于从地区与行业发展的角度进行分析评估。具体评估内容如下：

（一）项目是否符合国民经济总量平衡和结构平衡发展的需求

国民经济总量平衡是指社会总需求量和总供给量的基本平衡。社会总需求由投资需求和消费需求两部分构成，社会总供给量由投资品供给和消费品供给组成，项目建设投资直接构成投资需求。在消费供求平衡条件下，如果投资需求规模过大，将使社会总需求大于总供给，引起财政和信贷收支不平衡，引发通货膨胀和经济活动；如果投资需求规模过小，将导致社会总需求小于总供给，使经济出现萧条和衰退。所以，应根据国民经济总量平衡的需要决定项目的停缓建、压缩或者扩大规模。

国民经济结构平衡主要是指国民经济各部门之间的比例关系协调、产业结构合理。从一定意义上来讲，国民经济能否平衡发展主要取决于结构的平衡。在社会主义市场经济条件下，国家各级政府需要利用国民经济发展计划和各种经济杠杆，根据资源的可能性和社会的需求实现资源的合理配置，主动寻求实现国民经济结构优化的途径。投资作为一种特殊的经济活动，能够起到调节产业结构，促进国民经济平衡发展的积极作用。当国民经济出现不平衡时，一方面，应及时调整投资方向，给“瓶颈”产业以更多的投资，压缩“长线”产业的投资，从而可以积极影响国民经济产业结构，促使国民经济转入良性循环，趋于平衡发展；另一方面，由于经济形势、市场、技术、资源等条件不断发生变化，国民经济不可能停留在原有的水平上，这就必须使产业结构不断向高级化、现代化转变，而这种转变，也要通过科学地确定和调整国民经济结构才能实现。因此，对投资项目进行评估，应从宏观上分析、考察项目的建设是否具有这种功能，如果对实现国民经济平衡发展具有积极作用，则可认为项目的建设是必要的；否则，则是不必要的。这一点对大型投资项目尤为重要。

（二）项目是否符合国家一定时期的产业政策

产业政策对投资项目建设具有指导作用，可以引导投资者把资金投向鼓励发展的产业。目前我国产业政策总的原则是：依靠科技进步，促进产业结构的调整和优化，在改造和提高传统产业的基础上，发展新兴产业和高新技术产业，推进国民经济信息化。产业结构优化的重点是高度重视农业，调整和改造加工工业，加快发展基础设施、基础工业和第三产业，振兴支柱产业。考察项目在宏观上是否有建设的必要性，就应当深入研究国家同期的产业政策，并把项目建设与产业政策的要求进行对比分析，只有符合国家产业政策的项目，才是有必要的。

（三）项目是否符合布局经济的要求，促使国民经济地区结构优化

根据生产力最佳配置的要求，在一国或一个地区范围内，选择最适宜的地理位置和最佳的组合形式安排投资建设，由此产生的经济效益就是所谓的布局经济。每个国家在一定的时期都有相应的布局构想，由于不同的产业之间具有一定的“联系效应”，因而就存在着布局经济的问题，科学的经济布局能够协调整个国民经济的发展。一方面，合理的经济布局能够减少运输费用和生产成本，有效地利用各种资源，加快信息的传递，以同样的投资取得较好的经济效益；另一方面，合理的布局能促进分工协作，加快经济发展，因为布局经济要求各地

区按照自己的资源、技术和经济等方面的优势来发展经济，这样就会形成重点突出、各有特色的经济区域和生产组织，促进地区之间和地区内部的分工协作，从而达到加快地区经济和整个国民经济发展的目的。因此，对投资项目进行考察评估，必须考察项目是否符合布局经济的需要，将拟建项目放进国家或地区的经济布局中去，看其是否符合布局经济的要求。

除上述评估内容外，还可以分析考察项目是否符合经济结构优化的需要，包括产业结构、地区结构等；考察项目建设是否符合国民经济长远发展规划、行业发展规划、地区发展规划的要求；考察项目产品在国民经济和社会发展中的地位和作用等，为项目建设的宏观必要性提供更为充分的依据。

二、项目微观必要性评估

项目微观必要性评估，主要是从企业发展的角度出发，衡量项目对市场需求、企业发展、科技进步和投资效益等微观因素的影响，对项目建设的必要性进行分析评估。

（一）项目所生产的产品（或提供的服务）是否符合市场的需求

市场需求是项目建设的基础，也是企业生存和发展的基本前提。投资项目所生产的产品（或提供的服务）是否符合市场需要，从根本上决定了投资项目能否取得良好的经济效益，也就决定了投资项目是否有必要建设。只有把资金投向适应市场需求的产品的生产项目，投资才具有必要性。评估项目的微观必要性，必须首先研究市场的需求情况，对项目产品市场的需求和竞争能力进行深入调查分析。通过对与项目产品有关的生产资料和消费资料，以及项目产品在国内外的供应与需求量的调查和预测，综合分析项目产品的社会总需求与总供给是否适应，据以判断和评估项目产品市场需求的可靠性，并进一步分析产品在质量、性能、成本和价格等方面在国内外市场上的竞争能力和市场占有率。只有项目产品（或提供的服务）适销对路，满足社会和市场需要，拟建项目的投资才是必要的。因此，市场需求的分析研究是进行项目建设微观必要性评估的起点。

（二）项目是否符合企业发展战略

市场经济条件下，企业是一个独立核算、自主经营、自负盈亏的经济实体，企业的发展目标包括产品结构的调整、生产能力的提高、经营范围的扩大等。但无论实现哪个目标都离不开投资。任何企业都有自身的发展规划和要求，投资项目必须符合企业发展规划的要求。评估时，首先要了解承担项目投资的企业单位的发展规划和要求，并且分析企业的发展规划是否与国家经济发展规划、地区或行业发展规划合理结合，判断企业的发展规划是否与大环境相适应，然后再将拟建投资项目的目标与企业的发展规划和要求进行对比分析，分析项目的建设能否为企业带来各种预期的经济和社会利益，从而判断投资项目的建设对于企业本身是否是必要的。

（三）项目是否考量合理生产规模问题

生产规模的大小直接反映了项目是否考虑到了合理生产规模问题对项目建设条件的要求、技术方案的选择和生产产品的成本与效益水平的影响。合理生产规模的确定是在市场需求与市场竞争能力允许的前提下，结合产品生产所需原材料、能源、资源及协作配套条件的可能性，依据规模经济原则与产业结构要求而进行的。生产规模评估是项目建设必要性评估的又一项重要内容，它是对可行性研究报告中提出的拟建项目的设计生产能力是否与产品的市场需求相适应，是否与资金、原材料、能源及外部协作配套条件相适应，是否与项目的合理经济规模相适应，以及是否符合本行业的产业结构变化趋势所做出的深入分析与评价。如果投资项目的建设既符合市场需求，也符合合理的经济规模要求，那么该项目的建设就是必要的。

（四）项目是否有利于技术进步

科学技术是第一生产力，对生产力的发展起着第一位的推动作用，其进步已成为生产力发展的主导因素。科学技术以渗透的方式凝结于生产力的实体要素之中，使生产力发生质的变化。科学技术要将精神生产力转化为物质生产力，增加社会财富，必须经过一定的途径才能实现，途径之一即通过投资把科研成果转化为社会需要的产品。无论是新建还是改扩建项目，都应尽可能地采用先进适用的新技术、新工艺和新设备，满足项目在技术上的先进性和适用性要求，并将新的科研成果尽快地运用于产品的设计与生产，使其转化为社会生产力，使项目能生产出社会所需要的高质量的新产品。对这类项目进行必要性评估时，首先要分析评估科研成果转化为社会生产力的必要性和可能性，然后考察拟建项目是否具备这方面的能力。如果能够通过拟建项目的建设尽快地把科研成果转化为生产力，则项目建设就是有必要的。

【复习思考题】

1. 如何对项目提出的产业背景进行分析与评估？
2. 如何对项目提出的区域背景进行分析与评估？
3. 如何对项目的定位进行分析与评估？
4. 项目投资环境评估包括哪些内容？
5. 对于项目评估而言，为什么一定要对投资者进行资信评估？
6. 投资者资信评估主要包括哪些内容？
7. 项目建设必要性评估的内容有哪些？

第三章 市场分析与生产规模的确定

本章主要介绍市场调查、市场预测和项目生产规模的确定等内容。通过本章的学习，读者要掌握生产规模的概念、影响因素和确定方法；熟悉市场调查、市场预测的内容和方法；了解市场调查、市场预测的类型和程序。

第一节 市场调查

科学的投资决策必须建立在科学准确的市场调查上。市场调查是以科学的方法、客观的态度，明确研究市场营销有关问题所需的信息，只有准确地收集了市场信息，了解了市场动态，把握了市场的现状和发展趋势，才能为决策部门制定更加有效的营销战略和策略提供基础性的数据和资料。

一、市场调查的内容

市场调查的内容因不同企业的不同需求而异。从投资项目决策分析与评估和市场分析的角度出发，市场调查的主要内容包括市场需求调查、市场供应调查、消费者调查和竞争者调查。根据企业的具体情况和对调查的要求不同，企业可能进行其中一个方面的调查，也可能进行全面的综合调查。

（一）市场需求调查

市场需求调查包括产品或服务市场需求总量及其构成，各种商品的需求数量、质量、品种、规格、包装、装潢；各种商品的需求地点和时间；各种商品需求的满足程度，市场需求的影响因素以及它们的历史状况、现状和发展趋势等。市场需求调查包括三个方面：有效需求、潜在需求、需求的增长速度。有效需求是指消费者现阶段能用货币支付的需求。潜在需求是指现在无法实现，但随着收入水平的提高或商品价格的降低等因素的变化在今后可以实现的有效需求。需求的增长速度是影响项目建成后的市场需求的重要因素，是由现实市场需求推测未来市场需求的关键因素。

（二）市场供应调查

市场供应调查主要调查市场的供应能力、主要生产或服务企业的生产能力，了解市场供应与市场需求的差距。市场供应调查，要调查供应现状、供应潜力以及正在建设相关产品的项目的生产能力。在调查市场需求量时，需要把市场需求量分为市场实际销售量和潜在销售量、市场潜量和销售潜量、国内需求量和国际需求量。在进行了充分的市场调研并收集了相关数据后，还要分析这些因素与项目产品的市场供应的因果关系，从中筛选出真正的影响因素，确定市场供应的相关情况。

（三）消费者调查

消费者需求是产品的基点与起点，任何成功的产品定位都必须建立在对消费者需求的深刻理解与把握上。消费者调查包括目标消费者的类别、身份、购买能力、购买欲望、购买动机、购买习惯、心理特征、文化背景、消费演变历史和趋势等方面。当某一种具体产品针对某一特定的消费者群体，在经过市场细分明确了产品的消费者之后，需要特别对这部分消费者的消费层次、消费要求、心理特征、消费动机、消费方式等进行调查和分析。只有了解消费层次和消费动机，才能在细分市场中把握企业的目标市场，正确预测市场需求。

（四）竞争者调查

竞争信息是任何产品定位所需要掌握的关键信息。只有全面而深刻地了解竞争对手的信息，才能在洞悉竞争对手竞争战略、竞争策略、营销方式、产品特点的基础上，运用综合的定位技术，制定出有效的竞争策略。一般来说，对竞争者调查包括以下几方面内容：竞争者的发展目标、产品信息、生产技术水平高低、经营特点和生产规模、主要技术经济指标、市场占有率以及市场集中度等市场竞争特征。

二、市场调查的程序

根据国内外大量市场调查的实践，不同的市场调查有不同的程序，为了达到调查的目的，市场调查要有计划地进行。市场调查的全过程基本可以分为调查准备、调查实施、结果处理三个阶段。

（一）调查准备阶段

调查准备阶段主要解决调查目的、要求、范围和规模以及调查力量的组织问题，并在此基础上制订一个切实可行的调查工作计划。它是调查工作的开端。准备是否充分、周到，对调查工作的开展和调查质量影响很大。市场调查计划的结构和内容随具体情况而有所变化，其主要内容一般包括：① 确定调查目的；② 确定调查内容和范围；③ 确定调查方法；④ 确定调查计划，包括调查进度和费用预算等。

（二）调查实施阶段

实施调查计划、落实调查方案是市场调查的最重要环节。这个阶段的主要任务是组织调查人员深入实际，按照调查计划的要求，系统地收集各种可靠资料和数据。

(1) 对调查人员进行培训。为了保证调查质量必须事先对实施调查的人员进行培训。培训的内容包括：明确调查计划，掌握调查技能，了解与调查内容相关的各种知识等。

(2) 收集资料。文案资料是市场调查的基础资料，也是市场调查工作的基础，可以从各种文献、报刊、网络中取得。同时在市场调查中，只收集文案资料是不够的，还应收集原始资料（也称第一手资料）。收集资料的方法很多，如实地调查法、问卷调查法以及实验调查法等。

（三）结果处理阶段

结果处理是得出调查结果的关键环节。通过这个阶段对调查资料的整理加工，使之系统化、条理化，以揭示市场需要和各种因素的内在联系，反映市场的客观规律。

(1) 分析整理。市场获得的资料多数是分散的、零星的，某些资料是片面的、不准确的，因此需要对资料进行分析比较，去粗取精、去伪存真，并将结果制成系统图表。

(2) 综合分析。资料的综合分析是市场调查的核心，通过综合分析全面掌握资料反映的情况和问题，探索事务之间的内在联系，由此及彼、由表及里，从而审慎地得出合乎实际的结论。

(3) 编写调查报告。调查报告是市场调查成果的最终体现,是市场调查工作的最后阶段。报告的主要内容有:市场调查的目的,市场调查资料的收集方法,市场调查的主要发现,市场调查的结论与建议。在编写调查报告时,要求按照设定的调查目的和格式来完成,以便企业运用调查成果。

三、市场调查的类型

按照调查样本的范围大小,可以将市场调查分为市场普查、重点调查、典型调查和抽样调查。

(一) 市场普查

市场普查,就是对市场有关母体(又称总体)即对所要认识的研究对象的全体,进行逐一的、普遍的、全面的调查。

市场普查是全面收集信息的一种方法,可以获得较为完整、系统的信息资料,但由于普查时间长、耗费大、难以深入等原因而受到限制。一般来说,市场范围较小、母体数量较少、调查时间比较充裕,可以选用市场普查的方法。

(二) 重点调查

重点调查,是指在市场调查对象总体中选定一部分在总体中处于十分重要地位的企业,或者在总体某项指标总量中占据绝大比重的一些企业进行的调查。它的优点在于投入少、调查速度快、所反映的主要情况或基本趋势比较准确。

重点调查方式常用于产品需求和原材料资源需求的调查。例如,某电器生产企业市场销售中 15 家主要批发商占总销售量的 85%左右,调查了解这 15 家批发企业的需求量,就可以较为准确地掌握企业产品的需求情况。

(三) 典型调查

典型调查,是根据调查的目的任务,在对所研究现象总体进行初步分析的基础上,有意识地选取若干具有代表性的单位进行调查和研究,借以认识事物发展变化的规律。典型调查的调查企业范围较小,花费人力和财物较少,运用比较灵活。

典型调查具有两个特征:① 它是深入细致的调查,调查单位少,调查范围小。除了可以搜集到典型单位的数量资料外,还可以掌握到一些其他具体的情况,用来研究某些比较复杂的专业问题;② 调查单位是根据调查目的,有意识地选择出来的。

(四) 抽样调查

抽样调查,是从所要研究的某特定现象的总体中,依照随机原理抽取一部分作为样本,根据对样本的研究结果,在抽样置信水平上推断总体特性的调查方法。抽样调查工作量小、耗时短、费用低、信度高,应用比较广泛。

抽样调查有以下三个突出特点:① 按随机原则抽取样本;② 总体中每一个单位都有一定的概率被抽中;③ 可以用一定的概率来保证将误差控制在规定范围之内。

四、市场调查的方法

市场调查方法可分为文案调查、实地调查、问卷调查、实验调查等几类。选择调查方法要考虑收集信息的能力、调查研究的成本、时间要求、样本控制和人员效应的控制程度。

(一) 文案调查法

文案调查法又称资料查阅寻找法、间接调查法、资料分析法或室内研究法。它是利用企业内部和外部现有的各种信息、情报，对调查内容进行分析研究的一种调查方法。文案调查法又称二手资料或文献调查。

文案资料来源很多，主要有：① 统计部门以及各级、各类政府主管部门公布的有关资料；② 行业资料；③ 公开出版物；④ 互联网；⑤ 有关企业内部资料。

（二）实地调查法

实地调查法是一种直接调查法。直接深入现场、进入一定的情景中去，用自己的感官或借助观察仪器直接“接触”所研究的对象，调查正在发生、发展，且处于自然状态的社会事物和现象。它能收集到直观、具体、生动的材料。例如，调查人员直接到市场或某些场所（商品展销会、商品博览会、商场等），通过耳闻目睹和触摸的感受方式或借助于某些摄录设备和仪器，跟踪、记录被调查人员的活动、行为和事物的特点，获取所需信息资料。

（三）问卷调查法

问卷调查法，亦称书面调查法或填表法，是用书面形式间接搜集研究材料的一种调查手段。通过向调查者发出简明扼要的征询单（表），请其填写对有关问题的意见和建议来间接获得材料和信息的一种方法。问卷调查法是市场调查中常用的方法，尤其在消费者行为调查中被大量应用，其核心工作是设计问卷，实施问卷调查。

（四）实验调查法

实验调查法是指实验者按照一定实验假设，通过改变某些实验环境的时间活动来认识实验对象的本质及其发展规律的调查。实验调查法主要应用于消费行为的调查，企业推出新产品、改变产品外形和包装、调整产品价格、改变广告方式。

比较各种调查法，我们可以发现，文案调查法是一切调查方法中最简单、最一般和最常用的方法，同时，也是其他调查方法的基础。实地调查法能够控制调查对象，应用灵活，调查信息充分，但是，调查周期长、费用高，调查对象容易受调查人员的心理暗示影响，被不够客观的因素左右。问卷调查法因其适应范围广泛、操作简单易行、费用相对较低，得到了广泛的应用。实验调查法是最复杂、费用较高、应用范围有限的方法，但调查结果可信度较高。

第二节　市场预测

市场预测就是运用科学的方法，对影响市场供求变化的诸因素进行调查研究，分析和预见其发展趋势，掌握市场供求变化的规律，为经营决策提供可靠的依据。预测为决策服务，是为了提高管理的科学水平，减少决策的盲目性，我们需要通过预测来把握经济发展或者未来市场变化的有关动态，减少未来的不确定性，降低决策可能遇到的风险，使决策目标得以顺利实现。

一、市场预测的内容

市场预测要解决以下几方面主要问题。

（一）投资项目的方向

分析投资项目的方向，即分析投资项目是否适合社会的需要，生产什么样的产品可以盈利，产品的市场定位在哪里，销路如何。

（二）投资项目的产品方案

社会需要什么就生产什么，市场不仅决定投资项目的投资方向还决定着投资的建设内容。

（三）投资项目的生产规模

应通过市场分析确定市场需求量，了解竞争对手的情况，最终确定项目建成时的最佳生产规模，使企业在未来能够保持合理的盈利水平和持续发展能力。

二、市场预测的程序

市场预测的程序大体包括以下几个步骤。

（一）确定预测目标

首先要明白预测什么。是预测产品形式的市场需求还是货币形式的市场需求，是预测某一产品品种的市场需求还是一组产品品种的市场需求等。预测目标规定了预测的内容、范围、要求、期限，它是预测的主题，直接影响预测结果。因此，确定预测目标要准确、清楚和具体。

（二）拟定预测方案

根据预测目标的内容，编制好预测计划并确定参加人员，拟定预测方案，为全面展开预测工作做好组织上、行动上的准备。

（三）搜集整理资料

根据预测目标和拟定的预测方案，尽可能全面地收集与预测目标相关的各种资料和数据。例如，对于选定的某种产品的市场需求预测目标，就应广泛收集该产品历史资料及市场经济形势、社会购买力、消费者偏好等有关因素变化的各种信息。对收集来的信息还需要进行认真的分析、整理和选择，找出各因素之间的相互依存、相互制约关系，从中发现事物发展规律，并作为预测的依据。

（四）建立预测模型

在获得数据资料的基础上，根据有关市场理论、预测目标、预测要求及实际情况，选择适当的预测和评估方法，确定经济参数，分析各种变量间的关系，建立能反映实际的预测模型。

（五）进行分析评价

利用建立的预测模型和方法，对各种变量数据进行具体计算，并对获得的计算结果进行分析、检验和评价，若预测值和实际值相差较小，在要求允许的范围之内，则预测效果较好，可以采用；反之，则预测效果较差，不能采用。这时，应重新拟定预测方案，建立新的预测模型，进行新的预测和分析。

（六）修正预测结果

在允许的误差范围内，如预测值和预期值差异较大时，应具体分析产生误差的原因，并及时加以修正。

（七）提出分析报告

全面、完整、系统地总结市场预测，提交总结报告。报告主要内容包括预测目标、预测方法、预测时间、参加人员、参考资料、预测结果以及分析评价意见，并将分析报告作为企业制定经营战略、销售策略及生产计划的重要依据。

三、市场预测的方法

市场预测主要是预测未来一定时期某种产品的需求和供给情况。当然，市场预测的方法很多，主要有定性预测法和定量预测法两类。

定性预测法主要是靠预测人员的知识和经验对市场进行综合分析，从而对市场的未来前景做出估计和判断。定性预测往往辅以简单的计算(如加减乘除)完成市场预测工作。定性预测简便易行,灵活性强,但预测结果不够准确和受主观因素影响较大。定性预测主要分为类推预测法、集合意见法,其中集合意见法又可分为专家会议法和德尔菲法等。

定量预测法主要是根据完备的历史统计资料,运用一定的数学方法进行加工处理,以揭示变量间的规律性,从而对市场预测项目未来变化进行定量的估计。定量预测方法较为准确,受主观因素影响较小。但定量预测方法不够灵活,有一定难度,要求有比较完备的历史数据资料。定量预测主要分为因果预测、延伸预测和其他方法。其中,因果分析法包括回归分析法、弹性系数法,延伸预测法可分为移动平均法、指数平滑法等。限于篇幅,此处不再详细介绍。

第三节　项目生产规模的确定

一、生产规模的概念

工业企业生产规模是指生产要素在企业中的集中程度,其衡量指标主要有产量、生产能力、产值、职工人数和资产价值等。其中,产量和生产能力指标应用较多。产量是指企业在一定条件下和一定时期内实际生产的产品数量。生产能力是指企业在一定生产技术条件下和一定时期内能够生产某种产品的最大能力。产量和生产能力通常按年计算,用实物量或标准实物量表示。有些企业所使用原材料的成分对产量或生产能力有较大影响,故其产量和生产能力可以用能加工处理的原材料数量来表示;有些企业用装机容量、设备能力来表示其产量和生产能力;还有些企业产品种类繁多,差异性较大,一般可换算成标准实物量来表示产量或生产能力。

二、规模经济理论

规模经济理论是研究各种类型的工业企业在目前的技术经济条件下,要求达到什么样的规模才最有效率的理论。规模经济是现代产业组织理论中的一个重要概念,是指在一定的规模下或一定的规模区间内,企业生产最接近"最优效率"的生产规模。换言之,就是企业按照一定的生产规模组织生产可获得经济上的利益。按照实现领域的不同,可将规模经济区分为生产上的规模经济和经营上的规模经济,也可分为工厂规模经济和企业规模经济,还可分为规模的内部经济性和外部经济性。

(一)生产上的规模经济和经营上的规模经济

生产上的规模经济是指由于实行专业化生产或流水作业扩大了生产批量,或者采用大型高效设备扩大了生产规模,从而使单位产品成本随着生产批量扩大或生产规模扩大而降低。经营上的规模经济是指由于扩大经营规模,节省了经营费用,生产要素物尽其用,从而使产品和技术开发能力提高,抵御经营风险的能力增强。生产上的规模经济多与企业的规模有关,但这并不意味着单一企业规模的无限扩大。在深化分工、小而专的企业,同样能够通过扩大生产批量获得规模效益。经营上的规模经济通常也与企业规模有关,亦可以通过企业之间的横向联合来实现。

(二)工厂规模经济和企业规模经济

工厂规模经济是从设备、生产线、工艺过程等角度提出来的,是指工厂的单位产品生产费用会随着生产规模的扩大而降低。其形成的原因有:一是采用先进工艺,设备大型化、专业化，实行大批量生产，可降低单位产品成本和设备投资；二是实行大批量生产方式，有利于实现产品标准化、专业化和通用化（通常称产品的“三化”），提高产品质量，降低能耗和原材料消耗等，促进技术进步，取得显著的经济效果。企业规模经济是指若干工厂通过水平和垂直联合组成的经营实体。不仅可带来单位产品成本、物耗降低，取得“全产品生产线”的效益，降低销售费用，节省大量管理人员和工程技术人员，还可使企业有更多的资金用于产品研制与开发，使其具有更强的竞争能力。在实际生产中，两种规模经济具有同等重要意义。

（三）规模的内部经济性和外部经济性

达到内部经济性的规模是指生产装置系统和企业生产经营要求处于最佳组合时的生产能力和产量。产生规模经济的原因不仅与工艺系统的技术经济特点有关，而且还与工艺系统和企业大规模经营的节约效益有关。工艺系统的规模经济是企业规模经济的技术基础，一定规模的企业则是实现技术规模经济性的组织保证。规模经济企业不一定是大企业，专业化水平高的规模经济企业也可能是小企业，这取决于行业和国情。从行业来看，冶金、化工、汽车制造等行业适宜建大型企业；食品、工艺品等行业则是适宜建中小型企业。例如，瑞士是欧洲大陆的一个小国，中小企业占 90%以上，但在世界经济贸易中占有举足轻重的地位。规模的外部经济性是指实现规模内部紧急性所需的外部条件，如市场的规模及其分布、资源条件、运输条件、资金筹措条件等。如果市场广阔、资源丰富、运输方便、资金易筹措，则容易实现规模经济。

三、影响或制约项目生产规模的因素

（一）政府经济发展规划和产业政策

在项目评估中，确定拟建项目的生产规模，旨在为拟建项目规划合理的规模，使其达到规模经济。一般来讲，制约和决定项目生产规模的因素主要包括政府经济发展规划和产业政策、市场需求、工艺设备、资金和基本投入物、专业化分工与协作条件和其他建设因素及经济效益等。

1. 政府经济发展规划

政府发展规划是指各级政府一定时期的经济发展安排和规定。目前，在我国的经济活动中以市场调节为主，必要时政府参与调控。各级政府为了宏观经济的稳定和可持续发展，制订国家或地区的经济计划，如五年发展计划和十年远景规划等。这些规划中已经包括了许多投资项目，特别是有关国计民生的大型项目。原则上，没有列入经济规划的投资项目，条件不成熟的都不能实施。列入经济规划的项目，不但包括项目的名称、实施时间，而且包括项目的规模，所以，在确定拟建项目的生产规模时，一定要考虑政府制定的经济规模。

2. 国家产业政策

制定产业政策是国家加强和改善宏观调控，有效调整和优化产业结构，提高产业素质，促进国民经济持续、快速、健康发展的重要手段。产业政策包括产业结构政策、产业组织政策、产业技术政策、产业布局政策等，以及其他对产业发展有重大影响的政策和法规。确定拟建项目的生产规模要考虑国家产业政策，主要是按照产业政策所规定的投资项目的经济规模标准作为项目的最低生产规模。在我国，投资项目小型化、分散化是工业企业达不到规模经济、生产效率低下的主要原因之一。为此，国家产业政策对部分规模效益比较显著、市场供需矛盾比较突出的热点产品规定了实施固定资产投资项目的经济规模标准，如 1994 年发布了《固定资产投资项目的经济规模标准（第一批）》，包含乙烯、炼油、纯碱、轿车、发动机等22类固定资产投资项目，对20世纪90年代新建、改扩建和技术改造项目的合理建设规模进行了规定。但要注意的是，各个产业的经济规模会随着技术的进步而有所变化，如乙烯生产项目，在《固定资产投资项目的经济规模标准(第一批)》中规定的经济规模标准是30万吨及以上，而从目前来看，经济规模标准应相当于100万吨以上。

(二) 市场需求

市场决定项目的命运，项目产品有市场，才有必要实施该项目。市场潜在的需求量有多大，项目的生产规模就应按这个量来确定。这样，才能保证项目的顺利实施和正常生产，才不至于浪费有限的资源。项目评估人员在确定拟建项目的生产规模时，必须对市场分析的结果进行研究，分析项目产品的市场供求关系，并把市场需求量作为制约和决定项目生产规模的重要因素。一般来说，在市场分析阶段，通过市场调查和预测，已经明确了项目产品的市场供求情况及市场需求量。如果项目产品无市场，或者市场需求量很小，在市场分析阶段就已经否定了项目，则谈不上确定生产规模的问题；如果项目产品有一定的市场需求量，就要根据规模经济理论，参照这个需求量及其他制约项目生产规模的因素，确定拟建项目的生产规模。

(三) 工艺设备

在不同的工业部门中，可供使用的加工工艺和设备通常已按某种生产能力标准化了，例如，一条装配汽车的生产线或生产电视机、电冰箱等的生产线有额定的生产能力，并且受产业政策和其他有关政策及规定的制约，越来越向标准化的大型工艺和设备发展，确定拟建项目的生产规模要与此相适应。如果标准化的工艺和设备可以适用于较低的生产规模，但可能不在规模经济区间，那么可以采用各种各样的组合方式来确定拟建项目的生产规模，使其达到规模经济。这种组合方式并不完全取决于标准化的工艺和设备，还受其他生产规模的制约和决定因素的限制。

(四) 资金和基本投入物

资金的短缺和基本投入物来源的匮乏，都可能限制拟建项目的规模，并且往往是限制拟建项目生产规模的重要因素。

1. 资金

无论什么时候，可用于投资的资金总是有限的，有时是非常紧缺的，资金供应量的大小与确定多大的生产规模密切相关，即使是在工艺和设备的选择上进行了充分的比较和遴选，能节约的资金也是很有限的。资金的有限性表现在自有资金不足，银根紧缩时又难得到金融支持，如果项目所需的设备和投入物全部或部分需要从国外进口，又会受到外汇供给的限制。没有资金的支持，无论确定什么样的生产规模都是难以实现的。

2. 基本投入物

项目的基本投入物是指用于项目经营的主要原材料、中间产品和主要的燃料及动力等。在一定时期，资源的需求和资源的供给往往会发生矛盾，因为对资源的需求是无限的，而资源的供给又总是有限的，这就是资源的稀缺性。项目所需的基本投入物来源可能受到三个方面的制约。一是总的供应量满足不了项目的需要。项目所需的基本投入物种类比较多，有些基本投入物的供应量相对比较大，不会影响项目生产规模的确定，而有些或某种重要的基本投入物可能供给不足，在生产工艺、产品方案一定的条件下，这些基本投入物的供给就成为选择项目生产规模的一个重要因素。二是基本投入物的质量满足不了项目的需求。在一定的生产工艺、设备和产品方案的条件下，对基本投入物的质量有比较严格的要求，有些基本投入物可能在数量上能满足供应，但质量上满足不了项目的要求。当然，如果全部基本投入物或部分基本投入物的质量满足不了项目的要求，那么该项目的技术、工艺和设备的选择就是错误的，项目是不可行的。这里讲的是在这些技术条件一定的情况下，可供基本投入物能满足质量要求的数量，这也是确定项目生产规模必须考虑的因素。三是使用基本投入物的成本问题。虽然基本投入物的质和量都能满足项目的要求，但可能供应地比较集中，在一定的区域范围内基本可以解决，也可能项目消耗的某种基本投入物的量比较大，由许多厂家来提供，而这些厂家比较分散，或者要从国外进口，这就要考虑运输成本的问题了。而这些都是确定生产规模要考虑的因素。

（五）专业化分工和协作条件

现代化的工业分工越来越细，专业化水平越来越高，生产所有种类产品的企业越来越不能适应形势发展的需要。这就是说，一个项目往往不是独立的，需要有许多企业或单位协作配套，才能在投产后正常发挥作用。所以，确定项目的拟建规模要充分考虑协作配套条件，即项目的规模要与协作配套的量相适应。规模过小，协作配套企业或单位的能力或效益不能完全发挥出来，浪费了资源；规模过大，项目的生产能力利用率低，也同样浪费了资源。

（六）经济效益

经济效益是制约和决定项目生产规模的关键因素。在可行性研究和项目评估中，按照经济效益的高低，通常可以把项目生产规模分为以下四个类型。

1. 亏损规模

亏损规模就是销售收入小于总成本费用的规模。如图 3-1 中，小于 Q_A 和大于 Q_C 的规模都属于"亏损规模"。

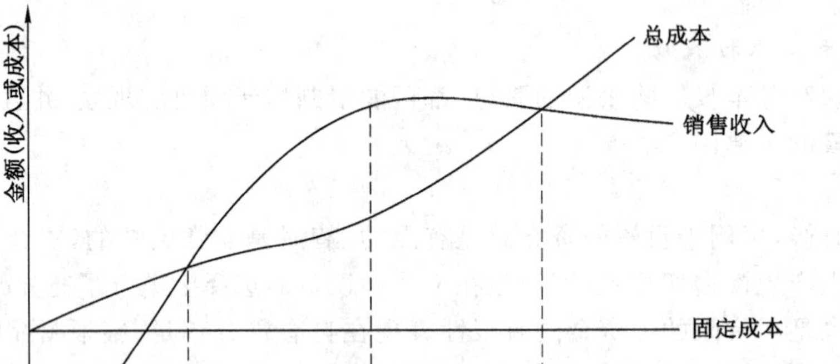

图 3-1　规模效果曲线图

2. 起始规模

起始规模即最小经济规模，就是销售收入等于总成本费用的保本最小规模。在规模效果曲线上，Q_A 点即为"起始规模"。

3. 合理经济规模

合理经济规模即适宜经济规模，就是销售收入大于总成本费用，并保证一定的盈利水平的生产规模。在规模效果曲线上，该规模位于 Q_A 和 Q_B 之间。

4. 最佳经济规模

最佳经济规模就是能够产生最大经济效益的生产规模。在规模效果曲线上，Q_B 点即为“最佳经济规模”。

从以上四种类型的规模可以看出，第四种规模是最理想的规模，拟建项目的生产规模最好能达到这个水平。但是，由于受许多因素的限制，这种规模一般难以达到，而第一种规模和第二种规模都不能选择，因此，第三种规模是应当优先考虑的。

（七）其他因素

其他因素包括土地、交通、通信、环境保护等。这些因素从不同的方面制约着项目的生产规模。我国耕地面积少，而许多项目建设却要占用耕地。一方面，确定的生产规模要尽可能少占土地；另一方面，确定生产规模要考虑可能供给的土地面积和土地质量。交通、通信等都属于基础产业，而基础产业一直都是我国的“瓶颈”产业，发展相对滞后，建设现代化的工业项目，确定生产规模也不得不考虑这些方面的制约。环境保护问题在我国越来越受到重视，不同的生产规模对不同环境的影响也是不同的，对因项目投产而引起的“三废”，国家规定了排放标准，确定项目的生产规模时必须考虑这个因素。

四、确定项目生产规模的方法

（一）经验法

经验法是指根据国内外同类或类似企业的经验数据，考虑生产规模的制约和决定因素，确定拟建项目生产规模的一种方法。在实践中，该方法是应用最为广泛的。

在确定拟建项目生产规模之前，首先，应找出与该项目相同或类似的企业，特别是要找出几个规模不同的企业，并计算出各不同规模企业的主要技术经济指标，如财务内部收益率、投资利润率和投资回收期等。然后，综合考虑制约和决定该项目拟建生产规模的各种因素，确定一个适当的规模。

【例 3-1】 拟建一个生产化妆品的项目，同类企业的生产规模是年产 10 万件、20 万件、30 万件、40 万件、50 万件、60 万件。通过调查并计算，已知各种规模企业的投资和财务内部收益率数据如表 3-1 所列。

表 3-1　各种企业规模的投资和内部收益率关系表

生产规模/（万件/年）	10	20	30	40	50	60
投资额/万元人民币	2 200	4 300	5 900	7 800	10 000	12 890
财务内部收益率/%	19.1	19.8	20.9	21.5	25.6	25.1

通过表 3-1 可以看出，年产 50 万件是最佳的生产规模，但是投资需要 10 000 万元人民币。通过对影响生产规模的各种制约与决定因素进行研究，除资金供给和市场需求因素以外，其他方面都是适合的，但是如果该项目筹措到的资金只有 5 930 万元人民币，那么选择年产 30 万件的规模，收益率达到 20.9%，收益率还是很可观的，可以接受该项目。

（二）生存技术法

生存技术法是由曾获得诺贝尔经济学奖的美国经济学家施蒂格勒提出的，即把某一行业按规模分类，然后计算各时期不同规模企业所占份额及其变化，以此判断该规模等级的效率和生存能力的强弱。它可以称为经验方法，但是不同于上面阐述的经验法，并且对项目评估人员要求更高。

（三）规模效益曲线法

规模效益曲线法是通过不断扩大拟定的生产规模，研究企业的销售收入与成本曲线随之变化的情况，来确定企业最合适的生产规模的一种方法。由于销售收入和成本曲线也叫规模效果曲线，所以，这种方法也叫规模效果曲线法。

从图 3-1 可以看出，Q_A到 Q_B是规模经济区，在这个区域内，Q_B不但是规模经济的临界点，也是最佳经济规模点，因为在这一点上边际收入等于边际成本。从理论讲，应当以 Q_B作为拟建项目的生产规模，但在实践中，往往受其他制约和决定生产规模的因素的影响，不能达到这个规模，一般小于 Q_B。Q_A是第一个盈亏平衡点，不能选择这样的规模。由此可以看出，在选择拟建项目生产规模时，首先应当确定规模经济区，然后在这个区间内，根据制约和决定生产规模的诸多因素，选择离 Q_B点最近的规模。

【复习思考题】

1. 简述市场调查的主要内容。
2. 简述市场调查的类型及其特点。
3. 市场调查的主要方法有哪些？
4. 市场预测的定性方法有哪些？
5. 市场预测的定量方法有哪些？
6. 结合你接触过的定性分析和定量分析说明两类方法的优缺点。
7. 制约生产规模的影响因素有哪些？
8. 简述确定生产规模的方法。

第四章 项目生产建设条件及技术评估

本章主要介绍项目生产建设条件评估和技术条件评估的内容、要求及方法。通过本章的学习，读者要掌握项目生产建设条件评估和技术条件评估包含的内容；熟悉原材料、燃料及动力供应条件评估要求，场（厂）址选择的要求和方法；了解生产工艺技术方案评估与设备选型方案评估的要求。

第一节 项目生产建设条件评估

项目的生产建设条件既有项目自身系统内部的条件，又有为它协作配套对项目实施的可能性有较大影响的外部条件；既有可以控制的静态的稳定条件，也有较难掌握的动态的、不确定的条件。因此，必须进行深入细致的分析与评估。

项目的生产条件主要包括资源条件、水文条件、交通运输条件、能源条件等；项目的建设条件主要包括建筑材料、工程地质条件、环境条件等。

一、资源条件评估

资源是项目的物质基础，是制约项目生产规模的重要条件。资源的概念有广义和狭义之分。广义的资源泛指社会财富的来源，既包括自然资源，又包括人力资源、信息资源和技术资源等社会资源。狭义的资源是指人类用来创造社会财富的自然资源。本书所指的资源为自然资源，即天然存在的自然物（不包括经过人类加工过的原材料），如土地资源、矿藏资源、水利资源、生物资源、海洋资源等。在项目评估与可行性研究阶段，工业生产资源主要包括矿产品和农副产品两大类。

（一）资源开发利用的基本要求

1. 符合资源总体开发规划的要求

资源开发项目应在总体开发规划的指导下合理开发。例如，煤炭开发项目应符合煤田区域开发利用的要求；油气田开采项目应符合油气田区域开发规划的要求；水利水电项目应符合流域综合开发规划和国土整治要求。

2. 符合资源综合利用的要求

对资源的开发利用，要达到多层次、多目标综合利用的要求，避免浪费资源。对于多种有用化学元素共生矿、油气混合矿等资源开发的项目，应根据资源特征提出资源综合利用方案，做到物尽其用。

3. 符合节约资源和可持续发展的要求

对资源的开发利用，要注意资源供应的数量、质量、服务年限、开采方式和利用条件等，尽量做到经济合理地开发；应处理好远期与近期的关系，力求节约资源。对可再生资源的开发利用，要保证资源的连续补偿，达到可持续发展和应用。

4．资源储量和品质的勘探深度应达到规定要求

对资源的开发利用要注意资源储量和品质的勘探深度，以确保资源开发项目实现设定的生产规模和开采年限。在编制资源开发项目的评估报告时，矿产开采项目应附有国家相关部门批准的储量报告；水利资源开发项目应附有关部门批准的水利资源流域开发规划；森林采伐项目应附有关部门批准的采伐复垦规划。

（二）资源条件评价

资源条件评价主要是对拟开发利用资源的合理性、可利用量、自然品质、赋存条件、开发价值进行评价。

1．资源开发的合理性

评价资源开发合理性的重点是明确项目所需资源的性质和种类，评价其是可再生资源还是不可再生资源。对于不可再生资源，特别是某些稀缺的矿产资源，在分析拟建项目开发方案时，首先应根据国家矿产资源开发利用规划，分析研究这些资源近期与远期开发量的关系，资源保护、储备与可持续发展的关系。

2．资源的可利用量

评价资源可利用量，就是要分析资源的供应数量、质量及服务年限，能否多层次开发利用，以及资源的开采供应方式。根据拟建项目的性质，研究矿产资源的可采储量或水利水能资源的蕴藏量或森林资源的蓄积量，提出合理的开发（开采）规模和开发（开采）年限。对于矿产开采项目，应根据国家相关部门批准的储量报告，在进一步勘探核查的基础上，提出项目的矿产可采储量；对于水利水能开发项目，应根据流域开发总体规划，分析研究拟建项目河段内的年径流量、水位落差，并提出水利水能资源合理开发的利用量；对于森林采伐项目，应根据森林蓄积量的调查资料，以及有关部门批准的采伐复垦计划，研究提出项目的原木可采伐量。

3．资源的自然品质

评价资源的自然品质，要注意根据拟建项目的特点分析资源的自然品质，为制订项目技术方案提供依据。对于金属和非金属矿开采项目，应分析研究矿石的品位、物理性能和化学成分、洗选难易程度；对于煤炭开采项目，应分析研究煤炭的热值、灰分、硫分、结焦性能等；对于石油天然气开采项目，应分析研究油气的化学成分、物理性能（黏度、凝固点等）；对于水利水能开发项目，应分析研究河床稳定性、泥沙含量、水体形态（水位、水温、流速）等。

4．资源的赋存条件

评价资源的赋存条件，要注意分析研究资源的地质构造和开采难易程度，以便确定开采方式和设备方案。对于矿产开采项目，应分析地质构造、岩体性质、矿体结构、矿层厚度、倾斜度、埋藏深度、灾害因素、涌水量等；石油天然气开采项目，应分析研究油气藏压力、含油气地质构造、孔隙率、渗透率等；对于水利水能开发项目，应分析研究拟建项目河段内地质构造、地震活动和其他危害因素以及水能梯级分布情况等。其中，对于稀缺资源，还须分析开辟新资源的可能前景及其他代替途径。

5．资源的开发价值

对资源的开发价值进行评价，应密切注意科技进步对资源的发现和利用的影响，采用先进的科学技术手段，提高对资源的深加工程度、资源的开发利用价值，提高资源利用的经济

效益。对于矿产开采项目，应分析计算每吨矿产品生产能力投资、每吨矿产品开采成本等指标；对于森林采伐项目，应分析每立方米原木生产能力投资；对于水利水能开发项目，应分析每吨供水能力投资、每千瓦电力装机容量投资，以及防洪、灌溉、航运、养殖等综合利用的效益。

二、原材料、燃料及动力供应条件评估

在分析确定项目产品方案、技术方案和设备方案的同时，还应对项目所需的原材料、辅助材料和燃料的品种、规格、成分、数量、价格、来源及供应方式进行论证，以确保项目建成后正常生产运营，并为计算生产运营成本提供依据。

（一）主要原材料供应方案分析

主要原材料是项目建成后生产运营所需的主要投入物。在建设规模、产品方案、技术方案确定后，应对所需主要原材料的品种、规格、成分、质量、数量、价格、来源、供应方式和运输方式进行分析。每个项目所需的原材料是多种多样的，在项目评估阶段，没有必要对项目所需的全部原材料进行分析评价，应着重对几种主要的或关键性的原材料的供应条件进行分析评价。技术改造项目应结合企业使用原材料的数量、品种、来源、供应方式和运输方式现状进行统筹分析。

1. 分析确定原材料的品种、数量和质量

（1）确定原材料的品种和数量

根据项目产品方案详细分析提出所需各种物料的品种、规格；在分析评价时，应根据项目的设计生产能力、选用的工艺技术和使用的设备来估算所需原材料的数量，并分析预测其供应的稳定性和保证程度。为了保证正常生产，应根据生产周期、生产批量、采购运输条件等计算物料的经常储备量，同时还要考虑保险储备量和季节储备量。保险储备量是指为了预防物料延滞到货的风险而增加的储备量；季节储备量是指为预防由于季节变化可能导致的物料供应量、供应价格变化而增加的储备量。经常储备量、保险储备量和季节储备量三者之和为物料储备总量（即最高储备量），它是生产物流方案（包括运输、仓库等设施）分析的依据。

（2）确定原材料的质量

根据产品方案和技术方案，研究确定所需原材料的质量与性能（包括物理性能和化学成分）要求。一般来说，投入物的质量与性能对项目的生产工艺、产品的质量和资源利用程度影响极大，因此，必须分析投入物的质量与性能是否符合特定项目的要求。为确保采购的原材料、辅助材料的质量符合生产工艺要求，应提出建立必要的检验、化验和试验设施。

2. 分析确定供应来源与方式

（1）供应企业和地区的研究

对可以从市场采购的原材料和辅助材料，应确定采购的地区。有特殊要求的原材料，应提出拟选择的供货企业及供货方案。

（2）供应方式的选择

供应方式一般有市场采购、投资建立原料基地、投资供货企业扩大生产能力几类。应根据项目自身的特点选择经济合理的供应方式。

（3）进口原材料的供应

应调查研究国际贸易情况，分析拟选择的制造企业和供应企业的资信情况，确保原材料

供应的可靠性。

(4) 大宗原材料的供应

应调查研究主要供应企业的生产经营情况，决定是否与拟选择的供应企业签订供货意向协议。

3. 分析确定运输方式

根据项目所需物料的形态(固态、液态、气态)、运输距离、包装方式、仓储要求、运输费用等因素，研究确定物料的运输方式。对物料运输所需的设备和设施，应充分依靠社会运输解决。特殊物料运输，如易燃、易爆、易腐蚀、剧毒、有辐射性的物料等，应按照政府部门发布的安全规范要求提出相应的运输方案。调查大宗原材料的运输是否与拟选择的运输企业签订运输意向协议。项目所需主要原材料运输费用的高低，对项目生产的连续性和产品成本的高低都有很大的影响。运输费用的高低与运输距离的长短及采用的运输方式是密切相关的，所以就地取材、缩短距离、采用合理的运输方式，将有助于降低运输费用，从而也会减少产品成本。为此，在分析评价时，应分析计算项目运输能力和运输费用，以做出正确的评价。

4. 分析选取原材料价格

在市场预测的基础上，对主要原材料的出厂价、到厂价，以及进口物料的到岸价和有关税费等做进一步计算，并进行比较、遴选。一般来说，项目主要投入物的价格是影响项目经济效益的关键因素，所以不但要观察主要投入物价格目前的变化动向，还要预测未来的变化趋势。要充分估计到原材料供应的弹性和互补性，确保原材料的合理替换和选择，这实质上是体现了资源优势利用和加工工艺的经济合理性。

(二) 燃料动力供应方案分析

项目所需燃料动力包括生产工艺用燃料动力、公用和辅助设施用燃料动力、其他设施用燃料动力。燃料动力是项目建设和生产过程中的基本要素和重要的物质保证。建设和生产过程中所需的燃料通常有煤炭、石油和天然气等，所需动力主要有电力、蒸汽和水等。

燃料动力供应条件的分析评价包括以下主要内容。

1. 分析和评价项目对燃料的需求能否得到满足

首先，要依据产品的生产过程、成本、质量及区域环境等，根据要求选择燃料种类；其次，还要分析燃料供应政策、供应数量、质量、来源及供应方式等。如果是消耗大宗燃料的项目，还要落实燃料的运输及储存设施。

2. 分析和评价供水条件

工业用水范围是极为广泛的，而且用水量也较大，在分析评价时，要根据项目对水源、水质的要求，计算出项目的用水量，再结合当地的供水价格，分析耗水费用对产品成本的影响。同时，要考察工业用水的循环设施和生产中污水净化设施是否具备，供水泵站及管网等设施是否完善。

3. 分析和评价供电条件

电力是工业生产的主要动力。对耗电量大而又要求连续生产的工业项目(如轧钢)，需要分析估算项目最大用电量、高峰负荷、备用量、供电来源，还要按生产工艺要求计算日耗电量、年耗电量以及对产品成本的影响，要尽可能地保证动力供应的稳定性。

4. 分析和评价其他动力供应条件

在分析评价时，还要对产品生产中所需的其他动力(如蒸汽、水等)的总需要量进行测算,并分析其对产品成本的影响。

（三）主要原材料、燃料供应方案的比较、遴选

对可行性研究报告推荐的主要原材料、燃料供应方案进行比较和遴选时主要内容有:① 原材料、燃料动力满足生产要求的程度,即原材料、燃料动力在品种、质量、性能、数量上能否满足项目建设规模、生产工艺的要求。② 采购来源的可靠程度,包括原材料、燃料供应的稳定程度和大宗原材料、燃料运输的保证程度。③ 价格和运输费用是否经济合理。对价格的比较、遴选,一般采用定性比较,必要时可采用定量分析,如单位产品成本边际利润法、盈亏平衡法和原材料最低成本法;对运输费用来说,主要应比较、遴选运输方式和单位运量的费用(如吨/千米运费)。

三、工程地质和水文地质评估

工程地质应根据勘察的地质报告,选择合理的地质环境,避开地震强度大、断层、严重流沙等地段,以保证建筑物的稳定性,达到延长项目使用寿命的目的。

水文地质要按照拟建项目用水的实际情况,对水源的可靠性进行分析,判明用水的保证程度。对水的保证程度的要求主要有两个方面:一个是水的质量,另一个是水的数量。在项目评估中,尤其要注意有些对水质有特殊要求项目的水质分析与评估。另外,还要根据项目所在地全年不同时期的水位变化、流向、流速和地下水等因素,分析建设项目是否建在洪水泛滥区或已采矿坑塌陷区范围内及滑坡地区;分析厂址位置的地下水位是否低于地下建筑物的基准面,如果在基准面之上,则要有可靠的措施及治理方案。

四、场(厂)址选择评估

（一）项目选址应考虑的因素

1. 自然因素

自然因素包括自然资源和自然条件。其中,自然资源包括矿产资源、水资源、土地资源、海洋资源、气象资源等。例如,矿山采选项目的场(厂)址选择是矿产资源指向型的,水力发电站项目的选择是水资源指向型的。自然条件包括地形、地貌及占地面积、工程性质、水文地质等,这些自然条件对项目选址影响很大,有时甚至是决定性的。

2. 经济因素

经济因素包括拟选地的经济实力、协作条件、基础设施、技术水平、市场潜力、人口素质与数量等。它们既是工业化的结果,同时又反过来对工业发展与项目选址产生影响。

3. 运费和地理位置因素

运费是生产成本的重要组成部分,因而选址要在原料、燃料、产品销售地的关系中综合研究,寻求最小运费点。地理位置因素是建设项目拟选地点与资源产地、经济发达地区、水陆交通干线及港口、大中城市、消费市场等的空间关系。有利的地理位置往往伴随着好的经济协作条件,能方便地获得原料、燃料、技术和信息。

4. 社会、政治因素

国家对经济社会发展的总体战略布局、少数民族地区和贫困地区的经济发展问题、生态环境的保护、国家安全、法规制度、管理及财税政策等因素都影响着一些重大项目的选址。

（二）项目选址的具体要求

(1) 对在产品生产过程中,原料失重程度较大,单位产品消耗原料数倍以上的,则应选择靠近原料产地建厂,这样可以大幅度降低原料的外运成本。

(2) 对在项目的生产过程中，原料失重程度小，成品不便运输或运输过程损耗大的，一般应选择接近消费地建厂。

(3) 对属于劳动密集型、资金有机构成低、人工费在产品成本中占绝大部分的项目，应选择在劳动力供应充足的地区建厂。

(4) 对属于知识密集型、技术密集型的项目应考虑技术协作条件，选择在靠近科技中心的地区建厂。

此外，厂址的选择还应考虑工程地质、水文地质、地形等自然条件是否符合拟建项目的建设布局和工艺要求，是否便于取得项目所需的电、热、水及其他协作条件。

(三) 场(厂)址选择方案的比较、遴选

如何从建设项目各种可能的厂址方案中选择技术上可靠、经济上合理的最优厂址方案，是厂址方案比较与选择的基本目标。具体比较方法有方案比较法、评分优选法、最小运输费用法。

1. 方案比较法

方案比较法是通过对项目不同选址方案的投资费用和经营费用的对比，做出选址决定。它是一种偏重于经济效益方面的场(厂)址优选方法。其基本步骤是：先在建厂地区内选择几个场(厂)址，列出可比较因素，进行初步分析比较后，从中选出两三个较为合适的场(厂)址方案，再进行详细的调查、勘察，并分别计算出各方案为可取方案。如果建设投资和经营费用不一致时，可用追加投资回收期法来计算，计算公式为：

$$T=(K_2-K_1)/(C_1-C_2)$$

式中 T——追加投资回收期；

K_1,K_2——方案的投资额；

C_1,C_2——方案的经营费用。

这个公式的实质是计算出节省的经营费用(C_1-C_2)补偿多花费的投资费用(K_2-K_1)需要多少年才能够抵消完，即增加的投资要多少年才能通过经营费用的节约收回来。

计算出追加投资回收期后，应与行业的标准投资回收期相比，如果小于标准投资回收期，说明增加投资的方案可取，否则不可取。

建设投资与经营费用的比较可根据具体情况设计成列表形式(表 4-1)。

表 4-1 建设投资与经营费用对比表

项目	方案甲	方案乙	方案丙
建设投资(K)	K_1	K_2	K_3
经营费用(C)	C_1	C_2	C_3

2. 评分优选法

评分优选法可分三步进行：首先，在场(厂)址方案比较表中列出主要判断因素；其次，将各判断因素按重要程度给予一定的比重因子和评价值；最后，将各方案所有比重因子与对应的评价值相乘，得出指标评分，其中评价分最高者为最佳方案。采用评分优选法的关键是确定比重因子和评价值。利用评分优选法比较的步骤如下：

第一步，确定方案比较的判断因素。

第二步，根据各方案的实际条件给出比重因子和指标评价值。指标评价值的确定，有的可根据经验判断，有的可根据已知数据计算出其中一个方案的指标值在总评价值中占的比重。

第三步，根据比重因子求出各方案每项指标的评价分和不同方案的评价分总和。评价分为比重因子与评价值的乘积。

3. 最小运输费用法

如果项目几个选址方案中的其他因素都基本相同，只有运输费用是不同的，则可用最小运输费用法来确定场址。

最小运输费用法的基本做法是分别计算不同选址方案的运输费用，包括原材料、燃料的运进费用和产成品的运出费用，选择其中运输费用最小的方案作为实施方案。在计算时，要全面考虑运输距离、运输方式、运输价格等因素。

五、交通运输条件评估

畅通的交通条件是保证项目正常生产和提高经济效益的关键，是项目的投入物及产品能有效地运进来和送出去的重要保证。所以，项目的交通运输应与项目的建设同步，运输条件的质和量要与生产需要相适应。一般情况下，交通运输条件包括：

(1) 项目生产区内外的运输方式和运输设备的选择；

(2) 装、卸、运、储等环节的能力协调和组织管理；

(3) 运输量对项目生产过程及产品成本的影响。

总之，对交通运输条件的评估，既要考虑项目所需的原料和生产的产品能及时、足量地得到供应并能尽快地送往消费地，又要考虑各种运输方式的协调组织和经济上的合理性。

六、环境保护评估

(一) 项目环境保护评估的主要内容

环境保护评估的主要内容有：

(1) 建设地区的环境现状；

(2) 主要污染源和主要污染物；

(3) 资源开发可能引起的生态和环境变化；

(4) 项目设计所采用的环境保护标准；

(5) 控制污染和生态变化的主要措施；

(6) 环境保护投资估算与落实；

(7) 环境影响评价结论分析；

(8) 存在的问题及建议。

(二) 环境保护和治理方案设计

1. 明确环境保护和治理方案设计的标准

在对污染物和污染源进行详细分析的基础上，有针对性地明确环境保护和治理方案设计应执行的标准，作为进行环境保护和治理方案设计的依据。这些标准等同于环境影响评价的标准，主要包括环境质量标准、污染物排放标准和总量控制指标三类。

2. 治理措施

应根据项目的污染源和排放污染物的性质，采用不同的治理措施：

(1) 治理废气污染，可采用冷凝、吸附、燃烧和催化转化等方法。

(2) 治理废水污染，可采用物理法(如重力分离、离心分离、过滤、蒸发结晶、高磁分离等)、化学法(如中和、化学凝聚、氧化还原等)、物理化学法(如离子交换、电渗析、反渗透、气泡悬上分离、汽提吹脱、吸附萃取等)、生物法(如自然氧池、生物滤化、活性污泥、厌氧发酵)等方法。

(3) 治理固体废弃物污染，有毒废弃物可采用防渗漏池堆存；放射性废弃物可采用封闭固化；无毒废弃物可采用露天堆存；生活垃圾可采用卫生填埋、堆肥、生物降解或者焚烧方式处理；利用无毒害固体废弃物加工制作建筑材料或者作为建材添加物，进行综合利用。

(4) 治理粉尘污染，可采用过滤除尘、湿式除尘、电除尘等方法。

(5) 治理噪声污染，可采用吸声、隔音、减振、隔振等措施。

(6) 治理因建设和生产经营造成的环境破坏，如岩体滑坡、植被破坏、地面坍塌、土壤劣化等，应提出相应的治理方案。

最后，还应分析可行性研究报告的环境治理方案中是否列出了所需的设施、设备和相应的投资费用。

3. 治理方案的比较、遴选

对环境治理的各局部方案和总体方案进行技术、经济比较，并进行综合评价。比较的主要内容有：

(1) 技术水平对比：分析对比不同的环境保护治理方案所采用技术和设备的先进性、适用性、可靠性和可得性。

(2) 治理效果对比：分析对比不同的环境保护治理方案在治理前及治理后环境指标的变化情况，以及能否满足环境保护法律、法规的要求。

(3) 管理及监测方式对比：分析对比各治理方案所采用的管理和监测方式的优缺点。

(4) 环境效益对比：将环境治理和保护所需的投资和环保设施运行费用与所获得的收益相比较，效益费用比值较大的方案为优。

治理方案经比较、遴选后，提出推荐方案。

4. 建设项目环境风险评价

按照规定需要进行环境风险评价的新建化工、石化项目及其他存在有毒有害物质的建设项目，在环境保护内容中应分析建设项目产品、中间产品和原辅材料的规模及物理性质、毒性指标和危险性等；针对项目运行期间发生事故可能引起的易燃易爆、有毒有害物质的泄漏，或事故产生的新的有毒有害物质，从水、气、环境安全防护等方面考虑，并预测环境风险事故影响范围，事故对人身安全及环境的影响和损害；简要说明环境风险事故的防范、减缓措施，特别要针对特征污染物提出有效防止二次污染的应急措施。

七、节能评估

(一) 项目节能评估的分类管理

根据2010年颁布的《固定资产投资项目节能评估和审查暂行办法》，项目节能评估按照项目建成投产后年能源消耗量实行分类管理。

(1) 年综合能源消耗量3 000吨标准煤以上(含3 000吨标准煤，电力折算系数按当量值，下同)，或年电力消费量500万千瓦·时以上，或年石油消费量1 000吨以上，或年天然气消费量100万立方米以上的固定资产投资项目，应单独编制节能评估报告表。

(2) 年综合能源消费量1 000～3 000吨标准煤(不含3 000吨，下同)，或年电力消费量

200 万～500 万千瓦·时，或年石油消费量 500～1 000 吨，或年天然气消费量 50 万～100 万立方米的固定资产投资项目，应单独编制节能评估报告表。

(3) 上述以外的项目，应填写节能登记表。

(二) 项目节能评估报告书的内容

项目节能评估报告书的内容主要有：

(1) 评估依据。主要包括相关法律、法规、规划、行业准入条件、产业政策，相关标准及规范，节能技术、产品推荐目录，国家明令淘汰的用于产品、设备、生产工艺的目录，以及相关工程资料和技术合同等。

(2) 项目基本情况。包括项目名称、建设地点、项目性质、建设规模及内容、项目工艺方案、总平面布置、主要经济技术指标、项目进度计划等(改、扩建项目需对项目基本情况进行说明)。

(3) 项目用能概况。主要供、用能系统与设备的初步选择，能源消耗种类、数量及能源使用分布情况(改、扩建项目需对项目原用能情况及存在的问题进行说明)。

(三) 节能措施分析

在分析技术方案、设备方案和工程方案时，对能源消耗量大的项目应提出节约能源措施，并对能耗指标进行分析。

项目的节能措施主要包括：① 采用先进的技术和设备，提高能源利用效率，降低能源消耗量。② 回收利用生产过程中产生的余热、余压及可燃气体。③ 对炉窑、工艺装置及热力管网系统分别采取有效的保温措施。④ 合理利用热能，尽可能避免生产工艺中能量的不合理转换。

(四) 能耗指标分析

采取节能措施后，还应对拟建项目的能耗指标进行分析。具体方法是：计算单位产品消耗各种能源的实物量，折算成标煤消耗量，进行分析对比。能耗指标一般应达到国内外同行业先进水平。另外，对于技术改造项目，还应详细说明企业能源利用现状，以及改造后合理利用能源、降低能耗的效果。

八、节水评估

(一) 节水措施分析

采取有效的节水措施，对于项目建设和运营来说十分重要，尤其是对于水资源消耗量大的项目，更应进行重点研究。对项目节水措施的评估可以从以下几方面进行考虑。

1. 提高水资源利用率

项目建设应选用节水型生产工艺技术和设备，降低水的耗用量，用有限的水资源生产出更多、更好的产品；必须强制淘汰落后的卫生器具、设备和管道材料；采用高效节水型新工艺、新技术、新设备、新材料，节约水资源；供水系统须采取防渗、防漏措施，以避免水资源无效消耗。

2. 提高工业用水回收率和重复利用率

尽管各行业情况和条件差别很大，要求各不一样，但节约用水的潜力是很大的。应推广采用一水多用、循环利用、逆流回用等措施。

3. 提高再生水回收率

积极稳妥地推行污水再生利用是节水措施之一，也是缓解水资源短缺的有效途径，对资源型缺水地区尤为重要。工业和市政污水经过处理后，可根据回用水的用途和水质要求，有针对性地进行再补充处理，从而作为农业灌溉用水、工业冷却水或工艺生产用水以及其他项目用水。

4. 有条件的项目应采用海水替代技术和设备

地处沿海地区的项目应尽可能地采用海水替代淡水，以达到节约水资源的目的。

(二) 水耗指标分析

1. 可利用量

水资源可利用量由地表水资源可利用量和地下水资源可开采量组成。在评价中，一般可采取地表水资源可利用量与浅层地下水资源可开采量相加，扣除地表水资源可利用量与地下水资源可开采量两者之间重复计算量的方法。

一般而言，在我国北方广大地区水资源可利用量一般不应超过水资源总量的50%，其中松花江区、辽河区、海河区、淮河区、黄河区等一级区的水资源可利用量分别为当地水资源总量的49.5%、50.4%、63.5%、56%和55.6%；在我国西北地区，由于其地表水与地下水转化频繁，因此，尽管其水资源可利用量不到当地水资源总量的40%，但其取水量却占河流径流的70%；南方地区水资源可利用量一般不应超过当地水资源总量的25%。

2. 开发利用程度

水资源开发利用程度定义为年用水量占可获得的(可更新)淡水资源总量的百分率，我国有关机构一般定义水资源开发利用程度为水资源消耗量占可利用水资源量的比率。

指标的阈值或标准是根据经验确定：当水资源开发利用程度小于10%时为低水资源压力；当水资源开发利用程度大于或等于10%且小于20%时为中低水资源压力；当水资源开发程度大于或等于20%且小于40%时为中高水资源压力；当水资源开发利用程度大于40%时为高水资源压力。

3. 人均用水量

人均用水量是表示区域人均总体用水水平的指标，采用用水量除以总人口的方法进行计算。另外，表示人均用水情况的指标还有城镇人均用水量、农村人均用水量、人均耗水量等，其计算方法见表4-2。

表4-2　人均用水情况指标

指标名称	计算方法
人均用水量	总用水量/总人口
用水模数	总用水量/用水总面积
城镇人均用水量	城镇用水量/城镇人口
农村人均用水量	农村用水量/农村人口
人均耗水量	总耗水量/总人口

采用节水措施后，还应对拟建项目的水资源消耗量进行分析，计算单位产品的耗水量、水耗指标和水的重复利用率。水耗指标一般应达到国内外同行业先进水平，水的重复利用率应达到当地政府规定的指标。技术改造项目应详细说明企业水资源利用现状，以及改造后提高水资源利用率的效果。

第二节　项目技术条件评估

技术条件分析是项目评估不可或缺的一个环节，主要是针对项目的技术、工艺、设备方案的先进性、经济性和可行性等作出全面的评价。在项目评估和可行性研究中，技术条件分析涵盖的范围很广，包括可影响项目实施的一切技术因素，如工艺流程方案、设备方案、工程设计方案、建设条件、建设规模、节能节水以及环保方案等。本节内容仅涉及普通意义的技术条件评估，即生产工艺技术方案评估、设备方案评估和工程设计方案评估三部分。

一、生产工艺技术方案评估

工艺是指生产工人利用生产工具，对原材料、半成品进行加工或处理，使之成为产品的方法。

生产工艺方案则是指项目采用的生产工艺流程及产品的制造方法。对项目生产工艺方案的评估是项目技术评估的核心内容。这是因为项目采用的生产工艺决定着项目需要的生产设备，影响着项目投资额的大小、建设期的长短、未来的产品质量、产品的生产数量及其投资经济效益。所以，项目的生产工艺技术方案评估在项目的技术评估中占有十分重要的地位。

（一）生产工艺技术方案的研究内容

生产工艺技术方案评估的目的是确定产品生产全过程技术方法的可行性。它一般应包括以下内容。

1. 可靠性分析

可靠性是指项目的设计方案所采用的生产工艺必须是成熟的，而不能是试验阶段的技术。这是因为，有一些工艺，其试验可行并不等于生产可行。

2. 生产工艺对产品质量的保证程度分析

产品质量是产品的生命线，它直接关系项目在投产后所生产的产品在市场上的竞争力和销售情况。因此，项目所采用的生产工艺必须保证产品的质量。一般情况下，产品质量也是由项目的生产工艺决定的。在评估中，一是要看生产工艺对项目使用价值的影响，二是要检验产品的技术参数是否符合要求。

3. 经济性分析

对生产工艺技术方案进行经济性分析的方法主要是采用对比方法，即对其技术指标或经济指标进行的对比。一般采用较多的是“工艺成本对比法”。

生产工艺成本是项目生产的重要组成部分，一般包括原材料消耗费用、能源消耗费用、设备运转维护费用、工人工资、设备及厂房的折旧费。在评估生产工艺的经济性时，是将备选的生产工艺方案的各种费用分别汇总比较，生产工艺成本最低或单位成品最低的方案即为经济性的方案。

4. 生产工艺对原材料的适应性分析

相同的产品可能会由于采用的工艺不同而对原材料的要求有所不同。一般来说，原材料的选择性要差于工艺条件，因此，在执行评估决策时，要尽量选择适应性强的生产工艺方案，以获取更为合理的经济效益。

5. 生产工艺对实施条件的要求分析

在实施过程中,有些项目的生产工艺对温度和环境有较高的要求,在评估中应加以注意。

6. 生产工艺流程的均衡性分析

生产工艺流程的均衡性分析就是要注意前后工序的均衡协调性,保证项目整个工艺流程的合理性。

(二)生产工艺技术方案的获得

项目生产工艺技术并不一定必须通过企业自身的研发获得,可以通过购买、许可证交易和合作开发等多种方式取得,实际应用中需要根据企业自身战略规划、资金实力和项目实际情况等加以选择。

取得生产工艺技术可以采取自身研制开发、许可证交易、购买工艺技术和合资经营等形式。

1. 自身研制开发

实力雄厚的大企业或是技术领先的中小企业,往往在其主营业务上具有一定的研发能力。加强自身生产工艺技术的研究,可以获得或巩固技术领先优势,形成企业自身独特的核心竞争力。但需要注意的是,自身研发不但要消耗大量的人力、物力,对企业的资金实力也是较大的考验。因为一项生产工艺技术的研发,可能包括从理论研究、实验室研究到中试阶段,再到规模化生产的过程,需经历相当长的一段时间并占用大量的资金,同时企业还需要承担技术研发失败的风险。是否采取这种方式,需视企业自身条件和环境而定。

2. 许可证交易

在工艺贸易中,工艺许可证交易已经发展成为一种普遍而有效的方法。根据相互协议的条款,一份许可证可能给予持有者使用专利工艺的权利。这类似于商业连锁经营中的特许经营权交易。这种方式在取得工艺生产方法和出让方的技术支持的同时,可以减除由于购买整套工艺带来的资金压力和市场风险。其不足之处在于,由于生产工艺技术拥有者同样可以将工艺许可证出让给其他企业,因此,企业获得的生产工艺技术不具备垄断或区域性垄断的优势。在市场容量较大或市场的地域特征和地域优势明显时,由于竞争压力较小,项目采用该方式显得较为有利。

3. 工艺技术的购买

在某些情况下,最好是通过整套采购来取得工艺技术,因为一次性获得整套生产工艺,有利于企业快速投产和抢占市场。在项目投资许可时,"一次性"工艺权或非专利技术可以采购到,且工艺的升级和技术支持对出让方的依赖程度较小时,企业采取整套采购的方式是合理的。

4. 合资经营

合资经营指工艺供应者提供生产工艺技术参与企业项目的经营,即生产工艺技术作价入股,与技术引进企业共同开发经营。其好处在于:企业可以获得长期的生产工艺技术支持;共享原生产工艺技术拥有者的市场供需渠道;共同分担新产品的市场风险;项目投资资金紧张时,或是购买生产工艺技术所需资金较多,且市场存在不确定因素时,可有效节省前期投资和分散市场风险,迅速启动项目。其不足之处在于:企业运营管理存在协调问题。若合作双方在企业文化、经营理念等方面存在冲突将会面临一定风险。同时，由于企业没有获得生产工艺技术的核心，技术支持和技术升级均会不同程度地受制于人。因此，一旦协调不好，项目运营将面临危机。

二、设备选型方案评估

（一）设备选择的比较内容及要求

在生产工艺技术方案确定后，就应着手考虑与生产工艺技术方案相适应的设备方案的选择。设备和工艺是相互依存的，设备的选择要以工艺的要求为主导。设备的比较和选择是要完成对主要设备的型号、规格、数量、技术性能指标和价格等因素的考虑，即主要比较和选择各设备方案对建设规模的满足程度、对产品质量和生产工艺要求的保证程度、设备使用寿命、物料消耗指标、操作要求、备品备件保证程度、安装试车技术服务以及所需的设备投资等，并据此选择可以达到既定生产能力所需要的、最佳的和高效能的设备类型。

所选择的主要设备方案应满足以下基本要求：首先，选用的设备应符合国家和有关部门颁布的相关技术标准要求；其次，主要设备方案应与拟选的建设规模和生产工艺相适应，主要设备之间、主要设备与辅助设备之间相互配套，以满足投产后生产（或使用）的要求；再次，设备质量可靠、性能成熟，以保证生产产品质量的稳定；最后，设备选择应在保证性能质量的前提下，力求经济、合理。

（二）设备方案选择

1. 考察的内容

根据设备选择考察的五个方案及设备方案对产品质量和生产工艺要求的可靠和满足程度，设备的经济性、安全性、环保性能以及适应性和灵活性等，结合定性和定量分析方法进行评价，给出推荐设备方案。

2. 设备方案比选方法

（1）投资回收期法

设备的投资成本主要包括设备的价格、运输、安装等费用。在新设备投入使用之后，会由于提高劳动生产率、提高质量、降低能源消耗而带来投资节约额。把投资成本与年节约额相比，即可求得投资回收期。公式如下：

$$投资回收期=投资额(I)/年节约额(C)$$

上式中，投资回收期越短，投资效果越好。在其他条件相同的情况下，投资回收期最短的设备可作为优选方案。

（2）差额投资分析法

差额投资分析法分为差额投资回收期法和差额投资内部收益率法。在方案比较时，往往采用差额投资回收期法。差额投资回收期法是将两个设备方案的运营成本的差额与设备投资的差额比较，计算差额投资回收年限。若估算年限少于预期投资回收期，则投资额大的方案为优；差额投资内部收益率法是计算两个备选方案的净现金流差额的内部收益率，如果大于基准折现率，则现金流大的方案为优选方案。

（3）投资收益率法

设备的投资收益率法考虑了设备的折旧，公式为：

$$投资收益率(R)=投资总收益(C_{总})/设备投资额(I_{设})$$

在其他条件相同的情况下，设备投资收益率高的设备是优选设备，应优先选用。

（4）费用效率分析法

费用效率分析法的基本原理是：在比选设备方案时，主要考虑设备系统效率和设备寿命周期总费用两个因素，以此计算出费用效率，并将其用于各方案的比较。其计算公式为：

费用效率＝系统效率/寿命周期总费用

上式中，系统效率是指设备的营运效益，它既可用容易计量的产量、销售收入等指标来表示，也可用难以计量的各种功能（如舒适性、灵活性等）来表示，寿命周期总费用由设备购置费和营运费两部分构成。

三、工程设计方案评估

（一）工程设计方案的内容

工程设计方案一般包括如下内容：

(1) 地基工程，如对项目建设场地的平整、地基的处理等。

(2) 一般土建工程，包括厂房、仓库、生活服务设施的建筑物工程，矿井、铁路、水塔等构筑物工程，各种设备基础工程，水利工程及其他特殊工程。

(3) 管道工程，如蒸汽、煤气等的管道工程。

(4) 卫生工程，主要是给排水工程、采暖工程和通风工程等。

(5) 电气及照明工程，包括线路架设工程、照明线路的安装工程等。

（二）主要工程设计方案分析

1. 建筑工程方案分析

建筑工程方案分析主要包括：建筑物的平面布置和楼层高度要适应工艺和设备的需要，正确选择厂房建筑的层数和层高，按工艺要求合理布置设备，按车间设备的平面布置安排柱网和工作空间等。

按照适应、经济的原则选用建筑结构方案，在实践中，还应根据生产工艺和设备的需要、厂房的大小和项目所在地等具体条件合理选用。

在评估时，应判别项目适应的建筑标准。若项目采用的标准过高，将造成不必要的浪费；标准过低，既不安全又会降低使用质量。

非主要建筑物和构筑物工程可不做详细研究。估算投资时，可参考已建成同类项目的相似工程估算工程量。

2. 施工组织设计分析

(1) 施工方案分析

施工方案分析是指对主要单项工程、公用设施、配套工程的施工方法和工程量的估算。要重点分析影响施工进度和工程质量的关键工程部位的施工方法。在明确全部单项工程施工方法的基础上，制订整个项目的施工方案。

(2) 施工进度分析

项目工程实施进度常用甘特图和网络图两种方法表示。

① 甘特图。甘特图又称横道图，在工程项目可行性研究和项目评估中常用于表示工程的进度安排。其优点是简单明了、实用有效，可以表示出各工序之间的交叉衔接和延续时间长短，便于确定项目的合理工期；其缺点是反映的信息较为有限，并难以体现并行任务之间的内在联系。

② 网络图。网络图技术有多种，如关键路线规划、关键路线分析与计划评审（PERT）等。网络图技术最基本的思想是用图来表示执行项目的各种活动之间的顺序关系，其目的

是在一开始尚不清楚活动完成的具体时间时，就能画出一张工序安排图(与甘特图相比，网络图只有在活动日期或者至少是活动顺序确定以后才能够画出)。通过网络图最终要找出或是计算出关键路线。所谓关键路线就是工期最长的路线，而且这一路线上任何任务的工期变化都将影响总工期。

3. 工程量估算

工程方案经比选后，应编制推荐方案的建筑物、构筑物工程一览表，并估算建筑安装工程量和建筑材料用量以作为投资估算的依据。

【复习思考题】

1. 资源条件评价应包括哪些内容?
2. 原材料供应方案分析包括哪些内容?
3. 燃料及动力供应条件评价应包括哪些内容?
4. 项目厂址选择应考虑哪些因素?
5. 项目厂址选择的方法有哪些?
6. 环境保护的评价内容是什么?
7. 环境保护治理方案的评价内容有哪些?
8. 项目节能措施有哪些?
9. 项目节水措施有哪些?
10. 工艺技术方案的研究内容是什么?
11. 设备选择应考察哪些方面的因素?
12. 甘特图与网络图在应用上有何区别?

第五章 投资估算

本章主要介绍建设项目投资估算概述、建设投资估算、建设期利息估算和流动资金估算。通过本章的学习,读者要掌握建设投资估算、建设期利息和流动资金估算的方法,熟悉投资估算的内容,了解建设项目投资估算的阶段划分、编制依据和作用。

第一节 概 述

投资估算是项目决策的重要依据之一。在整个投资决策过程中,要对建设项目投资进行估算,并在此基础上研究是否建设。投资估算要保证必要的准确性,如果误差太大,必将导致决策的失误。因此,准确、全面地估算建设项目的投资额,是项目可行性研究乃至整个建设项目投资决策阶段的重要任务。

一、投资估算的内容

投资估算是指在项目投资决策过程中,依据现有的资料和特定的方法,对建设项目的投资数额进行的估计。它是项目建设前期编制项目建议书和可行性研究报告的重要组成部分,是项目决策的重要依据之一。投资估算的准确与否不仅影响到可行性研究工作的质量和经济评价结果,而且也直接关系到下一阶段设计概算和施工图预算的编制,对建设项目资金筹措方案也有直接的影响。因此,全面准确地估算建设项目的工程造价,是可行性研究乃至整个决策阶段造价管理的重要任务。

(一) 项目总投资的构成

1. 项目总投资的不同内涵

在实际工作中,"项目总投资"有多种内涵和不同用法。这里的"项目总投资"是项目评价用的"项目总投资",是指项目建设和投入运营所需要的全部投资(其估算范围与现行的项目投入总资金一致),与作为计算资本金基数的总投资是有区别的。在《国务院关于固定资产投资项目试行资本金制度的通知》(国发〔1996〕35 号)中指出,"作为计算资本金基数的总投资,是指投资项目的固定资产投资与铺底流动资金之和",固定资产投资由建筑工程费、设备购置费、安装工程费、工程建设其他费用、基本预备费、涨价预备费和建设期利息等 7 项内容构成,铺底流动资金指流动资金中的非债务资金,占全部流动资金的 30%。可见,两者的区别就在于:作为计算资本金基数的总投资只包含了 30%的流动资金,而项目评价用的项目总投资则包含了全部流动资金。

2. 项目评价用的项目总投资(项目投入总资金)的构成

项目评价中的总投资由建设投资、建设期利息和流动资金构成。

(1) 建设投资。是指在项目筹建与建设期间所花费的全部建设费用。在实际工作中,对“建设投资”也有不同的理解和用法。《投资项目可行性研究指南》一书中所指的建设投资，由建筑工程费、设备购置费、安装工程费、工程建设其他费用、基本预备费、涨价预备费和建设期利息等7项内容构成，并把建设投资分为静态投资和动态投资两部分，由上述前5项构成静态投资部分，涨价预备费和建设期利息构成动态投资部分。而《建设项目经济评价方法与参数(第三版)》中所指的建设投资由建筑工程费、设备购置费、安装工程费、工程建设其他费用、基本预备费、涨价预备费等6项内容构成，不包括建设期利息。本书采用的是《建设项目经济评价方法与参数(第三版)》的用法。

(2) 建设期利息。是债务资金在建设期内发生并应计入固定资产原值的利息，包括借款(或债券)利息及手续费、承诺费、管理费等。

(3) 流动资金。是指生产经营性项目投产后，用于购买原材料、燃料、支付工资及其他经营费用等所需的周转资金。

(二) 总投资形成的资产

根据资本保全原则和企业资产划分的有关规定，建设项目在建成交付使用时，项目投入的全部资金分别形成固定资产、无形资产、流动资产和其他资产。

1. 固定资产

固定资产是指使用期限在一年以上，单位价值在国家规定的限额标准以内，并在使用过程中保持原有实物形态的资产，包括房屋及建筑物、机器设备、运输设备以及其他与生产经营活动有关的工具、器具等。

项目评价中形成固定资产，构成固定资产原值的费用包括：

(1) 工程费用，即建筑工程费、设备购置费和安装工程费。

(2) 工程建设其他费用中按规定形成固定资产的费用，主要包括建设单位管理费、可行性研究费、研究试验费、勘察设计费、环境影响评价费、场地准备及临时设施费、引进基数和引进设备其他费、工程保险费、联合试运转费、特殊设备安全监督检查费和市政公用设施建设及绿化费等。

(3) 预备费，包括基本预备费和涨价预备费。

(4) 建设期利息。

2. 无形资产

无形资产是指企业拥有或控制的没有实物形态的可辨认的非货币性资产。

项目评价中形成无形资产，构成无形资产原值的费用主要包括土地使用权、技术转让费或技术使用费(含专利权和非专利技术)、商标权和商誉等。

3. 流动资产

流动资产是指可以在一年内或超过一年的一个营业周期内变现或运用的资产。总投资中的流动资金与流动负债共同构成流动资产。

4. 其他资产

其他资产是指除流动资产、长期投资、固定资产、无形资产以外的其他资产，如长期待摊费用。按照有关规定，除购置和建造固定资产以外，所有筹建期间发生的费用，先在长期待摊费用中归集，待企业开始生产经营起计入当期的损益。

项目评价中形成其他资产，构成其他资产原值的费用主要包括生产准备费、开办费、出国人员费、来华人员费、图纸资料翻译复制费、样品样机购置费和农业开荒费等。

项目总投资的构成及其资产形成如图 5-1 所示。

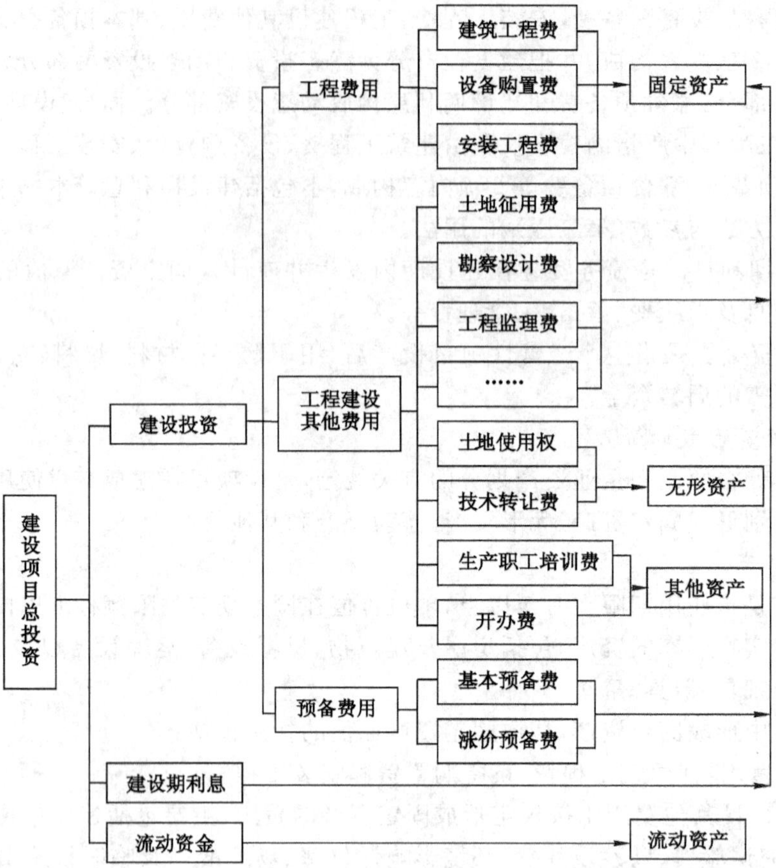

图 5-1　建设项目总投资构成与资产形成图

二、投资估算的阶段划分与要求

建设项目决策与评价阶段一般可分为投资机会研究、初步可行性研究（项目建议书）、可行性研究、项目前评估四个阶段。由于不同阶段的工作深度和掌握的资料详略程度不同，在建设项目评价的不同阶段，允许投资估算的深度和准确度也有所差别。随着工作的进展，项目条件逐步明确，投资估算应逐步细化，准确度应逐步提高，从而对项目投资起到有效控制的作用。建设项目评价不同阶段对投资估算的准确度要求（即允许误差率）见表 5-1。

表 5-1　建设项目评价的不同阶段对投资估算准确度的要求

序号	建设项目决策与评价的不同阶段	允许误差率
1	投资机会研究阶段	±30%以内
2	初步可行性研究（项目建议书）阶段	±20%以内
3	可行性研究阶段	±10%以内
4	项目前评估阶段	±10%以内

尽管允许有一定的误差，但是投资估算必须达到以下要求：

(1) 工程内容和费用构成齐全，计算合理，不重复计算，不提高或降低估算标准，不高估冒算或漏项少算。

(2) 选用指标与具体工程之间存在标准或者条件差异时，应进行必要的换算或者调整。

(3) 投资估算准确度应能满足建设项目前期不同阶段的要求。

三、投资估算的编制依据与作用

(一) 投资估算的编制依据

投资估算的基础资料与依据包括以下几个方面：

(1) 专门机构发布的建设工程造价费用构成、估算指标、计算方法以及其他有关计算工程造价的文件。

(2) 专门机构发布的工程建设其他费用计算办法和费用标准以及政府部门发布的物价指数。

(3) 部分或行业制定的投资估算办法和估算指标。

(4) 拟建项目所需设备、材料的市场价格。

(5) 拟建项目各单项工程的建设内容及工程量。

(二) 投资估算的作用

投资估算在项目开发建设过程中的作用有以下几点：

(1) 项目建议书阶段的投资估算。这是项目主管部门审批项目建议书的依据之一，对项目的规划、规模起参考作用。

(2) 项目可行性研究阶段的投资估算。这是项目投资决策的重要依据，也是研究、分析、计算项目投资经济效果的重要条件。当可行性研究报告被批准之后，其投资估算额就作为设计任务书中下达的投资限额，即作为建设项目投资的最高限额，不得随意突破。

(3) 项目投资估算对工程设计概算起控制作用，设计概算不得突破批准的投资估算额，并应控制在投资估算额以内。

(4) 项目投资估算可作为项目资金筹措及制订建设贷款计划的依据，建设单位可根据批准的项目投资估算额，进行资金筹措和向银行申请贷款。

(5) 项目投资估算是核算建设项目固定资产投资需要额和编制固定资产投资计划的重要依据。

第二节　建设投资估算

建设投资的估算方法有简单估算法和分类估算法。简单估算法有单位生产能力估算法、生产能力指数估算法、比例估算法、系数估算法和指标估算法等。前 4 种估算方法估算准确度相对不高，主要适用于投资机会研究和初步可行性研究阶段。项目详细可行性研究阶段应采用指标估算法和分类估算法。

一、建设投资简单估算法

(一) 单位生产能力估算法

依据调查的统计资料，利用相近规模的单位生产能力投资乘以建设规模，即得拟建项目投资额。其计算公式为：

$$C_2 = \left(\frac{C_1}{Q_1}\right) Q_2 f$$

式中 C_1——已建类似项目的投资额；

C_2——拟建项目投资额；

Q_1——已建类似项目的生产能力；

Q_2——拟建项目的生产能力；

f——不同时期、不同地点的定额、单价、费用变更等的综合调整系数。

这种方法把项目的建设投资与其生产能力的关系视为简单的线性关系，估算结果精确度较差。使用这种方法时，要注意拟建项目的生产能力和类似项目的可比性，否则误差很大。由于在实际工作中不易找到与拟建项目完全类似的项目，通常是把项目按其下属的车间、设施和装置进行分解，分别套用类似车间、设施和装置的单位生产能力投资指标计算，然后加总求得项目总投资，或根据拟建项目的规模和建设条件，将投资进行适当调整后估算项目的投资额。

单位生产能力估算法主要用于新建项目或装置的估算，十分简便迅速，但要求估算人员掌握足够的典型工程的历史数据，而且这些数据均应与单位生产能力的造价有关，方可应用，同时新建装置要与所选取装置的历史资料相类似，仅存在规模大小和时间上的差异。

【例 5-1】 假定某地拟建一座 2 000 套客房的豪华旅馆，另有一座豪华旅馆最近在该地竣工，且掌握了以下资料：它有 2 500 套客房，有餐厅、会议室、游泳池、网球场等设施，建设投资为 10 250 万美元。请估算新建项目的建设投资。

解：根据以上资料，可首先推算出折算为每套客房的投资：

$$\frac{\text{建设投资}}{\text{客房总套数}} = \frac{10\ 250}{2\ 500} = 4.1\text{(万美元/套)}$$

据此，即可很迅速地计算出在同一个地方且各方面有可比性（f 取 1）的具有 2 000 套客房的豪华旅馆建设投资估算值为：

$$4.1\text{(万美元/套)} \times 2\ 000\text{(套)} = 8\ 200\text{(万美元)}$$

单位生产能力估算法估算误差较大，可达±30%，即精度达 70%。此法只能是粗略地快速估算，由于误差大，应用该估算法时需要小心，应注意以下几点：

(1) 地方性。建设地点不同，地方性差异主要表现为：两地经济情况不同；土壤、地质、水文情况不同；气候、自然条件的差异；材料、设备的来源、运输状况不同等。

(2) 配套性。一个建设项目或装置均有许多配套装置和设施，也可能产生差异，如：公用工程、辅助工程、厂外工程和生活福利工程等，这些工程随地方差异和工程规模的变化也不相同，它们并不与主体工程的变化呈线性关系。

(3) 时间性。工程建设项目的兴建不一定是在同一时间建设，时间差异或多或少存在，在这段时间内可能在技术、标准、价格等方面发生变化。

(二) 生产能力指数估算法

生产能力指数法又称指数估算法，它是根据已建成的类似项目生产能力和投资额来粗略估算拟建项目投资额的方法。其计算公式为：

$$C_2 = C_1 \left(\frac{Q_2}{Q_1}\right)^n f$$

式中 n——生产能力指数；

其他符号含义同前。

上式表明，造价与规模（或容量）成非线性关系，且单位造价随工程规模（或容量）的增大而减小。在正常情况下，$0 \leqslant n \leqslant 1$。不同生产率水平的国家和不同性质的项目中，$n$ 的取值是不同的，如化工项目中，美国取 $n=0.6$，英国取 $n=0.66$，日本取 $n=0.7$。

若已建类似项目的规模和拟建项目的规模相差不大，生产规模比值在 0.5～2 之间，则指数 n 的取值近似为 1。

若已建类似项目与拟建项目的规模相差不大于 50 倍，且拟建项目规模的扩大仅靠增大设备规模来达到时，则 n 取值在 0.6～0.7 之间；若是靠增加相同规格设备的数量达到时，n 的取值在 0.8～0.9 之间。

【例 5-2】 已知建设年产 30 万吨乙烯装置的投资额为 60 000 万元，试估计建设年产 70 万吨乙烯装置的投资额（生产能力指数 $n=0.6$，$f=1.2$）。

解：$C_2 = C_1 \left(\frac{Q_2}{Q_1}\right)^n f = 60\,000 \times \left(\frac{70}{30}\right)^{0.6} \times 1.2 = 119\,706.73$（万元）

生产能力指数法与单位生产能力估算法相比精确度略高，其误差可控制在±20%以内，尽管估价误差仍较大，但也有它独特的好处：这种估价方法不需要详细的工程设计资料，只知道工艺流程及规模就可以，并且对于总承包工程而言，可作为估价的旁证。在总承包工程报价时，承包商大都采用这种方法估价。

（三）比例估算法

它是以拟建项目的主体工程费或主要设备费为基数，以其他工程费占主体工程费的百分比为基础估算项目总投资的方法。这种方法简单易行，但是精度较低，一般用于项目建议书阶段。比例估算法可分为两种：

1. 以拟建项目的设备购置费为基数进行估算

该方法以拟建项目的设备购置费为基数，根据已建成的同类项目的建筑工程费和安装工程费占设备购置费的百分比，求出相应的建筑工程费和安装工程费，再加上拟建项目其他费用（包括工程建设其他费用和预备费等），其总和即为拟建项目的建设投资。计算公式如下：

$$C = E(1 + f_1 P_1 + f_2 P_2) + I$$

式中 C——拟建项目的建设投资；

E——拟建项目根据当时当地价格计算的设备购置费；

P_1, P_2——已建项目中建筑工程费和安装工程费占设备购置费的百分比；

f_1, f_2——由于时间因素引起的定额、单价、费用变更等的综合调整系数；

I——拟建项目的其他费用。

【例 5-3】 某拟建项目设备购置费为 15 000 万元，根据已建同类项目统计资料，建筑工程费占设备购置费的 23%，安装工程费占设备购置费的 9%，该拟建项目的其他有关费用估计为 2 600 万元，调整系数 f_1 和 f_2 均为 1.1，试估算该项目的建设投资。

解：$C = E(1 + f_1 P_1 + f_2 P_2) + I$

$= 15\,000 \times [1 + (23\% + 9\%) \times 1.1] + 2\,600 = 22\,880$（万元）

2. 以拟建项目的工艺设备投资为基数进行估算

该方法以拟建项目中的最主要、投资比重较大以及与生产能力直接相关的工艺设备（包括运杂费和安装费）的投资为基数，根据同类型的已建项目的有关统计资料，计算出拟建项目的各专业工程(总图、土建、暖通、给排水、管道、电气及电信、自控等)占工艺设备投资的百分比,据此求出各专业的投资,然后把各部分投资(包括工艺设备投资)相加求和,再加上拟建项目的其他有关费用,即为拟建项目的建设投资。计算公式为:

$$C=E(1+f_1P'_1+f_2P'_2+f_3P'_3+\cdots)+I$$

式中 E——拟建项目根据当时当地价格计算的工艺设备投资;

P'_1,P'_2,P'_3——已建项目中各专业工程费用占设备投资的比重;

其他符号含义同前。

(四)系数估算法

1. 朗格系数法

这种方法是以设备购置费为基础,乘以适当系数来推算项目的建设费用。其计算公式为:

$$C=E(1+\sum K_i)\cdot K_C$$

式中 C——建设投资;

E——主要设备购置费用;

K_i——管线、仪表、建筑物等项费用的估算系数;

K_C——管理费、合同费、应急费等间接费用在内的总估算系数。

总建设费用与设备费用之比为朗格系数 K_L,即:

$$K_L=(1+\sum K_i)\cdot K_C$$

2. 设备及厂房系数法

该方法在拟建项目工艺设备投资和厂房土建投资估算的基础上,其他专业工程参照类似项目的统计资料,与设备关系较大的按设备投资系数计算,与厂房土建关系较大的则按厂房土建投资系数计算,两类投资加起来,再加上拟建项目的其他有关费用,即为拟建项目的建设投资。

【例 5-4】 某项目工艺设备及其安装费用估计为 2 600 万元,厂房土建费用估计为 4 200 万元,参照类似项目的统计资料,其他各专业工程投资系数见表 5-2,其他有关费用为 2 400 万元,试估算该项目的建设投资。

表 5-2 各专业工程投资系数表

专业工程	系数	专业工程	系数
工艺设备	1.00	厂房土建(含设备基础)	1.00
起重设备	0.09	给排水工程	0.04
加热炉及烟道	0.12	采暖通风	0.03
气化冷却	0.01	工业管道	0.01
余热锅炉	0.04	电器照明	0.01
供电及转动	0.18		
自动化仪表	0.02		
系数合计	1.46	系数合计	1.09

解：根据上述方法，则该项目的建设投资额为：

$$2\ 600\times1.46+4\ 200\times1.09+2\ 400=10\ 774(万元)$$

（五）指标估算法

这种方法是把建设项目划分为建筑工程、设备安装工程、设备购置费及其他基本建设费等费用项目或单位工程，再根据各种具体的投资估算指标，进行各项费用项目或单位工程投资的估算，在此基础上，可汇总每一单项工程的投资。再估算工程建设其他费用及预备费，即可求得建设项目总投资。

估算指标是一种比概算指标更为扩大的单位工程指标或单项工程指标。编制方法是采用有代表性的单位或单项工程的实际资料，采用现行的概预算定额编制概预算。或收集有关工程的施工图预算或结算资料，经过修正、调整反复综合平衡，以单项工程（装置、车间）或工段（区域、单位工程）为扩大单位，以“量”和“价”相结合的形式，用货币来反映活劳动与物化劳动。指标的单位可以根据工艺流程的需要而分区切块，根据需要而变动。指标的“量”与“价”是受扩大指标单位规定的内容和范围影响而变化的。在规定的范围内，“量”是不变的，而“价”是受单价波动的，必须进行必要的调整。估算指标应是以定“量”为主，故在估算指标中应有人工数、主要设备规格表、主要材料量、主要实物工程量、各专业工程的投资等。对单项工程，应做简要介绍，必要时还要附工艺流程图、物料平衡表及消耗指标。这样，就为动态计算和经济分析创造条件。

使用指标估算法应根据不同地区、年代进行调整。因为地区、年代不同，设备与材料的价格也有差异，调整方法可以按主要材料消耗量或“工程量”为计算依据；也可以按不同的建设项目的“万元工料消耗定额”而定不同的系数。如果有关部门已颁布了有关定额或材料价差系数（物价指数），也可以据其调整。

使用指标估算法进行投资估算不能生搬硬套，必须对工艺流程、定额、价格及费用标准进行分析，经过实事求是的调整与换算后，才能提高其精确度。

二、建设投资分类估算法

建设投资分类估算法是对构成建设投资的各类费用，即工程费用（含建筑工程费、设备购置费和安装工程费）、工程建设其他费用和预备费（含基本预备费和涨价预备费）分类进行估算。

（一）估算步骤

(1) 分别估算各单项工程所需的建筑工程费、设备及工器具购置费、安装工程费。

(2) 汇总建筑工程费、设备及工器具购置费、安装工程费，得出单项工程的工程费用，然后合计得出项目建设所需的工程费用。

(3) 在工程费用的基础上，估算工程建设其他费用。

(4) 以工程费用和工程建设其他费用为基础估算基本预备费。

(5) 在确定分年投资计划的基础上估算涨价预备费。

(6) 加总求得建设投资。

（二）建筑工程费估算

1. 估算内容

建筑工程费是指为建造永久性建筑物和构筑物所需要的费用，主要包括以下几部分内容：

(1) 各类房屋建筑工程和列入房屋建筑工程预算的供水、供暖、卫生、通风、煤气等设备费用及装饰工程的费用，列入建筑工程预算的各种管道、电力、电信和电缆导线敷设工程的费用。

(2) 设备基础、支柱、工作台、烟囱、水塔、水池、灰塔等建筑工程以及各种炉窑的砌筑工程和金属结构工程的费用。

(3) 为施工而进行的场地平整，工程和水文地质勘查，原有建筑物和构筑物的拆除以及施工临时用水、电、气、路和完工后的场地整理，环境绿化、美化等工作的费用。

(4) 矿井开凿、井巷延伸、露天矿剥离，石油、天然气钻井，修建铁路、公路、桥梁、水库、堤坝、灌渠及防洪等工程的费用。

2. 估算方法

建筑工程费的估算方法有单位建筑工程投资估算法、单位实物工程量投资估算法和概算指标投资估算法。前两种方法比较简单，后一种方法要以较为详细的工程资料为基础，工作量较大，实际工作中可根据具体条件和要求选用。

(1) 单位建筑工程投资估算法。该方法是以单位建筑工程量投资乘以建筑工程总量来估算建筑工程费的方法。一般工业与民用建筑以单位建筑面积（平方米）投资，乘以相应的建筑工程总量计算建筑工程费。

(2) 单位实物工程量投资估算法。该方法是以单位实物工程量投资乘以实物工程量总量来估算建筑工程费的方法。土石方工程按每立方米投资，路面铺设工程按每平方米投资，乘以相应的实物工程量总量计算建筑工程费。

(3) 概算指标投资估算法。在估算建筑工程费时，对于没有前两种估算指标，或者建筑工程费占建设投资比例较大的项目，可采用概算指标估算法。建筑工程概算指标通常以整个建筑物为对象，以建筑面积、体积等为计量单位来确定人工、材料和机械台班的消耗量标准和造价指标。要采用该方法，需要有较为详细的工程资料、建筑材料价格和工程费用指标，工作量较大。具体方法参照专门机构发布的概算编制办法。

估算建筑工程费应编制建筑工程费估算表。

【例 5-5】 某生物农药项目的建筑工程费估算见表 5-3。

表 5-3　某生物农药项目的建筑工程费估算表

序号	建、构筑物名称	工程量/m^2	单价/(元/m^2)	费用合计/万元
1	生产车间	7 712	1 800	1 388.2
2	培育室	144	1 000	14.4
3	原料、成品库	5 783	1 000	578.3
4	综合动力站	1 134	1 200	136.1
5	地下水池	1 300	750	97.5
6	门卫室	74	1 000	7.4
7	厂区围墙和大门	750	200	15.0
8	厂区道路	9 800	120	117.6
9	厂区绿化	6 743	50	33.7

表 5-3(续)

序号	建、构筑物名称	工程量/m^2	单价/(元/m^2)	费用合计/万元
10	综合楼	3 402	1 200	408.2
11	食堂等生活设施	1 157	1 000	115.7
12	车库	230	1 000	23.0
合计				2 935.1

注:该项目对生产车间有一定的净化要求,无菌间等需封闭隔离以及发酵生产设备振动等对生产厂房有特殊要求。

(三) 设备购置费估算

设备购置费是指为工程项目购置或自制的达到固定资产标准的各种国产或进口设备、工具、器具的购置费用。设备购置费估算包括国内设备购置费、进口设备购置费和工器具及生产家具购置费的估算。

1. 国内设备购置费估算

国内设备购置费是指为建设项目购置或自制的达到固定资产标准的各种国产设备的购置费用。它由设备原价和设备运杂费构成。国产设备原价分为国产标准设备原价和国产非标准设备原价。

(1) 国产标准设备原价。国产标准设备是指按照主管部门颁布的标准图纸和技术要求,由我国设备生产厂批量生产的,符合国家质量检验标准的设备。国产标准设备原价有两种,即带有备件的原价和不带有备件的原价。在计算时,一般采用带有备件的原价。

(2) 国产非标准设备原价。国产非标准设备是指国家尚无定型标准,各设备生产厂不可能在工艺过程中采用批量生产,只能按一次订货,并根据具体的设计图纸制造的设备。非标准设备原价有多种不同的计算方法,如成本计算估价法、系列设备插入估价法、分部组合估价法、定额估价法等。但无论采用哪种方法都应该使非标准设备计价接近实际出厂价,并且计算方法要简便。

(3) 设备运杂费。设备运杂费通常由运输费、装卸费、运输包装费、供销手续费和仓库保管费等各项费用构成。一般按设备原价乘以设备运杂费费率计算。设备运杂费费率按部门、行业或省、市的规定执行。

估算国内设备运杂费应编制国内设备运杂费估算表。

【例 5-6】 某生物农药项目的国内设备购置费估算见表 5-4。

表 5-4　某生物农药项目的国内设备购置费估算表

序号	设备名称	规格	单位	数量	设备购置费/万元		
					出厂价	运杂费	总价
1	工艺设备		台套	124	1 618.2	129.5	1 747.7
	其中:二级种子罐	10 m^3	台	6	120.0		
	发酵罐	80 m^3	台	3	270.0		
	喷雾干燥系统		套	2	180.0		
	包装机		套	6	240.0		
2	通风设备		台	20	6.0	0.5	6.5

表 5-4(续)

序号	设备名称	规格	单位	数量	设备购置费/万元		
					出厂价	运杂费	总价
3	自控设备		套	1	300.0	24.0	324.0
4	培育室设备		套	1	40.0	3.2	43.2
5	化验检测设备		台套	44	97.6	7.8	105.4
6	机电仪修设备		套	3	60.0	4.8	64.8
7	综合动力设备		台套	15	395.0	31.6	426.6
	其中:空压系统	110 m^3/min,1 MPa	套	2	120.0		
	制冷系统	30万千卡	套	2	140.0		
8	消防设备		套	1	24.0	1.9	25.9
9	污水处理设备		套	1	30.0	2.4	32.4
10	通信设备				5.0		5.0
11	生产运输车辆		台	6	67.0	5.4	72.4
12	台式计算机		台	30	24.0		24.0
13	工器具及生产家具				5.3	0.4	5.7
合计					2 672.1	211.5	2 883.6

注:1千卡≈1.163瓦·时。

2. 进口设备购置费估算

进口设备购置费由进口设备货价、进口从属费用及国内运杂费组成。

(1) 进口设备货价。进口设备货价按交货地点和方式的不同,分为离岸价(FOB)与到岸价(CIF)两种价格,一般多为离岸价。离岸价(FOB)是指出口货物运抵出口国口岸交货的价格;到岸价(CIF)是指进口货物抵达进口国口岸交货的价格,包括进口货物的离岸价、国外运费和国外运输保险费。进口设备货价按有关生产厂商询价、报价、订货合同价计算。

(2) 进口从属费用。进口从属费用包括国外运费、国外运输保险费、进口关税、进口环节消费税、进口环节增值税、外贸手续费和银行财务费及海关监督手续费等。

① 国外运费。即从装运港(站)到达我国抵达港(站)的运费。进口设备国外运费计算公式为:

国外运费=离岸价(FOB)×运费率

或　　国外运费=单位运价×运量

② 国外运输保险费。对外贸易货物运输保险是由保险人(保险公司)与被保险人(出口人或进口人)订立保险合同,在被保险人交付议定的保险费后,保险人根据保险合同的规定对货物在运输过程中发生的承保责任范围内的损失给予经济上的补偿。计算公式为:

国外运输保险费=(离岸价+国外运费)×国外运输保险费费率

国外运输保险费费率按保险公司规定的进口货物保险费率计算。

③ 进口关税。由海关对进出国境或关境的货物和物品征收的一种税。计算公式为:

关税=进口设备到岸价格(CIF)×人民币外汇牌价×进口关税税率

进口关税税率按我国海关总署发布的进口关税税率计算。

④ 进口环节消费税。对部分进口设备(如轿车、摩托车等)征收,一般计算公式为:

$$应纳消费税额=\frac{到岸价+关税}{1-消费税税率}\times消费税税率$$

其中,消费税税率根据规定的税率计算。

⑤ 进口环节增值税。我国增值税条例规定,进口应纳税产品均按组成计税价格和增值税税率直接计算应纳税额。即:

$$进口产品增值税额=组成计税价格\times增值税税率$$

$$组成计税价格=关税完税价格+关税+消费税$$

增值税税率根据规定的税率计算,目前进口设备适用税率为17%。

⑥ 银行财务费。一般是指中国银行手续费,可按下式简化计算。

$$银行财务费=进口设备货价\times人民币外汇牌价\times银行财务费率$$

银行财务费率一般为0.4%~0.5%。

⑦ 外贸手续费。指按对外经济贸易部规定的按外贸手续费率计取的费用,外贸手续费率一般取1.5%。计算公式为:

$$外贸手续费=进口设备到岸价格(CIF)\times人民币外汇牌价\times外贸手续费率$$

⑧ 海关监管手续费。是指海关对进口减税、免税、保税货物实施监督、续费。对于全额征收进口关税的货物不计本项费用。计算公式为:

$$海关监管手续费=\frac{进口设备}{到岸价格(CIF)}\times\frac{人民币}{外汇牌价}\times\frac{海关监督}{手续费率}$$

海关监督手续费率一般为0.3%。

(3) 国内运杂费

国内运杂费通常由运输费、运输保险费、装卸费、包装费和仓库保管费等各项费用构成。计算公式为:

$$国内运杂费=进口设备离岸价格(FOB)\times人民币外汇牌价\times国内运杂费费率$$

国内运杂费费率按各部门及省、市等的规定执行。

3. 工器具及生产家具购置费估算

工器具及生产家具购置费,是指新建或扩建项目初步设计规定的,保证初期正常生产必须购置的没有达到固定资产标准的设备、仪器、工卡模具、器具、生产家具和备品备件等的购置费用。一般以设备购置费为计算基数,按照部门或行业规定的工具、器具及生产家具费率计算。

(四) 安装工程费估算

1. 估算内容

安装工程费一般包括:

(1) 生产、动力、起重、运输、传动、医疗、实验等各种需要安装的机械设备的装配费用,与设备相连的工作台、梯子、栏杆等装设工程费用,附属于被安装设备的管线敷设工程费用,以及被安装设备的绝缘、防腐、保温、油漆等工作的材料费和安装费。

(2) 为测定安装工程质量,对单台设备进行单机试运转、对系统设备进行系统联动无负荷试运转工作的调试费。

2. 估算方法

投资估算中安装工程费通常是根据行业或专门机构发布的安装工程定额、取费标准进行估算。具体计算可按安装费费率、每吨设备安装费指标或每单位安装实物工程量费用指标进行估算。计算公式为：

安装工程费＝设备原价×安装费费率

或　　安装工程费＝设备吨位×每吨设备安装费指标

或　　安装工程费＝安装实物工程量×每单位安装实物工程量费用指标

项目决策阶段，根据投资估算的深度要求，安装费用也可以按单项工程分别估算。

估算安装工程应编制安装工程费估算表。

【例 5-7】 某生物农药项目的安装工程费估算见表 5-5。

表 5-5　某生物农药项目的安装工程费估算表　　单位：万元

序号	安装工程名称	设备原价	设备安装费率（占设备原价百分比）/%	管道、材料费	安装工程费
1	设备				
1.1	工艺设备	1 618.2	8		129.5
1.2	通风设备	6.0	10		0.6
1.3	自控设备	300.0	7		21.0
1.4	培育室设备	40.0	3		1.2
1.5	化验检测仪器	97.6	1		1.0
1.6	机修、电修设备	40.0	5		2.0
1.7	仪修设备	20.0	2		0.4
1.8	综合动力设备	395.0	10		39.5
1.9	消防设备	24.0	12		2.9
1.10	污水处理设备	30.0	12		3.6
	设备小计				201.7
2	管线工程				
2.1	供水管道			21.0	21.0
2.2	排水管道			30.0	30.0
2.3	变配电线路			4.8	4.8
2.4	通信线路			10.0	10.0
2.5	厂区动力照明			30.0	30.0
	管线工程小计				95.8
	总合计				297.5

汇总建筑工程费、设备及工器具购置费及安装工程费，便可求得拟建项目的工程费用。

【例 5-8】 按例 5-5、例 5-6、例 5-7 给出的条件，求某生物农药项目的工程费用。

解：某生物农药项目的工程费用＝建筑工程费＋设备及工器具购置费＋安装工程费

＝2 935.1＋2 883.6＋297.5＝6 116.2（万元）

（五）工程建设其他费用估算

工程建设其他费用，是指从工程筹建起到工程竣工验收交付使用止的整个建设期间，除建筑安装工程费用和设备及工器具购置费用以外的，为保证工程建设顺利完成和交付使用后能够正常发挥效用而发生的各项费用。

工程建设其他费用，按其内容大体可分为三类：第一类是土地使用费；第二类是与项目建设有关的其他费用；第三类是与未来企业生产经营有关的费用。

1. 土地使用费

土地使用费是指通过划拨方式取得土地使用权而支付的土地征用及迁移补偿费，或者通过出让方式取得土地使用权而支付的土地使用权出让金。

（1）土地征用及迁移补偿费

土地征用及迁移补偿费是指工程项目通过划拨方式取得无限期的土地使用权，依照《中华人民共和国土地管理法》等规定所支付的费用。其总和一般不得超过被征土地年产值的20倍，土地年产值则按该地被征用前三年的平均产量和国家规定的价格计算。其内容包括：

① 土地补偿费。征用耕地（包括菜地）的补偿标准，为该耕地年产值的6～10倍。征用园地、鱼塘、宅基地、林地、牧场、草原等的补偿标准，由省、自治区、直辖市人民政府规定。征收无收益的土地，不予补偿。

② 青苗补偿费和被征用土地上的房屋、水井、树木等附着物补偿费。这些补偿费的标准由省、自治区、直辖市人民政府制定。征用城市郊区的菜地时，还应按照有关规定向国家缴纳新菜地开发建设基金。

③ 安置补助费。征用耕地、菜地的，每个农业人口的安置补助费为该地每亩年产值的4～6倍，每亩耕地的安置补助费最高不得超过其年产值的15倍。

④ 征地动迁费。包括征用土地上的房屋及附属构筑物、城市公共设施等拆除、迁建补偿费、搬迁运输费，企业单位因搬迁造成的减产、停工损失补贴费，拆迁管理费等。

⑤ 耕地占用税或城镇土地使用税、土地登记费及征地管理费等。土地管理机关从征地费中提取土地管理费的比率，要按征地工作量大小，视不同情况，在1%～4%幅度内选取。

（2）土地使用权出让金

土地使用权出让金是指工程项目通过土地使用权出让方式，取得有期限的土地使用权，依照相关法律规定向国家支付的土地使用费。

2. 与项目建设有关的其他费用

（1）建设单位管理费

建设单位管理费是指工程项目从立项、筹建、建设、联合试运转、竣工验收交付使用及后评估等全过程管理所需费用。包括：

① 建设单位开办费。指新建项目为保证筹建和建设工作正常进行所需办公设备、生活家具、用具、交通工具等购置费用。

② 建设单位经费。包括工作人员的基本工资、工资性补贴、职工福利费、劳动保护费、劳动保险费、办公费、差旅交通费、工会经费、职工教育经费、固定资产使用费、工具用具使用费、技术图书资料费、生产人员招募费、工程招标费、合同契约公证费、工程质量监督检测费、工程咨询费、法律顾问费、审计费、业务招待费、排污费、竣工交付使用清理及竣工验收费、后

评估等费用。不包括应计入设备、材料预算价格的建设单位采购及保管设备材料所需的费用。

建设单位管理费按单项工程费用之和(包括设备工器具购置费和建筑安装工程费用)乘以建设单位管理费率计算。

建设单位管理费率按照工程项目的不同性质、不同规模确定。有的工程项目按照建设工期和规定的金额计算建设单位管理费。

(2) 勘察设计费

勘察设计费是指为本工程项目提供项目建议书、可行性研究报告及设计文件等所需费用。勘察设计费中,项目建议书、可行性研究报告按国家颁布的收费标准计算,设计费按国家颁布的工程设计收费标准计算;勘察费一般民用建筑 6 层以下的按 3～5 元/m^2 计算,高层建筑按 8～10 元/m^2 计算,工业建筑按 10～12 元/m^2 计算。

(3) 研究试验费

研究试验费是指为工程项目提供和验证设计参数、数据、资料等所进行的必要的试验费用以及设计规定在施工中必须进行试验、验证所需费用。包括自行或委托其他部门研究试验所需人工费、材料费、试验设备及仪器使用费等。

(4) 建设单位临时设施费

建设单位临时设施费是指建设期间建设单位所需临时设施的搭设、维修、摊销费用或租赁费用。临时设施包括临时宿舍、文化福利及公用事业房屋与构筑物、仓库、办公室、加工厂以及规定范围内的道路、水、电、管线等临时设施和小型临时设施。

(5) 工程监理费

工程监理费是指建设单位委托工程监理单位对工程实施监理工作所需费用。根据国家发展和改革委员会、建设部《建设工程监理与相关服务收费管理规定》等文件规定,选择下列方法之一计算:

① 一般情况按工程建设监理收费标准计算,即占所监理工程概算或预算的百分比计算;

② 对于单工种或临时性项目可根据参与监理的年度平均人数按 3 万～5 万元/(人·年)计算。

(6) 工程保险费

工程保险费是指工程项目在建设期间根据需要实施工程保险所需的费用,包括以各种建筑工程及其在施工过程中的物料、机器设备为保险标的建筑工程一切险,以安装工程中的各种机器、机械设备为保险标的的安装工程一切险以及机器损坏保险等。根据不同的工程类别,分别以其建筑、安装工程费乘以建筑、安装工程保险费率计算。民用建筑(住宅楼、综合性大楼、商场、旅馆、医院、学校)占建筑工程费的 0.2%～0.4%;其他建筑(工业厂房、仓库、道路、码头、水坝、隧道、桥梁、管道等)占建筑工程费的 0.3%～0.6%;安装工程(农业、工业、机械、电子、电器、纺织、矿山、石油、化学及钢铁工业、钢结构桥梁)占建筑工程费的 0.3%～0.6%。

(7) 引进技术和进口设备其他费用

引进技术及进口设备其他费用,包括出国人员费用、国外工程技术人员来华费用、技术引进费、分期或延期付款利息、担保费以及进口设备检验鉴定费。

① 出国人员费用。指为引进技术和进口设备派出人员在国外培训和进行设计联络，设备检验等的差旅费、制装费、生活费等。这项费用根据设计规定的出国培训和工作的人数、时间及派往国家，按财政部、外交部规定的临时出国人员费用开支标准及中国民用航空公司现行国际航线票价等进行计算，其中使用外汇部分应计算银行财务费用。

② 国外工程技术人员来华费用。指为安装进口设备，引进国外技术等聘用外国工程技术人员进行技术指导工作所发生的费用，包括技术服务费、外国技术人员的在华工资、生活补贴、差旅费、医药费、住宿费、交通费、宴请费、参观游览等招待费用。这项费用按每人每月费用指标计算。

③ 技术引进费。指为引进国外先进技术而支付的费用，包括专利费、专有技术费（技术保密费）、国外设计及技术资料费、计算机软件费等。这项费用根据合同或协议的价格计算。

④ 分期或延期付款利息。指利用出口信贷引进技术或进口设备采取分期或延期付款的办法所支付的利息。

⑤ 担保费。指国内金融机构为买方出具保函的担保费。这项费用按有关金融机构规定的担保费率计算（一般可按承保金额的0.5%计算）。

⑥ 进口设备检验鉴定费用。指进口设备按规定付给商品检验部门的进口设备检验鉴定费。这项费用按进口设备货价的0.3%～0.5%计算。

(8) 工程承包费

工程承包费是指具有总承包条件的工程公司，对工程项目从开始建设至竣工投产全过程的总承包所需的管理费用。具体内容包括组织勘察设计、设备材料采购、非标设备设计制造与销售、施工招标、发包、工程预决算、项目管理、施工质量监督、隐蔽工程检查、验收和试车直至竣工投产的各种管理费用。该费用按国家主管部门或省、自治区、直辖市协调规定的工程总承包费取费标准计算；无规定时，一般工业工程项目为投资估算的6%～8%，民用建筑（包括住宅建设）和市政项目为4%～6%。不实行工程总承包的项目不计算本项费用。

(9) 市政公用设施建设及绿化补偿费

市政公用设施建设及绿化补偿费是指使用市政公用设施的项目，按照项目所在省、自治区、直辖市政府有关规定，建筑市政公用设施和绿化工程或交纳市政公用设施建设配套费用及绿化工程补偿费用。

3. 与未来企业生产经营有关的其他费用

(1) 联合试运转费

联合试运转费是指新建企业或新增加生产工艺过程的扩建企业在竣工验收前，按照设计规定的工程质量标准，进行整个车间的有负荷或无负荷联合试运转发生的费用支出大于试运转收入的亏损部分。费用内容包括：试运转所需的原料、燃料、油料和动力的费用，机械使用费用，低值易耗品及其他物品的购置费用和施工单位参加联合试运转人员的工资等。试运转收入包括试运转产品销售和其他收入，不包括应由设备安装工程费项下开支的单台设备调试费及试车费用。

(2) 生产准备费

生产准备费是指新建企业或新增生产能力的企业为保证竣工交付使用进行必要的生产准备所发生的费用。费用内容包括：

① 生产人员培训费，包括自行培训、委托其他单位培训的人员的工资、工资性补贴、职

工福利费、差旅交通费、学习资料费、学习费、劳动保护费等。

② 生产单位提前进厂参加施工、设备安装、调试等以及熟悉工艺流程及设备性能等人员的工资、工资性补贴、职工福利费、差旅交通费、劳动保护费等。

生产准备费一般根据需要培训和提前进厂人员的人数及培训时间按生产准备费指标进行估算。

(3) 办公和生活家具购置费

办公和生活家具购置费是指为保证新建、改建、扩建项目初期正常生产、使用和管理所必须购置的办公和生活家具的费用。改、扩建项目所需的办公和生活用具购置费,应低于新建项目。其范围包括办公室、会议室、资料档案室、阅览室、文娱室、食堂、浴室、理发室、单身宿舍和设计规定必须建设的托儿所、卫生所、招待所、中小学校等家具购置费。这项费用按照设计定员人数乘以综合指标计算,一般为600~800元/人。

工程建设其他费用按各项费用的费率或者取费标准估算后,应编制工程建设其他费用估算表。

【例5-9】 某生物农药项目的工程建设其他费用估算见表5-6。

表5-6 某生物农药项目的工程建设其他费用估算表

序号	费用名称	计算依据	费率或标准	总价/万元
1	土地使用权费	35 000 m^2	每平方米176元	616.0
2	建设管理费	工程费用	4.8%	293.6
3	前期工作费	工程费用	1.0%	61.2
4	勘察设计费	工程费用	3.0%	183.5
5	工程保险费	工程费用	0.3%	18.3
6	联合试运转费	工程费用	0.5%	30.6
7	专利费	专利转让协议		240.0
8	人员培训费	项目定员180人	每人2 000元	36.0
9	人员提前进场费	项目定员180人	每人5 000元	90.0
10	办公及生活家具购置费	项目定员180人	每人1 000元	18.0
合计				1 587.2

注:表内的前期工作费包括可行性研究费、环境影响评价费和职业安全卫生健康评价费。

(六) 基本预备费估算

基本预备费是指在初步设计及概算内难以预料的工程费用,费用构成包括:

(1) 在批准的初步设计范围内,技术设计、施工图设计及施工过程中所增加的工程费用;设计变更、局部地基处理等增加的费用;

(2) 一般自然灾害造成的损失和预防自然灾害所采取的措施费用。实行工程保险的工程项目费用应适当降低;

(3) 竣工验收时,为鉴定工程质量对隐蔽工程进行必要的挖掘和修复费用。

基本预备费以工程费用和工程建设其他费用之和为基数,按部门或行业主管部门规定的基本预备费费率估算。估算公式为：

基本预备费=(工程费用+工程建设其他费用)×基本预备费费率

【例 5-10】 按例 5-8、例 5-9 给出的条件，估算某生物农药项目的基本预备费，已知该行业基本预备费费率取 10%。

解：该项目基本预备费=(6 116.2+1 587.2)×10%=770.3(万元)

(七) 涨价预备费估算

涨价预备费，又称价差预备费，是指工程项目在建设期间内由于价格等变化引起工程造价变化需要预先预留的费用，包括人工、设备、材料、施工机械的价差费，建筑安装工程费及工程建设其他费用调整，利率、汇率调整等增加的费用。

涨价预备费的测算方法，一般根据国家规定的投资综合价格指数，以估算年份价格水平的投资额为基数，采用复利方法计算。计算公式为：

$$PF = \sum_{t=1}^{n} I_t[(1+f)^m (1+f)^{0.5} (1+f)^{t-1} - 1]$$

式中 PF——涨价预备费；

n——建设期年份数；

I_t——建设期中第 t 年的投资计划额，包括设备及工器具购置费、建筑安装工程费、工程建设其他费用及基本预备费；

m——建设前期年限(从编制估算到开工建设，单位为年)；

f——年均投资价格上涨率。

【例 5-11】 已知某生物农药项目的建设期 2 年，建设前期 1 年，工程计划投资额为 8 473.7 万元，按照实施进度，资金使用比例第 1 年为 40%，第 2 年为 60%，建设期的物价上涨指数参照有关行业规定取 4%，试计算该生物农药项目的涨价预备费。

解：第 1 年资金计划额=8473.7×40%=3 389.48(万元)

第 1 年涨价预备费=3 389.48×[$(1+4\%)^{1.5}$−1]=205.39(万元)

第 2 年资金计划额=8 473.7×60%=5 084.22(万元)

第 2 年涨价预备费=5 084.22×[$(1+4\%)^{2.5}$−1]=523.78(万元)

该项目涨价预备费=205.39+523.78=729.17(万元)

(八) 汇总编制建设投资估算表

上述各项费用估算完毕后应编制建设投资估算表。

【例 5-12】 试编制某生物农药项目的建设投资估算表。

解：某生物农药项目的建设投资估算表见表 5-7。

表 5-7　某生物农药项目的建设投资估算表　　单位：万元

序号	工程或费用名称	建筑工程费	设备购置费	安装工程费	其他费用	合计	其中：外汇	投资比例/%
1	工程费用	2 935.1	2 883.6	297.5		6 116.2		66.5
1.1	主体工程	1 402.6	2 121.4	152.3		3 676.3		

表 5-7(续)

序号	工程或费用名称	建筑工程费	设备购置费	安装工程费	其他费用	合计	其中：外汇	投资比例/%
1.1.1	生产车间	1 388.2	2 078.2	151.1		3 617.5		
	厂房建筑	1 388.2				1 388.2		
	工艺设备		1 747.7	129.5		1 877.2		
	通风设备		6.5	0.6		7.1		
	自控设备		324.0	21.0		345.0		
1.1.2	培育室	14.4	43.2	1.2		58.8		
1.2	辅助工程	578.3	170.2	3.4		751.9		
1.2.1	原料、成品库	578.3				578.3		
1.2.2	化验检测器		105.4	1.0		106.4		
1.2.3	维修设备		64.8	2.4		67.2		
1.3	公用工程	233.6	489.9	111.8		835.3		
1.3.1	综合动力站	136.1	426.6	44.3		607.0		
1.3.2	消防设施	22.5	25.9	2.9		51.3		
1.3.3	循环水池	15.0				15.0		
1.3.4	污水处理设施	60.0	32.4	3.6		96.0		
1.3.5	供水管道			21.0		21.0		
1.3.6	排水管道			30.0		30.0		
1.3.7	通信		5.0	10.0		15.0		
1.4	总图运输工程	173.7	72.4	30.0		276.1		
1.4.1	门卫室	7.4				7.4		
1.4.2	厂区围墙和大门	15.0				15.0		
1.4.3	厂区道路	117.6				117.6		
1.4.4	厂区动力照明			30.0		30.0		
1.4.5	厂区绿化	33.7				33.7		
1.4.6	生产运输车辆		72.4			72.4		
1.5	服务性工程项目	564.9	24.0			570.9		
1.5.1	综合楼	408.2	24.0			432.2		
1.5.2	食堂等综合设施	115.7				115.7		
1.5.3	车库	23.0				23.0		
1.6	工器具及生产家具		5.7			5.7		
2	工程建设其他费				1 587.2	1 587.2		17.2
2.1	土地使用权费				616.0	616.0		
2.2	建设管理费				193.6	293.6		
2.3	前期工作费				61.2	61.2		
2.4	勘察设计费				183.5	183.5		

表 5-7(续)

序号	工程或费用名称	建筑工程费	设备购置费	安装工程费	其他费用	合计	其中：外汇	投资比例/%
2.5	工程保险费				18.3	18.3		
2.6	联合试运转费				30.6	30.6		
2.7	专利费				24.0	24.0		
2.8	人员培训费				36.0	36.0		
2.9	人员提前进厂费				90.0	90.0		
2.10	办公生活家具购置费				18.0	18.0		
3	预备费				1 499.47	1 499.47		16.3
3.1	基本预备费				770.3	770.3		
3.2	涨价预备费				729.17	729.17		
4	建设投资	2 935.1	2 883.6	297.5	3 086.67	9 202.87		100.0
	投资比例/%	31.9	31.3	3.3	33.5	100.0		

第三节 建设期利息估算

一、建设期利息的构成

建设期利息是指项目建设期发生的投资借款在建设期内的应计利息，该利息一般计入固定资产原值。它包括向国内银行和其他非银行金融机构贷款、出口信贷、外国政府贷款、国际商业银行贷款以及在境内外发行的债券等在建设期间内应偿还的利息、手续费、承诺费、发行费、管理费等融资费用。

二、建设期利息的估算方法

建设期利息在完成建设投资估算和分年投资计划的基础上，根据筹资方式、金额及筹资费率等进行计算。估算建设期利息应按有效利率计息。在建设项目评价中，无论各种外部借款是按年计息还是按季、月计息，均可简化为按年计息，即将名义利率折算为有效年利率，其计算公式如下：

$$R=\left(1+\frac{r}{m}\right)^{m}-1$$

式中 R——有效年利率；

r——名义年利率；

m——每年计息次数。

计算建设期利息时，为了简化计算，通常假定借款均在每年年中支用，借款当年按半年计息，其余各年按全年计息，计算公式为：

$$q_t=(P_{t-1}+\frac{A_t}{2})\cdot i$$

式中 q_t——建设期第 t 年应计利息；

P_{t-1}——建设期第 $t-1$ 年末贷款累计金额与利息累计金额之和；

A_t——建设期第 t 年贷款金额；

i——年利率。

【例 5-13】 已知某生物农药项目分年投资计划，资本金分年投入计划及各年需借款数额见表 5-8。该项目建设期投资借款在各年年内均衡发生，年利率为 6%，每年计息一次，建设期不还息，试计算该项目的建设期贷款利息。

表 5-8 某生物农药项目分年的资金投入计划 单位：万元

序号	工程费用名称	建设期		合计
		第一年	第二年	
1	固定资产投资	4 014.89	5 187.98	9 202.87
1.1	工程费用	2 446.5	3 669.7	6 116.2
1.2	工程建设其他费用	1 016.7	570.5	1 587.2
1.3	基本预备费	346.3	424.0	770.3
1.4	涨价预备费	205.39	523.78	729.17
2	用于投资的项目资本金	1 514.89	2 187.98	3 702.87
3	建设期借款	2 500	3 000	5 500

解：第 1 年利息 $=\frac{2\ 500}{2}\times 6\%=75$（万元）

第 2 年利息 $=(2\ 500+75+\frac{3\ 000}{2})\times 6\%=244.5$（万元）

建设期借款利息 $=75+244.5=319.5$（万元）

估算建设期利息，应注意有效利率和名义利率的区别。在项目决策分析与评价阶段，一般采用借款额在各年年内发生的方式估算建设期利息，根据项目实际情况也可采用借款额在各年年初发生的方式估算建设期利息。

对于有多种借款资金来源，每笔借款的年利率各不相同的项目，既可分别计算每笔借款的利息，也可先计算出各笔借款加权平均的年利率，并以此利率计算全部借款的利息。

第四节 流动资金估算

一、流动资金构成

流动资金是指项目建成后企业在生产过程中处于生产和流通领域、供周转使用的资金，它是流动资产与流动负债的差额。项目建成后，为保证企业正常生产经营的需要，必须有一定量的流动资金维持其周转，如用以购置企业生产经营过程中所需的原材料、燃料、动力等劳动对象和支付职工工资，以及生产中以周转资金形式被占用于在制品、半成品、产成品上的，在项目投产前预先垫支的流动资金等。在周转过程中流动资金不断地改变其自身的实物形态，其价值也随着实物形态的变化而转移到新产品中，并随着产品销售的实现而回收。

在项目评价中所考虑的流动资金，是指伴随固定资产投资而发生的永久性流动资产投资，它等于项目投产后所需全部流动资产扣除流动负债后的余额。

按照新的财务制度的规定，对流动资金构成及用途的划分突出了流动资产核算的重要性，强化了对流通领域中流动资金的核算，因此流动资金结构按变现速度快慢顺序划分为货币资金、应收及预付账款和存货三大块，并与流动负债(即应付、预收账款)相加形成企业的流动资产。

流动资金估算一般采用分项详细估算法。个别情况或者小型项目可采用扩大指标估算法。

二、扩大指标估算法

扩大指标估算法是根据现有同类企业的实际资料，求得各种流动资金率指标，亦可依据行业或部门给定的参考值或经验确定比率。将各类流动资金率乘以相对应的费用基数来估算流动资金。一般常用的基数有销售收入、总成本费用或经营成本、固定资产投资及单位产量等，究竟采用何种基数依行业习惯而定。扩大指标估算法简便易行，但准确度不高，适用于项目建议书阶段的估算，具体又有以下几种方法。

1. 销售收入资金率法

销售收入资金率是指项目流动资金需要量与其一定时期内(通常为一年)的销售收入的比率。销售收入资金率法的计算公式如下：

流动资金需要量＝项目年销售收入×销售收入资金率

式中，项目年销售收入取项目正常生产年份的数值，销售收入资金率根据同类项目的经验数据加以确定。

一般加工工业项目多采用该法进行流动资金估算。

2. 总成本(或经营成本)资金率法

总成本(或经营成本)资金率法是指项目流动资金需要量与其一定时期(通常为一年)内总成本(或经营成本)的比率。总成本(或经营成本)资金率法的计算公式如下：

流动资金需要量＝项目年总成本(或经营成本)×总成本(或经营成本)资金率

式中，项目年总成本(或经营成本)取项目正常生产年份的数值，总成本(或经营成本)资金率根据同类项目的经验数据加以确定。

一般采掘项目多采用该法进行流动资金估算。

3. 固定资产价值资金率法

固定资产价值资金率是指项目流动资金需要量与固定资产价值的比率。其固定资产价值资金率法的计算公式如下：

流动资金需要量＝固定资产价值×固定资产价值资金率

式中，固定资产价值根据前述方法得出，固定资产价值资金率根据同类项目的经验数据加以确定。

某些特定的项目(如火力发电厂、港口项目等)可采用该法进行流动资金估算。

4. 单位产量资金率法

单位产量资金率法是指项目单位产量所需的流动资金金额。单位产量资金率法的计算公式如下：

流动资金需要量＝达产期年产量×单位产量资金率

式中，单位产量资金率根据同类项目的经验数据加以确定。

三、分项详细估算法

分项详细估算法是按各类流动资金分项估算，然后加总获得企业总流动资金需要量。它是国际上通行的流动资金估算方法。流动资金的显著特点是在生产过程中不断周转，其周转额的大小与生产规模及周转速度直接相关。分项详细估算法是根据周转额与周转速度之间的关系，对构成流动资金的各项流动资产和流动负债分别进行估算。在可行性研究中，为简化计算，仅对现金、应收账款、存货和应付账款四项内容进行估算，计算公式为：

流动资金＝流动资产－流动负债

其中：流动资产＝现金＋应收账款＋存货

流动负债＝应付账款

流动资金本年增加额＝本年流动资金－上年流动资金

估算时，首先计算各类流动资产和流动负债的年周转次数，然后再分项估算占用资金额。

1. 周转次数计算

周转次数是指流动资金的各个构成项目在一年内完成多少个生产过程。

周转次数＝360/最低周转天数

现金、应收账款、存货和应付账款的最低周转天数，可参照同类企业的平均周转天数并结合项目特点确定。又因为：

周转次数＝周转额/各项流动资金平均占用额

如果周转次数已知，则：

各项流动资金平均占用额＝周转额/周转次数

2. 现金估算

项目流动资金中的现金是指货币资金，即企业生产经营活动中停留于货币形态的那部分资金，包括企业库存现金和银行存款。计算公式为：

现金＝(年工资或薪酬＋年其他费用)/现金年周转次数

年其他费用＝制造费用＋管理费用＋销售费用－(以上三项费用中所包含的工资或薪酬、折旧费、维简费、摊销费、修理费)

或

年其他费用＝其他制造费用＋其他营业费用＋其他管理费用＋技术转让费＋研究与开发费＋土地使用税

3. 应收账款估算

应收账款的计算公式为：

应收账款＝年经营成本/应收账款年周转次数

4. 存货估算

存货是企业为销售或者生产耗用而储备的各种物资，主要有原材料、辅助材料、燃料、低值易耗品、维修备件、包装物、在产品、自制半成品和产成品等。为简化计算，这里仅考虑外购原材料、外购燃料、在产品和产成品，并分项进行计算。计算公式为：

存货＝外购原材料、燃料＋在产品＋产成品

其中：外购原材料＝年外购原材料费/原材料年周转次数

外购燃料＝年外购燃料费/按种类分项年周转次数

$$在产品=\frac{\left(\begin{matrix}年外购原材料、\\燃料、动力费\end{matrix}+\begin{matrix}年工资\\或薪酬\end{matrix}+年修理费+\begin{matrix}年其他\\制造费用\end{matrix}\right)}{在产品年周转次数}$$

产成品=(年经营成本−年其他营业费用)/产成品年周转次数

5. 应付账款估算

流动负债是指在一年或者超过一年的一个营业周期内，需要偿还的各种债务。在可行性研究中，流动负债的估算只考虑应付账款一项。计算公式为：

应付账款=(年外购原材料费+年外购燃料、动力费)/应付账款年周转次数

根据流动资金各项估算结果，编制流动资金估算表。

【例 5-14】 某生物农药项目依据市场开拓计划，确定计算期第 3 年(即投产第 1 年)生产负荷为 30%，计算期第 4 年生产负荷为 60%，计算期第 5 年生产负荷为 100%。该项目经营成本数据见表 5-9。

表 5-9 某生物农药项目的经营成本数据 单位：万元

序号	收入或成本项目	第 3 年	第 4 年	第 5～12 年
1	经营成本(含进项税额)	5 646.5	9 089.7	13 680.5
1.1	外购原材料(含进项税额)	2 044.6	4 089.2	6 815.3
1.2	外购动力(含进项税额)	404.0	808.1	1 346.8
1.3	工资	442.5	442.5	442.5
1.4	修理费	436.4	436.4	436.4
1.5	技术开发费	464.1	928.2	1 547.0
1.6	其他制造费用	218.2	218.2	218.2
1.7	其他管理费用	1 106.3	1 106.3	1 106.3
1.8	其他营业费用	530.4	1 060.8	1 768.0

根据该项目生产、销售的实际情况确定其各项流动资产和流动负债的最低周转天数为：应收账款、应付账款均为 45 天；存货中各项原材料平均为 45 天，在产品为 4 天，产成品为 120 天；现金为 30 天；该项目不需外购燃料，一般也不发生预付账款和预收账款。据此估算该项目的流动资金。

解：据此估算的该项目流动资金数额见表 5-10(计算过程略)。

表 5-10 某生物农药项目的流动资金估算表 单位：万元

序号	项目	最低周转天数	周转次数	运营期		
				第 3 年	第 4 年	第 5～12 年
1	流动资产			2 936.3	4 703.3	7 059.2
1.1	应收账款	45	8	705.8	1 136.2	1 710.1
1.2	存货			2 000.4	3 254.1	4 925.6
1.2.1	原材料	45	8	255.6	511.2	851.9
1.2.2	在成品	4	90	39.4	66.6	102.9

表 5-10(续)

序号	项目	最低周转天数	周转次数	运营期		
				第 3 年	第 4 年	第 5～12 年
1.2.3	产成品	120	3	1 705.4	2 676.3	3 970.8
1.3	现金	30	12	230.1	313.0	423.5
2	流动负债			306.1	612.2	1 020.3
2.1	应付账款	45	8	306.1	612.2	1 020.3
3	流动资金(1－2)			2 630.2	4 091.1	6 038.9
4	流动资金本年增加额				1 460.9	1 947.8
5	用于流动资金的项目资本金			789.1	1 227.3	1 811.7
6	流动资金借款			1 841.1	2 863.8	4 227.2

四、估算流动资金应注意的问题

(1) 在采用分项详细估算法时，应根据项目实际情况分别确定现金、应收账款、存货和应付账款的最低周转天数，并考虑一定的保险系数。因为最低周转天数减少，将增加周转次数，从而减少流动资金需用量，因此，必须切合实际地选用最低周转天数。对于存货中的外购原材料和燃料，要分品种和来源，考虑运输方式和运输距离，以及占用流动资金的比重大小等因素确定。

(2) 在不同生产负荷下的流动资金，应按不同生产负荷所需的各项费用金额，分别按照上述的计算公式进行估算，而不能直接按照 100％生产负荷下的流动资金乘以生产负荷百分比求得。

(3) 流动资金属于长期性(永久性)流动资产，流动资金的筹措可通过长期负债和资本金(一般要求占 30％)的方式解决。流动资金一般要求在投产前一年开始筹措，为简化计算，可规定在投产的第一年开始按生产负荷安排流动资金需用量。其借款部分按全年计算利息，流动资金利息应计入生产期间财务费用，项目计算期末收回全部流动资金(不含利息)。

【复习思考题】

1. 如何理解项目总投资的构成?

2.《投资项目可行性研究指南》与《建设项目经济评价方法与参数(第三版)》中建设投资的构成有何不同?

3. 建设项目决策前期各阶段分别对投资估算误差有哪些要求?

4. 固定资产原值由哪几部分构成?

5. 建设投资估算的方法有哪几种?

6. 建设投资分类估算法的步骤是什么?

7. 设备交货价主要有哪几种形式?

8. 进口设备购置费一般包括哪些内容?

9. 建设期利息估算的方法是什么?

10. 流动资金分项详细估算法的思路是什么？

11. 案例分析：

案例 1　某拟建年产 3 000 万吨炼钢厂，根据可行性研究报告提供的已建年产 2 500 万吨类似工程的主厂房、工艺设备投资约 2 400 万元。已建类似项目资料：与设备有关的其他各专业工程投资系数见表 5-11，与主厂房投资有关的辅助工程及附属设施投资系数见表 5-12。

表 5-11　主厂房内与设备投资有关的各专业工程投资系数

工艺设备	加热炉	汽化冷却	余热锅炉	自动化仪表	起重设备	供电与传动	建安工程
1.00	0.12	0.01	0.04	0.02	0.09	0.18	0.40

表 5-12　与主厂房投资有关的辅助及附属设施投资系数

主厂房投资	动力系统	机修系统	总图运输系统	行政及生活福利设施工程	工程建设其他费用
1.00	0.30	0.12	0.20	0.30	0.20

本项目的资金来源为自有资金和贷款，贷款总额为 8 000 万元，贷款利率 8%（按年计息）。在建设期 3 年内，自有资金和贷款均按如下比例投入：第 1 年投入 30%，第 2 年投入 50%，第 3 年投入 20%。基本预备费率 5%，预计建设期物价平均上涨率 3%，固定资产投资方向调节税率为 0。

问题：

(1) 已知拟建项目建设期与类似项目建设期的综合价格差异系数为 1.25，生产能力指数取 1.0，试用生产能力指数法估算拟建工程的工艺设备投资额，并用系数估算法估算该项目主厂房投资、该建设项目的工程费用、工程建设其他费用。

(2) 估算该项目的基本预备费、涨价预备费、建设投资。

(3) 估算该项目的建设期利息。

(4) 若固定资产投资流动资金率为 6%，试用扩大指标估算法估算拟建项目的流动资金，确定该项目的总投资。

案例 2　某公司拟投资建设一个化工厂，该建设项目的基础数据如下：

(1) 项目实施计划

该项目建设期为 3 年，实施计划进度为：第一年完成项目全部投资的 20%，第二年完成项目全部投资的 55%，第三年完成项目全部投资的 25%，第四年全部投产，投产当年项目的生产负荷达到设计生产能力的 70%，第五年项目的生产负荷达到设计生产能力的 90%，第六年项目的生产负荷达到设计生产能力的 100%。项目的运营期总计为 15 年。

(2) 固定资产投资估算

该项目工程费用及工程建设其他费用的估算额为 52 180 万元，预备费为 5 000 万元。

(3) 建设资金来源

本项目的资金来源为自有资金和贷款。贷款总额为 4 亿元，其中外汇贷款为 2 300 万美元，外汇牌价为 1 美元兑换 6 元人民币。人民币贷款的年利率为 12.48%（按季计息）。外汇贷款年利率为 8%（按年计息）。

(4) 生产经营费用估计

该项目达到设计生产能力后,全厂定员为 1 100 人,工资及福利费按每人每年 7 200 元估算。项目每年的其他费用为 860 万元,其中年其他制造费用为 720 万元。年外购原材料、燃料及动力费估算为 1.92 亿元,年经营成本为 2.1 亿元,年修理费占年经营成本 10%。各项流动资金最低周转天数分别为:应收账款、应付账款为 30 天,现金、存货为 40 天。

问题:

(1) 估算建设期利息。

(2) 试用分项详细估算法估算该项目的流动资金投资。

(3) 估算项目的总投资。

第六章　项目资金来源与融资方案研究

本章主要介绍项目融资概述、项目资本金筹措、债务资金筹措、融资方案设计与优化、投资使用与资金筹措方案的编制。通过本章的学习，读者要掌握项目融资的组织形式、特点和资本金制度，熟悉项目资本金和债务资金的筹措方式，投资使用与资金筹措方案的编制，了解融资方案设计与优化的相关内容。

第一节　项目融资概述

现代市场经济高度发展的同时，资本市场也得到了高度的发展，项目融资方式和技术也在不断发展。项目的融资是项目实施的一项重要工作，这项工作应该从项目前期阶段开始。研究制订融资方案首先应确立项目的融资主体，据以拟定相应的投资产权结构和融资组织形式。还要制定明确的资金来源，并围绕可能的资金来源，选择合适的融资类型和融资模式。

一、项目融资的定义

项目融资有广义和狭义之分，广义的项目融资包含为新建项目、收购项目以及债务重组项目所进行的融资，是指投资项目通过各种途径筹集和融通到项目所需资金的一种经济活动，而狭义的项目融资往往专指具有无追索形式或有限追索形式的融资方式。项目的融资可以有不同的分类：一种是根据融资主体是新设法人还是既有法人分为新设法人融资和既有法人融资；另一种分为项目融资（project financing）和公司融资（corporate financing）。公司融资即为既有法人融资，而项目融资不完全等同于新设法人融资。

项目融资直接影响项目的选择和投资决策，也是项目能够顺利实施、达到预期目标的关键。在项目评估时，应在项目投资估算的基础上对建设项目的资金来源渠道、投融资模式、融资方式、融资结构、融资成本、融资风险等方面的合理性和可靠性进行分析和评估，对拟采用的融资方案进行必选和优化，从中选择资金获取方便、资金来源可靠、融资结构合理、融资模式优化、融资成本低和融资风险小的最佳融资方案，并作为资金筹措和财务分析的依据。

二、项目融资的主体和组织形式

分析融资方案，首先应明确融资主体，由融资主体进行融资活动，并承担融资责任和风险。按照是否依托于项目组建新的经济实体划分，项目的融资主体分为既有法人和新设法人两类。相应地，项目融资组织形式分为既有法人融资和新设法人融资两种。

（一）既有法人融资形式

既有法人融资是指依托现有法人进行的融资活动，又称公司融资，其特点有：

（1）拟建项目不组建新的项目法人，由既有法人统一组织融资活动并承担融资责任和风险。

(2) 拟建项目一般是在既有法人的资产和信用的基础上进行的，并形成增量资产，融资可以不依赖项目投资形成的资产，也不依赖项目未来的收益和权益，而是依赖于已经存在的公司本身的资信。

(3) 从既有法人的整体财务状况考察融资后的偿债能力，贷款和其他债务虽然实际上用于项目，但是由公司承担债务偿还责任，公司以其全部的资产及现金流提供债务偿还的保证。

(二) 新设法人融资形式

新设法人融资是指新组建项目法人进行的融资活动，属于狭义的项目融资，其特点有：

(1) 项目投资由新设法人筹集的资本金和债务资金构成。

(2) 由新设法人承担投融资及运营责任和风险。

(3) 从项目投产后的经济效益情况考察偿债能力，以项目投资所形成的收益或权益作为建立项目融资信用的基础，取得债务融资。

三、项目融资的特点

项目融资与传统融资方式相比，具有以下特点：

1. 项目导向

项目融资是以项目公司作为融资主体的融资方式，并以项目本身的资产和未来的收益作为还款基础，相应的债权人应该根据项目公司的资产以及未来项目完工投产所创造的收益作为放贷的基础。因此，项目贷款人出于自身资金安全的考虑，会对项目谈判、建设、运营的过程进行监控。与之对应的公司融资的融资主体为项目发起人，其融资和还款基础是项目发起人的资产、信誉以及相关担保人的担保。

2. 有限追索

追索是指当借款人未按期偿还债务时，贷款人要求借款人用除抵押资产之外的其他资产偿还债务的权利。在某种意义上说，贷款人对借款人的追索形式和程度是区分融资属于项目融资还是传统融资的标志。采取有限追索项目融资是指项目的发起人或股本投资人只对项目的借款承担有限的担保责任，即项目公司的债权人只能对项目公司的股东或发起人追索有限责任。追索的有限性表现在时间及金额两个方面。时间方面的追索限制通常表现为：项目建设期内项目公司的股东提供担保，而项目建成后，这种担保则会解除，改为以项目公司的财产抵押。金额方面的限制可能是股东只对事先约定金额的项目公司借款提供担保，其余部分不提供担保，也可能只是保证在项目投资建设及经营的最初一段时间内提供事先约定金额的追加资金支持。除此之外，无论项目出现任何问题，贷款人均不能追索到项目借款人除该项目资产、现金流量以及所承担的义务之外的任何形式的资产。有限追索的特例是无追索项目融资。

有限追索项目融资的实质是由于项目本身的经济强度还不足以支撑一个“无追索”的融资结构，因而还需要项目的借款人在项目的特定阶段提供一定形式的信用支持。追索的程度则是根据项目的性质，现金流量的强度和可预测性，项目借款人的经验、信誉以及管理能力，借贷双方对未来风险的分担方式等多方面的综合因素通过谈判确定的。

3. 风险分担

一个成功的项目融资结构应该是在项目中没有任何一方单独承担起全部项目债务的风

险责任。项目的风险分担机制是项目实施达到预期目的的保障。项目实施中的各方当事人都可能且可以分担一部分项目的风险。例如，项目的股权投资人承担股权投资的风险，项目的工程承包方承担工程施工质量及完工期限的责任和风险，与下游用户签订产品销售合同可以降低市场营销风险，与上游供应商签订原材料采购合同、锁定采购价格、保证取得供给量可以降低原材料采购的市场风险。

4. 非公司负债型融资

非公司负债型融资亦称为资产负债表之外的融资。资产负债表外融资（off-balance-sheet financing）简称表外融资，是指不需列入资产负债表的融资方式，即该项融资既不在资产负债表的资产方表现为某项资产的增加，也不在负债及所有者权益方表现为负债的增加。表外融资可以创造较为宽松的财务环境，为经营者调整资金结构提供方便。

项目融资通过对其投资结构和融资结构的设计，可以帮助投资人（借款人）将贷款安排成为一种非公司负债型融资，如通过设立独立的项目公司法人，由项目公司作为债务人。投资人与项目公司之间只是一种权益投资关系。

5. 信用结构多样化

在项目融资中，用于支撑贷款的信用结构的安排是灵活和多样化的。一个成功的项目融资，可以将贷款的信用支持分配到与项目有关的各个关键方面。比如，在市场方面，可以要求对项目产品感兴趣的购买者提供一种长期购买合同作为融资的信用支持（这种信用支持所能起到的作用取决于合同的形式和购买者的资信）；在工程建设方面，为了减少风险，可以要求工程承包公司提供固定价格、固定工期合同，或“交钥匙”工程合同。这些做法，都可以成为项目融资强有力的信用支持，提高项目的债务承受能力，减少融资对投资人（借款人）资信和其他资产的依赖程度。

6. 融资成本较高

项目融资涉及面广，结构复杂，需要做好大量有关风险分担、税收结构、资产抵押等一系列技术性工作，所需文件比传统的资金筹措往往要多很多。与传统的资金筹措方式相比，项目融资存在的一个主要问题是相对融资成本较高，组织融资所需要的时间较长。

7. 项目融资的组织形式

项目融资从组织形式上一般安排专门为项目设立的独立的项目法人来负责。因此，项目融资从组织形式上一般和新设法人融资的组织形式相同。但是，新设法人融资既可以采用项目融资方式，也可以应用或套用传统的公司融资模式。新设法人设立后可以完全使用股东的资信、新公司的自身资金，比如注册资金等作为融资的信用基础，而不是仅仅依赖项目自身所能提供的资信。

既有法人融资如果采取项目融资形式，一般需要围绕项目新设立一个项目子公司或股份公司，这样就等同于新设法人的组织形式。如果不按新设法人的组织形式来进行，很难实现无追索的融资，也很难隔断项目投资人和项目之间的风险联系。一旦选择新设法人的组织形式，也就转化为新设法人的项目融资模式了。

一般来说，项目融资模式并非完全交给一个新设立的独立的项目公司来负责运作。成立一个独立的项目公司往往是项目融资方案研究中的一个组成部分。项目的发起人和其他投资人往往是项目融资方案研究中的一个组成部分。项目的发起人和其他投资人往往是项目融资方案研究的主要角色，为了实现项目融资的目的，召集项目当事人围绕项目进行谈判,并为实现项目融资安排,根据谈判的结果和进程来组建独立的项目公司。当然也有先设立一个公司,完全由该项目公司独立进行项目融资活动,项目发起人和其他投资人不直接参与,这时项目融资的难度会加大。

项目融资与公司融资的主要区别见表 6-1。

表 6-1 项目融资与公司融资对比分析

内容	项目融资	公司融资
融资主体	项目公司	项目发起人
还款基础	项目未来的收益与资产	项目发起人和担保人的资产或信用
债权人追索权	对项目发起人的有限追索	对项目发起人的全额追索
风险承担者	项目参与各方	项目发起人
债务对发起人的影响	不计入项目发起人的资产负债表,不会影响其信用度	记入项目发起人的资产负债表并影响其信用度
项目周期	比较长	比较短
融资成本	较高	较低
贷款技术	复杂	简单
债权人对项目的管理权	参与项目管理	不参与项目管理

第二节 项目资本金筹措

项目资本金是指由项目的发起人、股权投资人以获得项目财产权和控制权的方式投入的资金,对项目来说是非债务资金,也是获得债务资金的信用基础。投资人以资本金形式向项目或企业投入的资金称为权益投资。对于提供债务融资的债权人来说,项目的资本金可以视为负债融资的信用基础,项目的资本金后于负债受偿,可以降低债权人债券回收风险。

项目资本金有别于企业注册资金。项目资本金主要强调的是作为项目实体而不是企业所注册的资金;注册资金是指企业实体在工商行政管理部门登记的注册资金,通常指营业执照登记的资金,即会计报表上的"实收资本"或"股本",是企业投资者按比例投入的资金。在我国,注册资金又被称为企业资本金。

在项目的融资研究中,应根据项目融资目标的要求,在拟定的融资模式前提下,研究资本金筹措方案。项目建设资金额权益资金和债务资金结构是融资方案制订中必须考虑的一个重要方面。如果权益资金占比太少,会导致负债融资的难度和融资成本的提高;如果权益资金过大,风险可能会过于集中,财务杠杆效应会减弱。

一、项目资本金制度

(一)项目资本金制度的实施范围及规定

为了建立投资风险约束机制,有效地控制投资规模,提高投资效益,国家对于固定资产投资项目实行资本金制度。1996 年,国务院发布《关于调整和完善固定资产投资项目资本金制度的通知》(下称《通知》,国发〔1996〕35 号),规定对经营性固定资产投资项目必须试行资本金制度。从《通知》发布开始,对各种经营性固定资产投资项目,包括国有单位的基本建设、技术改造、房地产开发项目和集体投资项目都必须首先落实资本金才能进行建设。主要用财政预算内资金投资建设的公益性投资项目不实行资本金制度。个体和私营企业的经营性项目参照执行。

根据国务院的规定，投资项目资本金占总投资的最低比例，根据不同行业和项目的经济效益等因素确定。2004 年国务院对部分行业的项目资本金占项目总投资的比例进行了微调，2009 年和 2015 年做了较大的调整，2015 年修订文件中的相关规定见表 6-2。

表 6-2　项目资本金占项目总投资的比例(2015 年)

序号	投资行业	项目资本金占项目总投资的比例
1	钢铁、电解铝	40%及以上
2	水泥	35%及以上
3	煤炭、电石、铁合金、烧碱、焦炭、黄磷、多晶硅项目	30%及以上
4	机场、港口、沿海及内河航运、化肥(钾肥除外)、其他房地产开发项目	25%及以上
5	铁路、公路、城市轨道交通、玉米深加工、保障性住房和普通商品住房	20%及以上

投资项目资本金的具体比例，由项目审批单位根据投资项目的经济效益以及银行贷款意愿和评估意见等情况，在审批可行性研究报告时核定。经国务院批准，对个别情况特殊的国家重点建设项目，可以适当降低资本金比例。城市地下综合管廊、城市停车场项目以及经国务院批准的核电站等重大建设项目，可以在规定最低资本金比例基础上适当降低。

实行资本金制度的投资项目，在可行性研究报告中要就资本金筹措情况做出详细说明，包括出资方、出资方式、资本金来源及数额、资本金认缴进度等有关内容。上报可行性研究报告时须附有各出资方承诺出资的文件，以实物、工业产权、非专利技术、土地使用权作价出资的，还须附有资产评估证明等有关材料。

作为计算资本金基数的总投资是指投资项目的固定资产投资与铺底流动资金之和。

（二）项目资本金来源

投资项目资本金可以用货币出资，也可以用实物、工业产权、非专利技术、土地使用权作价出资。对作为资本金的实物、工业产权、非专利技术、土地使用权，必须经过有资格的资产评估机构依照法律法规评估作价，不得高估或低估。以工业产权、非专利技术作价出资的比例不得超过投资项目资本金总额的 20%，国家对采用高新技术成果有特别规定的除外。

投资者以货币方式认缴的资本金，其资金来源有：

(1) 各级人民政府的财政预算内资金、国家批准的各种专项建设基金、“拨改贷”和经营性基本建设基金回收的本息、土地批租收入、国有企业产权转让收入、地方人民政府按国家有关规定收取的各种规费及其他预算外资金。

(2) 国家授权的投资机构及企业法人的所有者权益(包括资本、资本公积、盈余公积和未分配利润、股票上市收益等)、企业折旧资金以及投资者按照国家规定从资金市场上筹措的资金。

(3) 社会个人合法所有的资金。

(4) 国家规定的其他可以用作投资项目资本金的资金。

对某些投资回报率稳定、收益可靠的基础设施、基础产业投资项目,以及经济效益好的竞争性投资项目,经国务院批准,可以试行通过发行可转换债券或组建股份制公司发行股票方式筹措资本金。

为扶持不发达地区的经济发展,国家主要通过在投资项目资本金中适当增加国家投资的比重、在信贷资金中适当增加政策性贷款比重以及适当延长政策性贷款的还款期等措施增强其投融资能力。

二、既有法人项目资本金筹措

既有法人项目的资本金由既有法人负责筹集。既有法人可用于项目资本金的资金来源分为内、外两个方面。

(一) 内部资金来源

内部资金来源是既有法人的自有资金。自有资金主要来自以下几个方面:

1. 企业的现金

企业库存现金和银行存款可以由企业的资产负债表得以反映,其中有一部分可以投入项目。即扣除保持必要的日常经营所需货币资金额,多余的资金可以用于项目投资。

2. 未来生产经营中获得的可用于项目的资金

在未来的项目建设期间,企业可从生产经营中获得新的现金,扣除生产经营开支及其他必要开支之后,剩余部分可以用于项目投资。企业需要通过对未来现金流量的预测来估算未来企业经营获得的净现金流量,即可以用于项目投资的资金。

3. 企业资产变现

企业可以将现有资产变现,取得现金用于新项目投资。企业资产变现通常包括:短期投资、长期投资、固定资产、无形资产的变现。流动资产中的应收账款、其他应收款等应收款项降低,可增加企业可以使用的现金,存货降低也是同样的作用,这类流动资产的变现通常体现在上述的企业未来净现金流量估算中。如果没有在未来的企业经营净现金预测中估算,也可以在资产变现中估算。

4. 企业产权转让

企业可以将原有的产权部分或全部转让给他人,换取资金用于新项目的资本金投资。

资产变现表现为一个企业资产总额构成的变化,即非现金货币资产的减少,现金的货币资产的增加,而资产总额并没有发生变化。产权转让则是企业资产控制权或产权结构发生变化,对于原有的产权人,经转让后其控制的企业原有资产的资产总量会减少。

在项目融资方案研究中,应通过分析公司的财务和经营状况,预测公司未来的现金流,判断现有企业是否具备足够的自有资金投资用于拟建项目。如果不具备足够的资金能力,或者不愿意失掉原有的资产权益,或者不愿意使其自身的资金运用过于紧张等多方面的考虑,就应该设计外部资金来源的资本金筹集方案。

(二) 外部资金来源

外部资金来源主要是既有法人通过在资本市场发行股票和企业增资扩股以及一些准资本金手段(如优先股),来获取外部投资人的权益资金投入,用于新上项目的资本金。

1．企业增资扩股

企业可以通过原有股东增资以及吸收新股东增资扩股，包括国家股、企业法人股、个人股和外资股的增资扩股。

2．优先股

优先股是一种介于股本资金与负债之间的融资方式，优先股股东不参与公司的经营管理，没有公司的控制权。发行优先股通常不需要还本，但要支付固定股息，固定股息通常高于银行贷款利息。优先股相对于其他借款融资通常处于较后的受偿顺序，对于项目公司的其他债权人来说可以视为项目的资本金，而对于普通股股东来说，优先股通常要优先受偿，是一种负债。

三、新设法人项目资本金筹措

新设法人项目的资本金由新设法人负债筹集。新设法人项目资本金的形成分为两种形式：一种是在新法人设立时，由发起人和投资人按项目资本金额度要求提供足额资金；另一种是由新法人在资本市场上发行股票进行融资。

按照资本金制度的相关规定，应由投资人或项目的发起人认缴或筹集足够的资本金提供给新法人。至于投资人或项目的发起人如何筹集这笔资本金，则是投资人或项目发起人的自身内部事务。项目的发起人和投资人的身份不同(如政府职能部门或控股的国有公司、民营或外资企业等)，其用于资本金投资的资金来源也可能不同。

这种形式的资本金通常以注册资本的方式投入。有限责任公司及股份公司的注册资本由公司的股东按股权比例认缴，合作制公司的注册资本由合作投资方按预先约定金额投入。如果公司注册资本的额度要求低于项目资本金额度的要求，股东按项目资本金额度要求投入企业的资金超过注册资本的部分，通常以资本公积的形式记账。

有些情况下，项目最初的投资人或项目的发起人对投资项目的资本金并没有安排到位，而是要通过初期设立的项目法人进一步筹措。

由初期设立的项目法人筹集资本金的形式主要有：

(一)在资本市场募集股本资金

在资本市场募集股本资金可以采取私募与公开募集两种基本方式。私募是指将股票直接出售给少数特定的投资者，不通过公开市场销售。公开募集是在证券市场上公开向社会发行销售，在证券市场上公开发行股票，需要取得证券监管机关的批准，需要通过证券公司或投资银行向社会推销，需要提供详细的文件，保证公司的信息披露，保证公司的经营及财务透明度，筹集费用较高，筹资时间较长。私募程序可相对简化，但在信息披露方面仍必须满足投资者的要求。

(二)合资合作

通过在资本投资市场上寻求新的投资者，由初期设立的项目法人与新的投资者以合资合作等多种形式，重新组建新的法人，或者由设立初期项目法人的发起人和投资人与新的投资者进行资本整合，重新设立新的法人，使重新设立的新法人拥有的资本达到或满足项目资本金投资的额度要求。采用这一方式，新法人往往需要重新进行公司注册或变更登记。

无论以何种方式筹措资本金，都必须符合国家对资本金来源的要求和限制，符合国家资本金制度的规定。有外商投资的应符合国家有关外商投资的相关规定。

第三节　债务资金筹措

债务资金是指项目投资中除项目资本金外，以负债方式取得的资金。其融资的方式有信贷方式融资、债券方式融资、租赁方式融资等。

一、信贷方式融资

（一）商业银行贷款

按照贷款的期限，商业银行的贷款分为短期贷款、中期贷款和长期贷款。贷款期限在1年（含1年）以内的短期贷款，1年（不含1年）以上5年（含5年）以内的为中期贷款，5年（不含5年）以上期限的为长期贷款。

按资金用途，商业银行贷款在银行内部管理中分为固定资产贷款、流动资金贷款、房地产开发贷款等。

投资项目使用商业银行贷款，需要满足贷款银行的要求，向银行提供必要的材料。银行要求的材料除了一般贷款要求的借款人基本资料之外，还要有项目投资的有关材料，包括：项目的可行性研究报告等前期工作资料、政府对于项目投资核准及环境影响评价批准文件、与项目有关的重要合同、与项目有利害关系的主要方面的基本材料等。

项目投资使用中长期银行贷款，银行要进行独立的项目评估，评估的内容主要包括：项目建设内容、必要性，产品市场需求，项目建设及生产条件，工艺条件及主要设备，投资估算与筹资方案，财务盈利性，偿债能力，贷款风险，保证措施等。

除了商业银行贷款，信托投资公司等非银行金融机构也提供商业贷款，条件与商业银行类似。

国外商业银行贷款利率有浮动利率和固定利率两种形式。浮动利率通常以某种国际金融市场的利率为基础，加上一个固定的加成率构成。较多见的是以伦敦同业拆借利率LIBOR为基础，固定利率则在贷款合同中约定。国外商业银行的贷款利率由市场决定，各国政府的中央银行对于本国的金融市场利率通过一定的手段进行调控。

国内商业银行贷款的利率目前受人民银行的调控，人民银行不定期对贷款利率进行调整。已经借入的长期贷款，如遇人民银行调整利率，利率调整在下一年度开始执行。商业银行的贷款利率以人民银行的基准利率为中心可以有一定幅度的上下浮动。

（二）政策性银行贷款

为了支持一些特殊的生产、贸易、基础设施建设项目，国家政策性银行可以提供政策性银行贷款。政策性银行贷款利率通常比商业银行贷款低。我国的政策性银行有：国家开发银行、中国进出口银行、中国农业发展银行。

国家开发银行重点向国家基础设施、基础产业和支柱产业投资项目以及重大技术改造和高新技术产业化项目发放贷款。国家开发银行的贷款分为两部分：一是软贷款，即国家开发银行注册资本金，按项目配股需要贷给国家控股公司和中央企业集团，由其对所需企业参股、控股；二是硬贷款，即国家开发银行运用借入资金直接贷给建设项目。

中国进出口银行主要任务，是执行国家产业政策和外贸政策，为扩大我国机电产品和成套设备等资本性货物出口提供政策性金融支持。只要为出口提供卖方信贷和买方信贷支持。中国进出口银行还办理中国政府的援外贷款及外国政府贷款的转贷款业务。

中国农业发展银行主要任务，是按照国家有关法律法规和方针政策，以国家信用为基础，筹集农业政策性信贷资金，承担国家规定的农业政策性金融业务，代理财政性支农资金的拨付。

（三）出口信贷

项目建设需要进口设备，可以使用设备出口国的出口信贷。出口信贷分为买方信贷与卖方信贷。

买方信贷是设备进口商为借款人，取得贷款资金用于支付进口设备贷款，并对银行还本付息。买方信贷可以通过进口商的商业银行转贷款，也可以不通过本国商业银行转贷。通过本国商业银行转贷时，设备出口国的贷款银行将贷款贷给进口国的一家转贷银行，再有进口国的转贷银行将贷款贷给设备进口商。

卖方信贷以设备出口商为借款人，从设备出口国的银行取得贷款，设备出口商给予设备购买方以延期付款条件。

出口信贷通常不能对设备价款全额贷款，只能提供设备价款85％的贷款，其余的15％价款需要由进口商以现金支付。

出口信贷利率通常低于国际上商业银行的贷款利率，但需要支付一定的附加费用如管理费、承诺费、信贷保险费等。

（四）外国政府贷款

项目使用外国政府贷款需要得到我国政府的安排和支持。外国政府贷款经常与出口信贷混合使用。外国政府贷款有时还伴有一部分赠款。

外国政府贷款在实际操作中通常由我国指定代理银行转贷款。我国各级财政部门可以为外国政府贷款提供担保。

外国政府贷款的利率通常很低，一般为2％～4％，甚至无息，期限较长，还款平均期限20～30年，有的甚至长达50年。使用外国政府贷款也要支付管理费，国内代理银行转贷需要收取转贷手续费。有时国内代理银行可能根据项目的经营期，要求缩短转贷款的期限。

外国政府贷款通常有限制性条件，如贷款必须用于采购贷款国的设备。由于贷款使用受到限制，设备进口只能在较小的范围内选择，设备价格可能较高。

（五）国际金融机构贷款

国际金融机构提供项目贷款的主要有：世界银行、国际金融公司、欧洲复兴与开发银行、亚洲开发银行、美洲开发银行等全球性或地区性金融机构等。国际金融机构的贷款通常带有一定的优惠性，贷款利率低于商业银行贷款利率，但也有可能需要支付某些附加费用，如承诺费。贷款期限可以安排得很长。国际金融机构贷款通常要求设备采购进行国际招标。

国际金融机构的贷款通常需要按这些机构拟定的贷款政策提供，这些机构认为应当支持的发展项目才给予贷款。使用国际金融机构的贷款需按这些机构的要求提供资料，并且需按规定的程序和方法进行。

以世界银行为例，贷款的发放及管理按照项目周期进行，分为项目的识别、项目的准备、项目评估、项目谈判、项目执行、项目后评估六个阶段。

（六）银团贷款

大型建设项目融资中，由于融资的金额较大，一家银行难以承担巨额贷款的风险，可以由多家甚至数十家银行组成银团贷款。组成银团贷款通常需要有一家或数家牵头安排银行，负责联络参加的其他银行，共同研究考察项目，进行谈判和拟定贷款条件、起草合同等。贷款银团中还需要有一家或数家代理银行，负责监管借款人的账户，监控借款人的资金，划收及划转贷款本息。

使用银团贷款，除了贷款利率之外，借款人还要支付一些附加费用，包括管理费、安排费、代理费、承诺费、杂费等。

银团贷款可以通过招标方式，在多个投标银行组合中选择银团，优化贷款的条件。

（七）股东借款

股东借款是指公司的股东对公司提供的贷款，对于借款公司来说，在法律上是一种负债。项目的股东借款是否后于其他项目贷款受偿，需要依照预先的约定。如果没有预先约定偿还顺序，股东借款与其他债务处于同等受偿顺序。只在预先约定了后于项目贷款受偿条件下，相对于项目的贷款人来说，股东借款可视为项目的资本金（准资本金）。

二、债券方式融资

债券融资是指项目法人以自身的财务状况和信用条件为基础，通过发行企业债券筹集资金，用于项目建设的融资方式。除了一般债券融资外，还有可转换债券融资。

（一）企业债券

企业债券融资是一种直接融资，是从资金市场直接获得资金，资金成本（利率）一般低于银行借款。由于有较为严格的证券监管，只有实力强、资信良好的企业才有可能发行企业债券。

在国内发行企业债券需要通过国家证券监管机构及金融监管机构的审批。债券的发行需要由证券公司或银行承销，承销证券公司或银行要收取承销费，发行债券还要支付发行手续费、兑付手续费。有第三方提供担保的，要为此支付担保费。

在国外资本市场上也可以发行债券。发行债券通常需要取得债券资信等级的评级。国内债券由国内的评级机构评级，国外发行债券通常需要由一些知名度较高的评级机构评级。债券评级较高的，可以以较低的利率发行，而较低评级的债券，则利率较高。

债券发行与股票发行类似，可以在公开的资本市场上发行，也可以以私募方式发行。

（二）可转换债券

可转换债券是企业发行的一种特殊形式的债券，在预先约定的期限内，可转换债的债券持有人有权选择按照预先规定的条件将债权转换为发行人公司的股权。在公司经营业绩变好时，股票价值上升，可转换债的持有人倾向于将债权转换为股权；而当公司业绩下降或者没有达到预期效益时，股票价值下降，则倾向于兑付本息。

现有公司发行可转换债，通常并不设定后于其他债权受偿，对于其他向公司提供贷款的债权人来说，可转换债不能视为公司的资本金融资。

可转换债券作为股票的一个主要衍生品种，纳入股票上市规则管理。可转换债的发行条件与一般企业债券类似，但由于附加有可转换为股权的权利，可转换债的利率较低。

三、租赁方式融资

租赁是指在约定的期间内，出租人将资产使用权转让给承租人以获取租金的行为。根据是否转移与资产所有权全部的风险与报酬，可将租赁分为经营租赁与融资租赁。

（一）经营租赁

经营租赁由于资产所有权全部的风险与报酬并没有实质上转移给承租人，承租人不需要承担租赁资产的主要风险。承租方则通过支付一定租金租入设备的方式，节省项目设备购置投资，或等同于筹集到一笔设备购置资金。当预计项目中使用设备的租赁期短于租入设备的经济寿命时，经营租赁可以节约项目运行期间的成本开支，并避免设备经济寿命在项目上的空耗。经营租赁有别于融资租赁，不能被认为是债务资金的一种筹措方式。

（二）融资租赁

融资租赁又称为金融租赁、财务租赁，其实质是承租人通过承担支付约等于资产价值和有关费用的义务，获取其使用期限内大部分的使用权。采取这种租赁方式，通常由承租人选定需要的设备，由出租人购置后租赁给承租人使用，承租人向出租人支付租金；承租人租赁取得的设备按照固定资产计提折旧；承租人可以选择租赁期满时是否廉价购买该设备。

采用融资租赁，承租人可以对设备的全部价款得到融资。融资额度比使用贷款要大，租赁费中所含的相当于利息的部分也比贷款利率高。融资租赁业务的主要形式有：直接融资、转租赁、售后回租、杠杆租赁等。

第四节　融资方案设计与优化

项目的融资方案研究在投资估算的基础上进行。其任务一是调查项目的融资环境，研究拟建项目的资金渠道、融资形式、融资结构、融资成本、融资风险，拟定出一套或几套可行的融资方案；二是经过完善和比选优化，推荐资金来源可靠、资金结构合理、融资成本低、融资风险小的方案。

一、资金结构分析

项目融资方案的设计及优化中，分析资金结构是一项重要内容。项目的资金结构是指项目筹集资金中资本金、债务资金的形式，各种资金的占比，资金来源以及资本金结构、债务资金结构。

资金结构的合理性和优化由各方利益平衡、风险性、资金成本等多方面因素决定。

（一）项目资本金与债务资金比例

项目资金结构的一个基本比例是资本金与债务资金的比例。在项目总投资和投资风险一定的条件下，资本金比例越高，权益投资人投入项目的资金越多，承担的风险越高，而提供债务资金的债权人承担的风险就越低。从权益投资人的角度考虑，项目的资金结构应追求以较低的资本金争取较多的债务资金，同时要争取尽可能低地对股东的追索。从债务资金的债权人的角度，则希望债权得到有效的风险控制，项目有较高的资本金比例可以承担较高的市场风险，有利于债权得到有效的风险控制。同时，项目的资本金比例越高，贷款的风险越低，贷款的利率可以越低，反之贷款利率越高。当项目资本金比例降低到银行不能接受的水平时，银行将会拒绝贷款。合理的资金结构需要由各个参与方的利益平衡来决定。

（二）项目资本金结构

资本金结构包含两个方面内容：投资产权结构和资本金比例结构。有关投资产权结构的内容在以前章节已经叙述，这里着重叙述项目资本金的比例结构。

参与投资的各方投资人占有多大的出资比例，对于项目的成败有重要的影响。公司的控股形式可以是绝对控股或相对控股。各方投资比例应考虑各方的利益需要、资金及技术能力、市场开发能力、已经拥有的权益等。不同的权益比例决定各投资人在项目及公司中的作用、承担的责任义务、收益分配。不同的投资人，由于其背景和特长的不同，能对项目的成功有不同的贡献。各个投资人之间的优势互补可以使项目的成功得到更好的保障。如果出资比例处理不当，某些方面的利益没有得到合理分配，可能会造成项目实施中的困难。

（三）债务资金结构

债务资金结构需要分析各种债务资金的占比、负债的方式及债务期限的配比。合理的债务资金结构需要考虑融资成本、融资风险，合理设计融资方式、币种、期限、偿还顺序及保证方式。

1. 债务期限配比

项目负债结构中，长短期借款应合理搭配。短期借款利率低于长期借款，适当安排一些短期融资可以降低总的融资成本，但如果过多采取短期融资，会使项目公司的财务流动性不足，财务稳定性下降，产生过高的财务风险。债务融资的期限应当与项目的经营期限相协调。

2. 境内外借贷占比

对于借款公司来说，使用境外贷款或国内银行外汇贷款，如果贷款条件一样，并没有什么区别。但对于国家来说，项目使用境外贷款，对国家的外汇收支有影响。项目投资中如果有国外采购，可以附带寻求国外的政府贷款、出口信贷等优惠融资。

3. 外汇币种选择

不同币种选择的外汇汇率总在不断变化。项目使用外汇贷款需要仔细选择外汇币种。外汇贷款的借款币种与还款币种有时是不同的。通常应当考虑的是还款币种。为了降低还款成本，选择币值较为软弱的币种作为还款币种。但币值软弱的外汇贷款利率通常较高。币种选择中需要对汇率与利率进行预测，在汇率变化与利率差异之间做出权衡和抉择。

4. 偿债顺序安排

负债融资安排中，除了负债种类、期限、币种等计划外，还要妥善安排偿债顺序，包括偿债的时间顺序及不同债务的受偿优先顺序。

通常，在多种债务中，对于借款人在时间上应当先偿还利率较高的债务，后偿还利率低的。由于有汇率风险，应当先偿还硬货币的债务，后偿还软货币的债务。

多种债务的受偿优先顺序安排对于取得债务融资有重要影响，如果提供信贷融资的金融机构感觉到资金的债权受偿顺序对己不利，可能会拒绝提供贷款。项目的融资安排应当尽可能使所有的债权人对于受偿优先顺序均可以接受。通常，安排所有的债权人以相同的受偿顺序受偿，是一种可行的办法。受偿优先顺序通常受借款人项目财产的抵押及公司账户的监管安排所限定，融资方案中需要对此妥善安排。

二、融资风险分析

融资风险是指融资活动存在的各种风险。融资风险有可能使投资者、项目法人、债权人等各方蒙受损失。在融资方案分析中，应对各种融资方案的融资风险进行识别、比较，并对最终推荐的融资方案提出防范风险的对策。融资风险分析中应重点考虑下列风险因素：

（一）资金供应风险

资金供应风险是指在项目实施过程中由于资金不落实，导致建设工期延长，工程造价上升，使原定投资效益目标难以实现的可能性。导致资金不落实的原因很多，主要包括：

（1）已承诺出资的股本投资者由于出资能力有限（或者由于拟建项目的投资效益缺乏足够的吸引力）而不能（或不再）兑现承诺；

（2）原定发行股票、债券计划不能实现；

（3）既有企业法人由于经营状况恶化，无力按原定计划出资。为防范资金供应风险，必须认真做好资金来源可靠性分析。在选择股本投资者时，应当选择资金实力强、既往信用好、风险承受能力强的投资者。

（二）利率风险

利率风险是指由于利率变动导致资金成本上升，给项目造成损失的可能性。利率水平随金融市场情况而变动，未来市场利率的变动会引起项目资金成本发生变动。采用浮动利率，项目的资金成本随利率的上升而上升，也随利率的下降而下降。采用固定利率，如果未来利率下降，项目的资金成本不能相应下降，相对资金成本将升高。因此，无论采用浮动利率还是固定利率都存在利率风险。为了防范利率风险，应对未来利率的走势进行分析，以确定采用何种利率。

（三）汇率风险

汇率风险是指由于汇率变动给项目造成损失的可能性。国际金融市场上各国货币的比价在时刻变动，使用外汇贷款的项目，未来汇率的变动会引起项目资金成本发生变动以及未来还本付息费用支出的变动。某些硬货币贷款利率较低，但汇率风险较高；软货币则相反，汇率风险较低，但贷款利率较高。为了防范汇率风险，使用外汇数额较大的项目应对人民币的汇率走势、所借外汇币种的汇率走势进行分析，以确定借用何种外汇币种以及采用何种外汇币种结算。一般情况下应尽量借用软货币。

第五节 投资使用与资金筹措方案的编制

在项目融资方案确定后，应根据项目实施进度计划的要求，编制一套完整的项目资金筹措方案。资金筹措方案应对资金来源、资金筹措方式、融资结构和数量等做出整体安排。这一方案应当在项目分年投资基础之上编制，项目的资金筹措需要满足项目投资资金使用的要求。

一个完整的项目资金筹措方案由两个部分内容构成：项目资金来源计划表和总投资使用与资金筹措计划表。

一、编制项目资金来源计划表

项目资金来源计划表主要反映项目资本金及债务资金来源的构成。每一项资金来源的融资条件和融资可信程度在表中要加以说明和描述或在表中附注。表格格式见表 6-3 和表 6-4。

表 6-3 为新设法人项目资金来源计划表，表中简要说明了项目各项资金的来源及条件。

表 6-3　新设法人项目资金来源计划表

序号	资金来源	金额/万元	融资条件	融资可信度
1	资本金	2 500		
1.1	股东A股本投资	1 500		公司书面承诺
1.2	股东B股本资金	500		董事会书面承诺
1.3	股东C股本资金	500		公司预计
2	债务资金	6 500		
2.1	某国买方信贷	3 500	①	公司意向
2.2	银行长期借款	3 000	②	银行书面承诺，各股东书面承诺担保

注：① 贷款期限8年，其中宽限期3年，宽限期内，支付利息，不还本；还本期内等额分期偿还本金；年利率6%，按季付息；国内商业银行转贷手续费0.4%；无其他银行附加费用；以进口设备抵押，抵押率70%。

② 贷款期限6年，其中宽限期2年，还本期内等额还本付息；年利率8%，按季付息；由公司股东按股权比例担保，担保费率1%；无其他财务费用。

表6-4为既有法人项目资金来源计划表，表中简要说明了项目各项资金的来源及条件。

表 6-4　既有法人项目资金来源计划表

序号	资金来源	金额/亿元	融资条件	融资可信度
1	项目资本金	4.0		
1.1	既有法人内部融资	2.0		来自既有公司现有现金流、建设期内的经营净现金流、资产变现
1.2	新增资本金（股东增加股本投资）	2.0		股东承诺书
2	新增债务资金	6.0		
2.1	增加长期借款			
	银行贷款	5.0	①	银行贷款承诺书
2.2	增加流动资金借款	1.0	②	银行贷款承诺书，股东担保承诺书
2.3	发行债券			
2.4	融资租赁			
3	合计	10.0		

注：① 贷款期限6年，其中宽限期3年，还本期内等额还本，执行国家基准利率，年利率6%，按季付息；以项目财产及权益抵押；贷款需要与资本金同比例支用。

② 贷款期限1年，可循环周转使用；执行国家基准利率，年利率5%，按季付息，由控股母公司担保，担保费率1%；无其他银行附加费。

二、编制总投资使用计划和筹措表

总投资使用计划与资金筹措表是根据项目资金来源计划表反映的各项资金来源和条件，按照项目投资的使用要求所进行的规划与安排。该表是投资估算和融资方案两部分的衔接点。表6-5是某新设法人项目的总投资使用计划与资金筹措表。

表 6-5　项目的总投资使用计划与资金筹措表

序号	项　　目	合 计	计 算 期				
			第 1 年	第 2 年	第 3 年	第 4 年	第 5 年
1	项目总投资	15 210.2	3 977.7	5 193.6	2 630.2	1 460.9	1 947.8
1.1	建设投资	8 871.0	3 907.4	4 963.6			
1.2	建设期利息	300.3	70.3	230.0			
1.3	流动资金	6 038.9			2 630.2	1 460.9	1 947.8
2	资金筹措	15 210.2	3 977.7	5 193.6	2 630.2	1 460.9	1 947.8
2.1	项目资本金	5 660.4	1 633.3	2 215.4	789.1	438.2	584.4
2.1.1	用于建设投资	3 548.4	1 563.0	1 985.4			
2.1.2	用于支付建设期利息	300.3	70.3	230.0			
2.1.2	用于流动资金	1 811.7		789.1	438.2	584.4	
2.2	银行借款	9 549.8	2 344.4	2 978.2	1 841.1	1 022.7	1 363.4
2.2.1	用于建设投资	5 322.6	2 344.4	2 978.2			
2.2.2	用于流动资金	4 227.2		1 841.1	1 022.7	1 363.4	

项目的总投资使用计划与资金筹措表编制时应注意以下几个问题：

1. 各年度资金平衡

项目实施的各年度中，资金来源必须满足投资使用的要求，即编制的总投资使用计划与资金筹措表应做到资金的需求与筹措在时间、数量两方面都能平衡。资金来源的数量规模最好略大于投资使用的要求。

2. 建设期利息

建设期利息首先应按与建设投资用款计划相匹配的筹资方案计算。

根据债务融资条件的不同，建设期利息的计算分为三种情况：一是在建设期内只计不付(统一在还款期内偿付)，将建设期利息复利计算后计入债务融资总额中，建设期利息被视为新的负债；二是在建设期内采用项目资本金按约定偿付(如按年、按季度付息)，债务融资总额不包括建设期利息；三是使用债务资金偿还同种债务资金的建设期利息，增加债务融资的本金总额。

【复习思考题】

1. 项目融资的主体有哪些？其各自的特点是什么？
2. 项目融资的特点有哪些？
3. 项目的融资模式有哪几种？各有何特点？
4. 什么是资本金制度？既有法人项目资本金筹措渠道有哪些？
5. 债务资金筹措渠道有哪些？各有什么优缺点？
6. 融资方案设计与优化的任务是什么？
7. 项目资金结构分析的内容有哪些？
8. 融资风险有哪些表现形式？

第七章 建设项目财务分析

本章主要介绍财务分析概述、财务效益与费用估算、盈利能力分析、偿债能力分析、财务生存能力分析和非经营性项目财务分析。通过本章的学习，读者要掌握财务分析的内容、财务分析的主要报表、评价指标及计算；熟悉财务分析的程序，财务效益与费用估算的内容；了解财务分析的基本原则、非经营性项目财务分析的特点。

第一节 概 述

一、财务分析的概念及作用

（一）财务分析的概念

财务分析是在国家现行会计准则、会计制度、税收法规和价格体系下，通过财务效益与费用的预测，编制财务报表，计算评价指标，进行财务盈利能力分析、偿债能力分析和财务生存能力分析，据以评价项目的财务可行性。

（二）财务分析的作用

(1) 财务分析是项目投资决策与评价的重要组成部分。项目评价应从多角度、多方面进行，无论是项目的前评价、中间评价和后评价，财务分析都是必不可少的重要内容。在项目的前评价——投资决策与评价的各个阶段中，无论是机会研究报告、项目建议书、初步可行性研究报告，还是可行性研究报告，财务分析都是其中的重要组成部分。

(2) 财务分析是重要的决策依据。在经营性项目决策过程中，财务分析结论是重要的决策依据。项目发起人决策是否发起或进一步推进该项目，权益投资人决策是否投资于该项目，债权人决策是否贷款给该项目，审批人决策是否批准该项目，这些都要以财务分析为依据。对于那些需要政府核准的项目，各级核准部门在做出是否核准该项目的决策时，许多相关财务数据可作为项目社会和经济影响大小的估算基础。

(3) 财务分析在项目或方案比选中起着重要作用。项目投资决策与评价的精髓是方案比选。在规模、技术、工程等方面都必须通过方案比选予以优化，财务分析结果可以反馈到建设方案构造和研究中，用于方案比选，优化方案设计，使项目整体更趋于合理。

(4) 财务分析中的财务生存能力分析对项目，特别是对非经营性项目的财务可持续性的考察起着重要作用。

二、财务分析的内容和步骤

财务分析内容随项目性质和目标有所不同，主要有为投资盈利的经营性项目以及为社会公众提供公共产品和服务的非经营性项目两种。

（一）财务分析的内容

（1）在明确项目评价范围的基础上，根据项目性质和融资方式选取适宜的方法。

（2）选取必要的基础数据进行财务效益与费用的估算，包括营业收入、总成本费用估算和相关税金估算等，同时编制相关辅助报表。以上内容是在为财务分析进行准备，也称财务分析基础数据与参数的确定、估算与分析。

（3）进行财务分析，即编制财务分析报表和计算财务分析指标。财务分析包括盈利能力分析、偿债能力分析和财务生存能力分析。

（4）在对初步设定的建设方案（称为基本方案）进行财务分析后，还应进行不确定性分析，包括盈亏平衡分析和敏感性分析。常常需要将财务分析的结果反馈，优化原设定的建设方案，有时甚至会对原初步设定的建设方案进行较大的调整。

（二）财务分析的步骤

财务分析的步骤以及各部分的关系，包括财务分析与投资估算和融资方案的关系如图 7-1 所示。

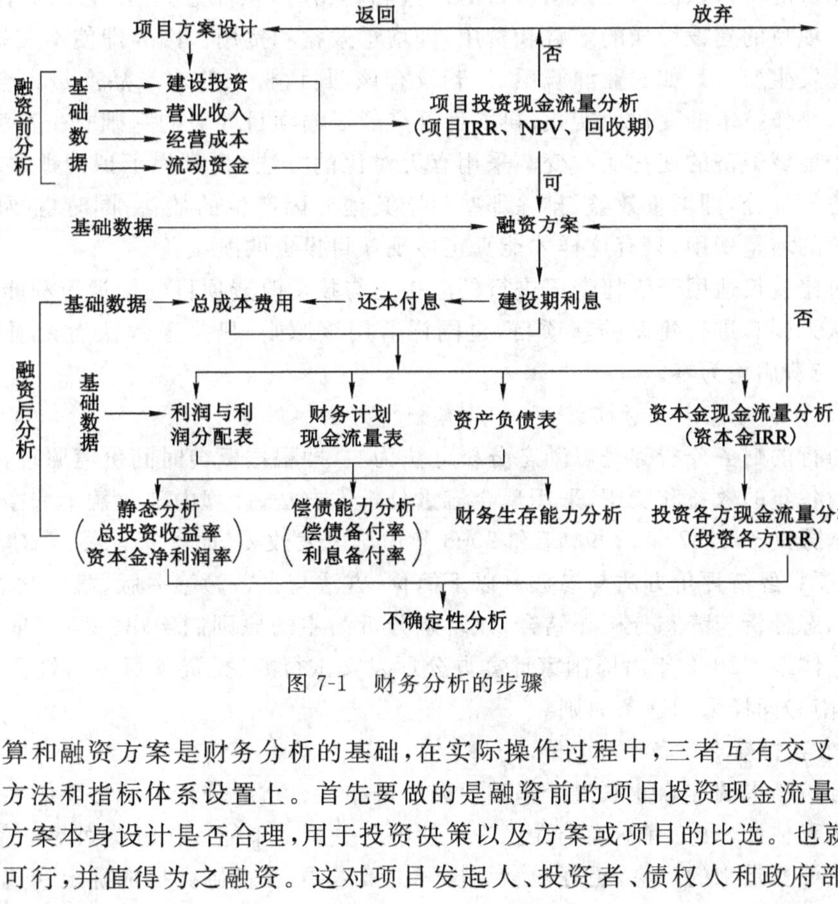

图 7-1　财务分析的步骤

投资估算和融资方案是财务分析的基础，在实际操作过程中，三者互有交叉，这体现在财务分析的方法和指标体系设置上。首先要做的是融资前的项目投资现金流量分析，其结果体现项目方案本身设计是否合理，用于投资决策以及方案或项目的比选。也就是考察项目是否基本可行，并值得为之融资。这对项目发起人、投资者、债权人和政府部门都是有用的。

如果第一步分析的结论是“可以”，那么才有必要考虑融资方案，进行项目的融资后分析，包括项目资本金现金流量分析、偿债能力分析和财务生存能力分析等。融资后分析是比选融资方案，进行融资决策和投资者最终出资的依据。

如果融资前分析结果不能满足要求，可返回对项目建设方案进行修改；若多次修改后分析结果仍不能满足要求，甚至可以给出放弃或暂时放弃项目的建议。

三、财务分析的基本原则

财务分析应遵循以下基本原则：

1. 费用与效益计算口径的一致性原则

为了正确评价项目的获利能力，必须遵循项目的直接费用与直接效益计算口径的一致性原则。如果在投资估算中包括了某项工程，那么因建设该工程增加的效益就应该被考虑，否则就低估了项目的效益；反之，如果考虑了该工程对项目效益的贡献，但投资却未计算进去，那么项目的效益就会被高估。只有将投入和产出的估算限定在同一范围内，计算的净效益才是投入的真实回报。

2. 费用与效益识别的有无对比原则

有无对比是国际上项目评价中通用的识别费用与效益的基本原则，项目评价的许多方面都需要遵循这条原则，采用有无对比的方法进行。"有"是指实施项目的将来状况，"无"是指不实施项目的将来状况。在识别项目的效益和费用时，须注意只有"有无对比"的差额部分才是由于项目的建设增加的效益和费用，即增量效益和费用。因为即使不实施该项目，现状也很可能发生变化。如农业灌溉项目，若没有该项目，将来的农产品产量也会由于气候、施肥、种子、耕作技术的变化而变化；再如计算交通运输项目效益的基础——车流量，无该项目也会由于地域经济的变化而改变。采用有无对比的方法，就是为了识别那些真正应该算作项目效益的部分，即增量效益，排除那些由于其他原因产生的效益；同时也要找出与增量效益相对应的增量费用，只有这样才能真正体现项目投资的净效益。

有无对比直接适用于依托老厂进行的改扩建与技术改造项目的增量盈利能力分析。

对于从无到有进行建设的新项目，也同样适用该原则，只是通常认为无项目与现状相同，其效益与费用均为零。

3. 动态分析与静态分析相结合，以动态分析为主的原则

国际通行的财务分析都是以动态分析方法为主，即根据资金时间价值原理，考虑项目整个计算期内各年的效益和费用，采用现金流量分析的方法，计算内部收益率和净现值等评价指标。我国分别于1987年、1993年和2006年由国家发改委(原国家计委)和建设部发布施行的《建设项目经济评价方法与参数》(以下简称《方法与参数》)第一版、第二版以及第三版，都采用了动态分析与静态分析相结合，以动态分析为主的原则制定出一整套项目经济评价方法与指标体系。2002年由原国家计委办公厅发文试行的《投资项目可行性研究指南》(以下简称《指南》)同样采用这条原则。

4. 基础数据确定的稳妥原则

财务分析结果的准确性取决于基础数据的可靠性。财务分析中所需要的大量基础数据都来自预测和估计，难免有不确定性。为了使财务分析结果能提供较为可靠的信息，避免人为的乐观估计所带来的风险，更好地满足投资决策需要，在基础数据的确定和选取中遵循稳妥原则是十分必要的。

四、财务分析采用的价格体系

(一) 影响价格变动的因素

影响价格变动的因素很多，可归纳为两类：一是相对价格变动因素；二是绝对价格变动

因素。

相对价格是指商品之间的比价关系。导致商品相对价格变化的因素很复杂，如供应量的变化、价格政策的变化、劳动生产率变化等可能引起商品间比价的改变；消费水平变化、消费习惯改变、可替代产品的出现等引起供求关系发生变化，从而使供求均衡价格发生变化，引起商品间比价的改变等。

绝对价格是指用货币单位表示的商品价格水平。绝对价格变动一般表现为物价总水平的变化，即因货币贬值（通货膨胀）引起的所有商品价格普遍上涨，或因货币升值（通货紧缩）引起的所有商品价格普遍下降。

（二）财务分析涉及的三种价格体系

在项目财务分析中，要对项目整个计算期内的价格进行预测，涉及如何处理价格变动的问题。在计算期的若干年内，是采用同一个固定价格，还是各年都变动以及如何变动，即建设项目的财务分析采用什么价格体系的问题。

财务分析涉及的价格有三种，即固定价格（或称基价）、时价和实价。

(1) 基价(base year price)，是指以基年价格水平表示的，不考虑其后价格变动的价格，也称固定价格(constant price)。如果采用基价，项目计算期内各年价格都是相同的。一般选择评价工作进行的年份为基年，也有选择预计的开始建设年份的。例如某项目财务分析在2018年进行，一般选择2018年为基年，假定某货物A在2018年的价格为100元，即其基价为100元，是以2018年价格水平表示的。基价是确定项目涉及的各种货物预测价格的基础，也是估算建设投资的基础。

(2) 时价(current price)，是指任何时候的当时市场价格。它包含了相对价格变动和绝对价格变动的影响，以当时的价格水平表示。以基价为基础，按照预计的各种货物的不同价格上涨率（可称为时价上涨率）分别求出它们在计算期内任何一年的时价。假定货物A的时价上涨率为2%，在2018年基价100元的基础上，2019年的时价应为[100×(1+2%)]，即102元。若2020年货物A的时价上涨率为3%，则2020年货物A的时价为[100 ×(1+2%)×(1+3%)]，即105.06元。

设基价为 P_b，时价为 P_c，各年的时价上涨率为 c_i，$i=1,2,\cdots,n$，各年 c_i 可以相同，也可以不同，则第 n 年的时价为：

$$P_{cn} = P_b \times (1+c_1) \times (1+c_2) \times \cdots \times (1+c_n)$$

若各年 c_i 相同，$c_i = c$，则有：

$$P_{cn} = P_b \times (1+c)^n$$

(3) 实价(real price)，是以基年价格水平表示的，反映相对价格变动因素影响的价格。可以由时价中扣除物价总水平变动的影响来求得实价。若物价总水平上涨率为3.571 4%，则2019年货物A的实价为[102/(1+3.571 4%)]，即98.48元。这可以说明，虽然看起来2019年货物A的价格比2018年上涨了2%，但扣除物价总水平上涨影响后，货物A的实际价格反而比2018年降低了，这是由于某种原因所导致的相对价格变动所致。如果把实际价格的变化率称为实价上涨率，那么货物A的实价上涨率为：

$$[(1+2\%)/(1+3.5714\%)]-1=-1.52\%$$

只有当时价上涨率大于物价总水平上涨率时，该货物的实价上涨率才会大于零，此时说明该货物价格上涨超过物价总水平的上涨。设第 i 年的实价上涨率为 r_i，物价总水平上涨

率为 f_i，则有：

$$r_i=\frac{(1+c_i)^i}{(1+f_i)^i}-1$$

如果货物之间的相对价格保持不变，即实价上涨率为零，那么实价值就等于基价值，同时意味着各种货物的时价上涨率相同，即各种货物的时价上涨率等于物价总水平上涨率。

(三) 财务分析的取价原则

1. 财务分析应采用预测价格

财务分析是估算拟建项目未来数年或更长年份的效益与费用，因投入物和产出物的未来价格会发生变化，为了合理反映项目的效益和财务状况，财务分析应采用预测价格。预测价格应是在选定的基年价格基础上测算，一般选择评价当年为基年。至于采用上述何种价格体系，要视具体情况决定。

2. 现金流量分析原则上采用实价体系

采用实价计算净现值和内部收益率进行现金流量分析是国际上比较通行的做法。这样做，便于投资者考察投资的实际盈利能力。因为实价排除了通货膨胀因素的影响，消除了因通货膨胀(物价总水平上涨)带来的"浮肿利润"，能够相对真实地反映投资的盈利能力。如果采用含通货膨胀因素的时价进行盈利能力分析，特别是当对产出物采用的时价上涨率大于或等于对投入物采用的时价上涨率时，就有可能使未来收益大大增加，因此形成"浮肿利润"，夸大项目的盈利能力。

3. 偿债能力分析和财务生存能力分析原则上采用时价体系

用时价进行财务预测，编制利润与利润分配表、财务计划现金流量表及资产负债表，有利于描述项目计算期内各年当时的财务状况，能相对合理地进行偿债能力分析和财务生存能力分析，这也是国际上比较通行的做法。

为了满足实际投资的需要，在投资估算中应同时包含相对价格变动和绝对价格变动因素引起投资增长的部分，一般通过计算涨价预备费来体现。同样，在融资计划中也应考虑这部分费用，在投入运营后的还款计划中自然包括该部分费用的偿还。因此，只有采用既包括了相对价格变化，又包含通货膨胀因素影响在内的时价价值表示的投资费用、融资数额进行计算，才能真实反映项目的偿债能力和财务生存能力。

(四) 对财务分析采用价格体系的简化

在实践中，并不要求对所有项目或在所有情况下，都必须全部采用上述价格体系进行财务分析，多数情况下允许根据具体情况适当简化。

《方法与参数》和《指南》都各自提出了简化处理的办法，虽然表述不尽相同，但实际上两者对财务分析采用价格体系的简化处理基本上是一致的，可以归纳为以下几点：

(1) 一般在建设期间既要考虑通货膨胀因素，又要考虑相对价格变化，包括对建设投资的估算和对运营期投入产出价格的预测。

(2) 项目运营期内，一般情况下盈利能力分析和偿债能力分析可以采用同一套价格，即预测的运营期价格。

(3) 项目运营期内，可根据项目和产出的具体情况，选用固定价格(项目运营期内各年价格不变)或考虑相对价格变化的变动价格(项目运营期内各年价格不同，或某些年份价格不同)。

(4) 当有要求或通货膨胀严重时,项目偿债能力和财务生存能力要采用时价价格体系。

(五) 财务分析采用价格是否应包含增值税的问题及相关处理

对于其产出物适用增值税的项目,应注意其投入物和产出物价格是否含增值税。

按照我国现行增值税条例的规定,对于生产和销售产品或者提供劳务征收增值税,同时可以抵扣进项税额。增值税的征收实行价税分离,在销售产品和提供劳务时,单独开具增值税专用发票。按照我国会计制度的规定,企业财务报表中的成本费用和营业收入都以不含增值税的价格表示。在项目投资决策与评价阶段,财务分析所采用的价格可以是含增值税的价格,也可以是不含增值税的价格,但要予以说明。

按照增值税条例规定的方法计算增值税,只要处理和计算得当,采用价格是否含税一般不会对项目效益的计算产生影响。

【例 7-1】 举例说明采用含税价格和不含税价格时对利润与利润分配表主要科目的影响。

解:采用含税价格和不含税价格两种情况见表 7-1。

表 7-1 采用不同价格时对利润与利润分配表主要科目的影响 单位:万元

项 目	采用含税价格	采用不含税价格	说明
营业收入	234	200	
税金及附加	1.7	1.7	按增值税额的 10%计
增值税	17		
总成本费用	167	150	含税的总成本费用中,外购原材料、燃料动力费为 117
利润总额	48.3	48.3	

注:表中增值税额的计算说明:

① 设定投入和产出的增值税税率都为 17%。

② 销项税额=含税收入÷(1+增值税税率)×增值税税率=不含税收入×增值税税率

=234 ÷(1+17%)×17%=200×17% =34(万元)

③ 进项税额=外购原材料、燃料动力含税成本÷(1+增值税率)×增值税税率

=外购原材料、燃料动力不含税成本×增值税税率

=117÷(1+17%)×17%=100×17% =17(万元)

④ 增值税=销项税额-进项税额=34-17=17(万元)

由表 7-1 可见,无论采用价格是否含增值税,利润的计算不会受到影响。

当然,上例只是一个最简单的处理说明。实际工作中为了使采用价格的含税与否不致影响项目效益的计算,要做各种不同的处理,例如在利润与利润分配表、财务计划现金流量表和计算净现值的现金流量表中对增值税科目的处理,流动资金的估算等,此处不再一一说明。

五、财务分析的主要报表与评价指标

(一) 财务分析的主要报表

财务分析的主要报表包括各类现金流量表、利润与利润分配表、财务计划现金流量表、资产负债表和借款还本付息估算表,其中现金流量表分为项目投资现金流量表、项目资本金现金流量表和投资各方现金流量表三种。

各种报表及编制方法详见本章第三、四节。

(二) 财务分析的评价指标

财务分析具有一套完整的评价指标体系。根据不同的标准,可进行不同的分类。

1. 按是否考虑资金时间价值因素进行分类

按是否考虑资金时间价值因素进行的分类,财务分析指标可分为静态指标和动态指标,如图 7-2 所示。

- 财务分析指标
  - 静态指标
    - 总投资收益率
    - 项目资本金净利润率
    - 静态投资回收期
    - 利息备付率
    - 偿债备付率
    - 资产负债率
  - 动态指标
    - 财务内部收益率
    - 财务净现值
    - 动态投资回收期

图 7-2　财务分析指标分类(1)

2. 按指标的性质进行分类

按指标的性质进行分类,财务分析指标可分为价值性指标、时间性指标和比率性指标,如图 7-3 所示。

- 财务分析指标
  - 价值性指标
    - 财务净现值
  - 时间性指标
    - 静态投资回收期
    - 动态投资回收期
  - 比率性指标
    - 财务内部收益率
    - 总投资收益率
    - 项目资本金净利润率
    - 利息备付率
    - 偿债备付率
    - 资产负债率

图 7-3　财务分析指标分类(2)

3. 按财务分析的目标进行分类

按财务分析的目标进行分类,财务分析指标可分为反映盈利能力的指标和反映偿债能力的指标,如图 7-4 所示。

- 财务分析指标
  - 盈利能力指标
    - 财务内部收益率
    - 财务净现值
    - 动态投资回收期
    - 静态投资回收期
    - 总投资收益率
    - 项目资本金净利润率
  - 偿债能力指标
    - 利息备付率
    - 偿债备付率
    - 资产负债率

图 7-4　财务分析指标分类(3)

上述指标可以通过相应的财务分析报表直接或间接求得，各指标含义及具体计算方法详见本章第三、四节。各评价指标与财务分析报表的关系见表 7-2。

表 7-2　财务分析指标与主要报表的关系

分析内容	主要报表	评价指标	
		静态指标	动态指标
盈利能力分析	项目投资现金流量表	静态投资回收期	项目投资内部收益率 项目投资财务净现值 项目动态投资回收期
	项目资本金现金流量表		资本金财务内部收益率
	投资各方现金流量表		投资各方财务内部收益率
	利润与利润分配表	总投资收益率 项目资本金净利润率	
偿债能力分析	借款还本付息计划表	利息备付率 偿债备付率	
	资产负债表	资产负债率	
财务生存能力分析	财务计划现金流量表		

第二节　财务效益与费用估算

一、项目计算期的确定

项目财务效益与费用的估算涉及整个计算期内的数据。项目计算期是指对项目进行经济评价应延续的年限，是财务分析的重要参数，包括建设期和运营期。

1. 建设期

评价用的建设期是指从项目资金正式投入开始到项目建成投产为止所需的时间。建设期的确定应综合考虑项目的建设规模、建设性质（新建、扩建和技术改造）、项目复杂程度、当地建设条件、管理水平与人员素质等因素，并与项目进度计划中的建设工期相协调。项目进度计划中的建设工期是指从项目主体工程正式破土动工起到项目建成投产为止所需要的时间，两者的终点相同，起点可能有差异。对于既有法人融资的项目，评价用的建设期与建设工期一般无差异。但新设法人项目需先注册企业，届时就需要投资者投入资金，其后项目才开工建设，因而两者的起点会有差异。根据项目的实际情况，评价用建设期可能大于或等于项目实施进度中的建设工期。

对于一期、二期连续建设的项目、滚动发展的总体项目等应结合项目的具体情况确定评价用建设期。

2. 运营期

评价用运营期应根据多种因素综合确定，包括行业特点、主要装置（或设备）的经济寿命期（考虑主要产出物所处生命周期、主要装置综合折旧年限等）等。

对于中外合资项目还要考虑合资双方商定的合资年限，在按上述原则估定评价用运营期后，还要与合资生产年限相比较，再按两者孰短的原则确定。

二、营业收入估算

营业收入是指项目在一定时期内（项目评价中一般为一年）销售产品或提供服务取得的收入。营业收入是项目财务效益的主体，是项目建成投产后补偿总成本费用、上缴税金、偿还债务、保证企业再生产正常进行的前提。在估算营业收入的同时，往往还要完成相关流转税金，主要指营业税、增值税、消费税以及税金及附加等的估算。

对于销售产品的项目，营业收入即为销售收入，计算公式如下：

营业收入＝产品单价×产品年销售量

在项目评价中，营业收入的估算基于一项重要假定，即当年的产品（实际指商品，由产品扣除自用量所得）当年全部销售，也就是当年商品量等于当年销售量。营业收入估算的具体要求有以下几点：

1. 合理确定运营负荷

计算营业收入，首先要正确估计各年运营负荷（或称生产能力利用率和开工率）。运营负荷是指项目运营过程中负荷达到设计能力的百分数，它的高低与项目复杂程度、产品生命周期、技术成熟程度、市场开发程度、原材料供应、配套条件、管理因素等都有关系。在市场条件下，如果没有其他方面的大问题，运营负荷的高低主要取决于市场。在项目评价阶段，通过对市场和营销策略进行研究，结合其他因素研究分年运营负荷，作为计算各年营业收入和成本费用的基础。

运营负荷的确定一般有两种方式：一是经验设定法，即根据以往项目的经验，结合该项目的实际情况，粗估各年的运营负荷，以设计能力的百分数表示；二是营销计划法，通过制订详细的分年营销计划，确定各种产出物各年的生产量和商品量。

2. 合理确定产品或服务的价格

在项目评价中，产品或服务的价格是一个很重要的因素。为提高营业收入估算的准确性，应遵循稳妥原则，采用适宜的方法，合理确定产品或服务的价格。一般可有三种选择办法：

（1）选择口岸价格

如果项目产品是直接出口产品、间接出口产品或替代进口产品，则或者直接以口岸价格定价，或者以口岸价格为基础，参考其他有关因素确定产品销售价格。以口岸价格定价时，直接出口产品和间接出口产品可选择离岸价格，替代进口产品可选择到岸价格。

（2）选择国内市场价格

如果同类产品或类似产品已在市场上销售，并且这种产品既与外贸无关，也不是计划控制的范围，可选择现行市场价格作为项目产品的销售价格。当然，也可以现行市场价格为基础，根据市场供求关系及未来的变化趋势，上下浮动作为项目产品的销售价格。

（3）根据预计成本、利润和税金确定价格

如果拟建项目的产品属于新产品，则可根据产品的计划成本、计划利润和税金计算出厂价格，作为产品销售价格。计算公式如下：

产品出厂价格＝产品成本费用×（1＋成本利润率）

对于某些基础设施项目，其提供服务的价格或收费标准有时需要通过倒推的方式来确定。

3. 多种产品分别估算或合理折算

对于生产多种产品和提供多项服务的项目,应分别估算各种产品及服务的营业收入。对那些不便于按详细的品种分类计算营业收入的项目,也可采取折算为标准产品的方法计算营业收入。

4. 编制营业收入估算表

营业收入估算表格式可随行业和项目而异,项目的营业收入估算表可同时列出各种应缴税金及附加以及增值税,见表 7-3。

表 7-3　营业收入、增值税、税金及附加估算表　　单位:万元

序号	项目	合计	计算期					
			第 1 年	第 2 年	第 3 年	第 4 年	……	第 n 年
1	营业收入							
1.1	产品 A 营业收入							
	单价							
	数量							
	销项税额							
1.2	产品 B 营业收入							
	单价							
	数量							
	销项税额							
	……							
2	税金及附加							
2.1	消费税							
2.2	资源税							
2.3	城市维护建设税							
2.4	教育费附加							
3	增值税							
	销项税额							
	进项税额							

注:① 本表适用于新设法人项目与既有法人项目的"有项目"、"无项目"和增量的营业收入、税金及附加和增值税估算。

② 根据行业或产品的不同可增减相应税收科目。

三、总成本费用估算

(一) 总成本费用的构成与计算式

总成本费用是指项目在一定时期内(项目评价中一般为一年)为生产和销售产品或提供服务所发生的全部费用。财务分析中总成本费用的构成和计算通常有以下两种方法。

1. 生产成本加期间费用估算法

$$总成本费用=生产成本+期间费用$$

式中　生产成本＝直接材料费＋直接燃料和动力费＋直接工资＋其他直接支出＋制造费用

期间费用＝管理费用＋营业(销售)费用＋财务费用

采用这种方法一般需要先分别估算各种产品的生产成本，然后与估算的管理费用、营业(销售)费用和财务费用相加。该方法下的总成本费用估算表见表7-4。

表7-4　总成本费用估算表(生产成本加期间费用法)　单位：万元

序号	项目	合计	计算期					
			第1年	第2年	第3年	第4年	……	第n年
1	生产成本							
1.1	直接材料费							
1.2	直接燃料及动力费							
1.3	直接工资及福利费							
1.4	制造费用							
1.4.1	折旧费							
1.4.2	修理费							
1.4.3	其他制造费							
2	管理费用							
2.1	无形资产摊销							
2.2	其他资产摊销							
2.3	其他管理费用							
3	财务费用							
3.1	利息支出							
3.1.1	长期借款利息							
3.1.2	流动资金借款利息							
3.1.3	短期借款利息							
4	营业费用							
5	总成本费用合计(1＋2＋3＋4)							
5.1	其中：可变成本							
5.2	固定成本							
6	经营成本(5－1.4.1－2.1－2.2－3.1)							

注：① 本表适用于新设法人项目与既有法人项目的“有项目”、“无项目”和增量总成本费用的估算。

② 生产成本中的折旧费、修理费指生产性设施的固定资产折旧费和修理费。

③ 生产成本中的工资和福利费指生产性人员工资和福利费。车间或分厂管理人员工资和福利费可在制造费用中单独列项或含在其他制造费中。

④ 本表其他管理费用中含管理设施的折旧费、修理费以及管理人员的工资和福利费。

(1) 生产成本的构成

生产成本亦称制造成本，是指企业生产经营过程中实际消耗的直接材料、直接工资、其他直接支出和制造费用。

① 直接材料。直接材料包括企业生产经营过程中实际消耗的原材料、辅助材料、设备配件、外购半成品、燃料、动力、包装物、低值易耗品以及其他直接材料。

② 直接工资。直接工资包括企业直接从事产品生产人员的工资、奖金、津贴和补贴等。

③ 其他直接支出。其他直接支出包括直接从事产品生产人员的职工福利费等。

④ 制造费用。制造费用是指企业各个生产单位(分厂、车间)为组织和管理生产所发生的各项费用,包括生产单位(分厂、车间)管理人员的工资、职工福利费、折旧费、修理费、物料消耗、低值易耗品摊销、劳动保护费、水电费、办公费、差旅费、运输费、保险费、租赁费(不包括融资租赁费)、设计制图费、试验检验费、环境保护费以及其他制造费用。

(2) 期间费用的构成

期间费用是指在一定会计期间发生的与生产经营没有直接关系或关系不密切的费用,包括管理费用、财务费用和营业费用。期间费用不计入产品的生产成本,直接体现为当期损益。

① 管理费用。管理费用是指企业行政管理部门为管理和组织经营活动发生的各项费用,包括公司经费(工厂总部管理人员工资、职工福利费、差旅费、办公费、折旧费、修理费、物料消耗、低值易耗品摊销以及其他公司经费)、工会经费、职工教育经费、劳动保险费、董事会费、咨询费、顾问费、交际应酬费、税金(企业按规定支付的房产税、车船使用税、土地使用税和印花税等)、土地使用费、技术转让费、无形资产摊销、开办费摊销、研究发展费以及其他管理费用。

② 财务费用。财务费用是指企业为筹集资金而发生的各项费用,包括企业生产经营期间的利息净支出(减利息收入)、汇兑净损失、调剂外汇手续费、金融机构手续费以及筹资发生的其他财务费用。项目评价中一般只考虑财务费用中的利息支出。

③ 营业(销售)费用。营业(销售)费用是指企业在销售产品、自制半成品和提供劳务等过程中发生的各项费用以及专设销售机构的各项经费,包括应由企业负担的运输费、装卸费、包装费、保险费、委托代销费、广告费、展览费、租赁费(不包括融资租赁费)和销售服务费用、销售部门人员工资、职工福利费、差旅费、办公费、折旧费、修理费、物料消耗、低值易耗品摊销以及其他经费。

2. 生产要素估算法

$$\text{总成本费用}=\begin{array}{c}\text{外购原材料、}\\\text{燃料及动力费}\end{array}+\begin{array}{c}\text{工资}\\\text{或薪酬}\end{array}+\text{折旧费}+\text{摊销费}+\text{修理费}+\begin{array}{c}\text{利息}\\\text{支出}\end{array}+\begin{array}{c}\text{其他}\\\text{费用}\end{array}$$

按现行会计制度,制造费用、管理费用和营业费用中均包括多项费用,且行业间不尽相同。为了估算简便,财务分析中可将其归类估算,上式中其他费用是指由这三项费用中分别扣除工资或薪酬、折旧费、摊销费、修理费以后的其余部分。

这种方法是从估算各种生产要素的费用入手汇总得到项目总成本费用,而不管其具体应归集到哪个产品上,即将生产和销售过程中消耗的全部外购原材料、燃料及动力等费用要素加上全部工资或薪酬、当年应计提的全部折旧费、摊销费以及利息支出和其他费用,构成项目的总成本费用。采用这种估算方法,不必考虑项目内部各生产环节的成本结转,同时也较容易计算可变成本、固定成本和增值税进项税额。该方法下的总成本费用估算表见表 7-5。

表 7-5　总成本费用估算表(生产要素估算法)　　单位:万元

序号	项目	合计	计算期					
			第1年	第2年	第3年	第4年	……	第n年
1	外购原材料费							
2	外购燃料及动力费							
3	工资及福利费							
4	修理费							
5	其他费用							
6	经营成本(1+2+3+4+5)							
7	折旧费							
8	摊销费							
9	利息支出							
10	总成本费用合计(6+7+8+9)							
	其中:可变成本							
	固定成本							

注:本表适用于新设法人项目与既有法人项目的"有项目"、"无项目"和增量成本费用的估算。

(二) 总成本费用的估算要点

下面以生产要素估算法为例,分步说明总成本费用的估算要点。

1. 外购原材料、燃料及动力费估算

(1) 外购原材料费。外购原材料费是总成本费用的重要组成部分,其计算公式如下:

$$原材料费=全年产量\times单位产品原材料成本$$

式中,全年产量可根据设计生产能力和预计的投产期各年的生产负荷加以确定,单位产品原材料成本可依据原材料消耗定额和单价确定。

工业项目生产所需要的原材料种类繁多,在分析评价时,可根据具体情况,选取耗用量较大的、主要的原材料为估算对象,依据国家有关规定和经验数据估算原材料费。

(2) 外购燃料及动力费。外购燃料及动力费的估算公式为:

$$外购燃料及动力费=全年产量\times单位产品燃料及动力成本$$

式中有关数据的确定方法同上。

以上两种费用可分别编制外购原材料费估算表、外购燃料和动力费估算表,见表 7-6 和表 7-7。

表 7-6　外购原材料费估算表　　单位:万元

序号	项目	合计	计算期					
			第1年	第2年	第3年	第4年	……	第n年
1	外购原材料费							
1.1	原材料 A							
	单价							
	数量							

表 7-6(续)

序号	项目	合计	计算期					
			第 1 年	第 2 年	第 3 年	第 4 年	……	第 n 年
	进项税额							
1.2	原材料 B							
	单价							
	数量							
	进项税额							
	……							
2	辅助材料费用							
	进项税额							
3	其他							
	进项税额							
4	外购原材料费合计							
5	外购原材料进项税额合计							

注:本表适用于新设法人项目与既有法人项目的“有项目”、“无项目”和增量外购原材料费的估算。

表 7-7 外购燃料和动力费估算表 单位:万元

序号	项目	合计	计算期					
			第 1 年	第 2 年	第 3 年	第 4 年	……	第 n 年
1	燃料费							
1.1	燃料 A							
	单价							
	数量							
	进项税额							
	……							
2	动力费							
2.1	动力 A							
	单价							
	数量							
	进项税额							
	……							
3	外购燃料及动力费合计							
4	外购燃料及动力进项税额合计							

注:本表适用于新设法人项目与既有法人项目的“有项目”、“无项目”和增量外购燃料动力费的估算。

2. 工资或薪酬估算

财务分析中的工资或薪酬,是指企业为获得职工提供的服务而给予各种形式的报酬,通常包括职工工资、奖金、津贴和补贴等。

按照生产要素估算法估算总成本费用时，所采用的职工人数为项目全部定员。

执行新《企业会计准则》的项目(企业)，应当用“职工薪酬”代替“工资”。职工薪酬包括：

(1) 职工工资、奖金、津贴和补贴；

(2) 职工福利费；

(3) 医疗保险费、养老保险费、失业保险费、工伤保险费和生育保险费等社会保险费；

(4) 住房公积金；

(5) 工会经费和职工教育经费；

(6) 非货币性福利；

(7) 因解除与职工的劳动关系给予的补偿；

(8) 其他与获得职工提供的服务相关的支出。

由此可见，职工薪酬包含的范围大于工资，例如，原在管理费用中核算的由企业缴付的社会保险费和住房公积金以及工会经费和职工教育经费等都属于职工薪酬的范畴。实际工作中，当用“职工薪酬”代替“工资”时，应注意核减相应的管理费用。

按照《企业会计准则》的要求，职工薪酬应当根据职工提供服务的受益对象，分别按下列情况处理：

(1) 应由生产产品、提供劳务负担的职工薪酬，计入产品成本或劳务成本。

(2) 其他职工薪酬，计入当期损益。

在项目评价中，当采用生产要素法估算总成本费用时，其中的职工薪酬是指项目全部定员的职工薪酬。

确定工资或薪酬时需考虑以下因素：

(1) 项目地点。工资或薪酬水平随地域的不同会有差异，要注意考虑地域的不同对工资水平的影响，项目评价中对此应有合理反映。

(2) 原企业工资或薪酬水平。对于依托老厂建设的项目，在确定单位工资或薪酬时，客观上需要将原企业工资或薪酬水平作为参照系。

(3) 行业特点。不同行业的工资或薪酬水平也可能有较大差异，确定单位工资或薪酬时需考虑行业特点，使所定的工资或薪酬水平更符合实际。

(4) 平均或分档工资或薪酬。根据不同项目的需要，财务分析中可视情况选择按项目全部人员年工资或薪酬的平均数值计算，或者按照人员类型和层次的不同分别设定不同档次的工资或薪酬进行计算。如采用分档工资或薪酬，最好编制工资或薪酬估算表，格式见表 7-8。

表 7-8　工资及福利费估算表　　单位：万元

序号	项目	合计	计算期					
			第 1 年	第 2 年	第 3 年	第 4 年	……	第 n 年
1	工人							
	人数							
	人均年工资							
	工资额							

表 7-8(续)

序号	项目	合计	计算期					
			第 1 年	第 2 年	第 3 年	第 4 年	……	第 n 年
2	技术人员							
	人数							
	人均年工资							
	工资额							
3	管理人员							
	人数							
	人均年工资							
	工资额							
4	工资总额(1+2+3)							
5	福利费							
6	合计(4+5)							

注:① 本表适用于新设法人项目工资及福利费的估算,以及既有法人项目的"有项目"、"无项目"和增量工资及福利费的估算。

② 外商投资项目取消福利费科目。

3. 折旧费估算

(1) 固定资产与固定资产原值。固定资产是指同时具有下列特征的有形资产:

① 为生产商品、提供劳务、出租或经营管理而持有的;

② 使用寿命超过一个会计年度。

计算折旧需要先计算固定资产原值。固定资产原值是指项目投产时(达到预定可使用状态)按规定由投资形成固定资产的部分,包括:工程费用(设备购置费、建筑工程费、安装工程费)和工程建设其他费用中应计入固定资产原值的部分,也称固定资产其他费用,即除了按规定可以计入无形资产和其他资产以外的工程建设其他费用,一般包括建设单位管理费、勘察设计费、可行性研究费、环境影响评价费、场地准备及临时设施费、引进技术和引进设备其他费用、工程保险费和联合试运转费等,还包括预备费和建设期利息。

按照生产要素估算法估算总成本费用时,在折旧计算中需要的是项目全部固定资产原值。

(2) 固定资产折旧。固定资产在使用过程中受到磨损的价值损失,通过提取折旧的方式补偿。

按照财税制度规定,企业固定资产应当按月计提折旧,并根据用途计入相关资产的成本或者当期损益。财务分析中,折旧费通常按年计列。按生产要素法估算总成本费用时,固定资产折旧费可直接列支于总成本费用。符合税法的折旧费允许在所得税前列支。

固定资产的折旧方法可在税法允许的范围内由企业自行确定。一般采用直线法,包括年限平均法(原称平均年限法)和工作量法。税法也允许对某些机器设备采用快速折旧法,即双倍余额递减法和年数总和法。

固定资产折旧年限、预计净残值率可在税法允许的范围内由企业自行确定，或按行业规定。项目评价中，一般应按税法明确规定的分类折旧年限，也可按行业规定的综合折旧年限。

上述各种方法的计算公式如下：

① 年限平均法

$$年折旧率=\frac{1-预计净残值率}{折旧年限}\times100\%$$

$$年折旧额=固定资产原值\times年折旧率$$

② 工作量法

工作量法又分两种，一是按照行驶里程计算折旧，二是按照工作小时计算折旧，计算公式如下：

按照行驶里程计算折旧的公式：

$$单位里程折旧额=\frac{固定资产原值\times(1-预计净残值率)}{总行驶里程}$$

$$年折旧额=单位里程折旧额\times年行驶里程$$

按照工作小时计算折旧的公式：

$$每工作小时折旧额=\frac{固定资产原值\times(1-预计净残值率)}{总工作小时}$$

$$年折旧额=每工作小时折旧额\times年工作小时$$

③ 双倍余额递减法

$$年折旧率=\frac{2}{折旧年限}\times100\%$$

$$年折旧额=年初固定资产净值\times年折旧率$$

$$年初固定资产净值=固定资产原值-以前各年累计折旧$$

实行双倍余额递减法的，应在折旧年限到期前两年内，将固定资产净值扣除净残值后的净额平均摊销。

④ 年数总和法

$$年折旧率=\frac{折旧年限-已使用年数}{折旧年限\times(折旧年限+1)\div2}\times100\%$$

$$年折旧额=(固定资产原值-预计净残值)\times年折旧率$$

⑤ 几种折旧方法的比较

在上述几种折旧方法中，按年限平均法计算的各年折旧率和年折旧额都相同；而按双倍余额递减法计算的各年折旧率虽相同，但年折旧额因按固定资产净值计算，故逐年变小；按年数总和法进行计算时，虽按原值进行计算，但因各年折旧率逐渐变小，故年折旧额也逐年变小。但无论按哪种方法计算，只要折旧年限相同，所取净残值率也相同，在设定的折旧年限内，总折旧额是相同的。只是按后两种方法，在折旧年限前期折旧额大，以后逐年变小，故称快速折旧法或加速折旧法。同时可以看出，如果不计净残值率，采用双倍余额递减法估算的第 1 年的折旧额是采用年限平均法的 2 倍。

固定资产折旧可通过编制固定资产折旧费估算表来反映，其格式见表 7-9。

表 7-9　固定资产折旧费估算表　　　　单位:万元

序号	项目	合计	计算期					
			第 1 年	第 2 年	第 3 年	第 4 年	……	第 n 年
1	房屋、建筑物							
	原值							
	当期折旧费							
	净值							
2	机器设备							
	原值							
	当期折旧费							
	净值							
	……							
3	合计							
	原值							
	当期折旧费							
	净值							

注:本表适用于新设法人项目固定资产折旧费的估算,以及既有法人项目的“有项目”、“无项目”和增量固定资产折旧费的估算。当估算既有法人项目的“有项目”固定资产折旧费时,应将新增和利用原有部分固定资产分别列出,并分别计算折旧费。

【例 7-2】 设固定资产原值为 10 000 万元,综合折旧年限为 5 年,净残值率为 5%,试分别按年限平均法、双倍余额递减法和年数总和法计算折旧。

解:(1) 年限平均法

$$年折旧率=\frac{1-5\%}{5}\times 100\%=19\%$$

各年折旧额=10 000 ×19%=1 900(万元)

(2) 双倍余额递减法:

$$年折旧率=\frac{2}{5}\times 100\%=40\%$$

第 1 年折旧额=10 000 ×40%=4 000(万元)

第 2 年折旧额=(10 000−4 000)×40%=2 400(万元)

第 3 年折旧额=(10 000−4 000−2 400)×40%=1 440(万元)

第 4、第 5 年折旧额=[(10 000−4 000−2 400−1 440)−(10 000 ×5%)]÷2=830(万元)

(3) 年数总和法

$$第 1 年年折旧率=\frac{5-0}{5\times(5+1)\div 2}\times 100\%=33.33\%$$

第 1 年折旧额=(10 000−10 000×5%)×33.33%=3 166.35(万元)

$$第 2 年年折旧率=\frac{5-1}{5\times(5+1)\div 2}\times 100\%=26.67\%$$

第 2 年折旧额=(10 000−10 000×5%)×26.67%=2 533.65(万元)

第 3 年年折旧率 $=\frac{5-2}{5\times(5+1)\div2}\times100\%=20\%$

第 3 年折旧额 =(10 000－10 000×5%)×20%＝1 900(万元)

第 4 年年折旧率 $=\frac{5-3}{5\times(5+1)\div2}\times100\%=13.33\%$

第 4 年折旧额 =(10 000－10 000×5%)×13.33%＝1 266.35(万元)

第 5 年年折旧率 $=\frac{5-4}{5\times(5+1)\div2}\times100\%=6.67\%$

第 5 年折旧额 =(10 000－10 000×5%)×6.67%＝633.65(万元)

可以看出以上分别按 3 种方法计算的 5 年折旧费总额都为 9 500 万元。

4. 修理费估算

固定资产修理费是指为保持固定资产的正常运转和使用，充分发挥其使用效能，在运营期内对其进行必要修理所发生的费用，按其修理范围的大小和修理时间间隔的长短可以分为大修理和中小修理。

项目评价中，修理费可直接按固定资产原值(扣除所含的建设期利息)的一定百分数估算，百分数的选取应考虑行业和项目特点。

5. 摊销费

(1) 无形资产摊销费

无形资产是指企业拥有或者控制的没有实物形态的可辨认非货币性资产，包括专利权、非专利技术、商标权、著作权、土地使用权和特许权等。

项目评价中可以将项目投资中包括的技术转让或技术使用费(包括专利权、非专利技术)、土地使用权、商标权等费用直接转入无形资产原值。但房地产开发企业开发商品房时，相关的土地使用权账面价值应当计入所建造的房屋建筑物成本。

按照有关规定，无形资产从开始使用之日起，在有效使用期限内平均摊入成本。法律和合同规定了法定有效期限或者受益年限的，摊销年限从其规定，否则摊销年限应注意符合税法的要求。无形资产的摊销一般采用年限平均法，不计残值。

(2) 其他资产摊销费

其他资产原称递延资产，是指除固定资产、无形资产和流动资产之外的其他资产，如长期待摊费用。关于投资中哪些费用可转入其他资产，有关制度和规定中不完全一致。项目评价中，可将生产准备费、开办费、样品样机购置费和农业项目的开荒费等直接形成其他资产。其他资产的摊销也采用年限平均法，不计残值，其摊销年限应注意符合税法的要求。

摊销费可通过编制无形资产和其他资产摊销估算表来反映，其格式见表 7-10。

表 7-10 无形资产和其他资产摊销费估算表 单位:万元

序号	项目	合计	计算期					
			第 1 年	第 2 年	第 3 年	第 4 年	……	第 n 年
1	无形资产							
	原值							
	当期摊销费							

表 7-10(续)

序号	项目	合计	计算期					
			第 1 年	第 2 年	第 3 年	第 4 年	……	第 n 年
	净值							
2	其他资产							
	原值							
	当期摊销费							
	净值							
	……							
3	合计							
	原值							
	当期摊销费							
	净值							

注：本表适用于新设法人项目固定资产折旧费的估算，以及既有法人项目的"有项目"、"无项目"和增量摊销费的估算。当估算既有法人项目的"有项目"固定资产摊销费时，应将新增和利用原有部分的资产分别列出，并分别计算摊销费。

6. 利息支出

按照现行财税规定，可以列支于总成本费用的是财务费用，是指企业为筹集所需资金等而发生的费用，包括利息支出（减利息收入）、汇兑损失（减汇兑收益）以及相关的手续费等。在项目评价中，一般只考虑利息支出。利息支出的估算包括长期借款利息（即建设投资借款在投产后需支付的利息）、用于流动资金的借款利息和短期借款利息三部分。

(1) 建设投资借款利息。建设投资借款一般是长期借款。建设投资借款利息是指建设投资借款在还款起始年年初（通常也是运营期初）的余额（含未支付的建设期利息）应在运营期支付的利息，国际上通行的还本付息方法主要有等额还本付息和等额还本、利息照付两种，有时也可采取其他方法。

① 等额还本付息方式。等额还本付息方式是在指定的还款期内每年还本付息的总额相同，随着本金的偿还，每年支付的利息逐年减少，同时每年偿还的本金逐年增多。

还本付息计算公式如下：

$$A = I_c \times \frac{i(1+i)^n}{(1+i)^n - 1} = I_c \times (A/P, i, n)$$

式中　A——每年还本付息额（等额年金）；

I_c——还款起始年年初的借款余额（含未支付的建设期利息）；

i——年利率；

n——预定的还款期；

$\frac{i(1+i)^n}{(1+i)^n-1}$——资金回收系数，可以自行计算或查复利系数表中 $(A/P, i, n)$ 的值。

在每年还本付息额 A 中：

每年支付利息＝年初借款余额×年利率

每年偿还本金＝A－每年支付利息

以后各年年初借款余额$=I_c-$本年以前各年偿还的本金累计

【例 7-3】 某投资项目在还款年初的借款余额累计为 5 000 万元，年利率为 10%，预定的还款期为 5 年，若按等额还本付息方式计算，每年还本付息额以及所付利息和偿还本金为多少？

解：先求年还本付息额（年金 A），然后再逐年分别求出付息和还本额。

$$A=5\ 000\times\frac{10\%(1+10\%)^5}{(1+10\%)^5-1}=5\ 000\times(A/P,10\%,5)=1\ 319(\text{万元})$$

第 1 年　付息：5 000×10%=500(万元)

还本：1 319−500=819(万元)

第 2 年　付息：(5 000−819)×10%=4 181×10%=418.10(万元)

还本：1 319−418.10=900.90(万元)

第 3 年　付息：(5 000−819−900.90)×10%=3 280.10×10%=328.01(万元)

还本：1 319−328.01=990.99(万元)

第 4 年　付息：(5 000−819−900.90−990.99)×10%

=2 289.11×10%=228.91(万元)

还本：1 319−228.91=1 090.09(万元)

第 5 年　付息：(5 000−819−900.90−990.99−1 090.09)×10%

=1 199.02×10%=119.90(万元)

还本：1 319−119.90=1 199.10(万元)

计算得出的各年应付利息，分别计入各年总成本费用中的利息支出科目。

可编制还本付息计划表，见表 7-11。

表 7-11　等额还本付息方式下还本付息计划表　　单位：万元

序号	项目	第 1 年	第 2 年	第 3 年	第 4 年	第 5 年
1	年初借款余额	5 000	4 181	3 280.10	2 289.11	1 199.02
2	当年应计利息	500	418.10	328.01	228.91	119.90
3	当年还本付息	1 319	1 319	1 319	1 319	1 319
3.1	其中还本	819	900.90	990.99	1 090.09	1 199.10
3.2	付息	500	418.10	328.01	228.91	119.90
4	年末借款余额	4 181	3 280.10	2 289.11	1 199.02	0

② 等额还本、利息照付方式。等额还本、利息照付方式是在每年等额还本的同时，支付逐年相应减少的利息。还本付息计算公式如下：

$$A_t=\frac{I_c}{n}+I_c\times\left(1-\frac{t-1}{n}\right)\times i$$

式中　A_t——第 t 年还本付息额；

$\frac{I_c}{n}$——每年偿还本金额；

$I_c\times\left(1-\frac{t-1}{n}\right)\times i$——第 t 年支付利息额。

【例 7-4】 按照【例 7-3】中的条件，采用等额还本、利息照付方式计算各年还本和付息额。

解：每年偿还本金额＝5 000/5＝1 000(万元)

第 1 年　付息：5 000×[1－(1－1)/5]×10%＝500(万元)

第 2 年　付息：5 000×[1－(2－1)/5]×10%＝400(万元)

第 3 年　付息：5 000×[1－(3－1)/5]×10%＝300(万元)

第 4 年　付息：5 000×[1－(4－1)/5]×10%＝200(万元)

第 5 年　付息：5 000×[1－(5－1)/5]×10%＝100(万元)

还本付息计划表见表 7-12。

表 7-12　等额还本、利息照付方式下还本付息计划表　　　单位：万元

序号	项目	第 1 年	第 2 年	第 3 年	第 4 年	第 5 年
1	年初借款余额	5 000	4 000	3 000	2 000	1 000
2	当年应计利息	500	400	300	200	100
3	当年还本付息	1 500	1 400	1 300	1 200	1 100
3.1	其中：还本	1 000	1 000	1 000	1 000	1 000
3.2	付息	500	400	300	200	100
4	年末借款余额	4 000	3 000	2 000	1 000	0

③ 其他还本付息方式。其他还本付息方式是指由借贷双方商定的除上述两种方式之外的还本付息方式。

(2) 流动资金借款利息。项目评价中估算的流动资金借款从本质上说应归类为长期借款，但目前企业往往有可能与银行达成共识，按年终偿还、下年初再借的方式处理，并按一年期利率计息。财务分析中可以根据情况选用适宜的利率。

财务分析中对流动资金的借款偿还一般设定在计算期最后一年，也可在还完建设投资借款后安排。流动资金借款利息一般按当年年初流动资金借款余额乘以相应的借款年利率计算。

(3) 短期借款利息。项目评价中的短期借款是指项目运营期间为了满足资金的临时需要而发生的短期借款，短期借款的数额应在财务计划现金流量表中有所反映，其利息应计入总成本费用表的利息支出中。计算短期借款利息所采用的利率一般可为一年期借款利率。短期借款的偿还按照随借随还的原则处理，即当年借款尽可能于下年偿还。

7. 其他费用

如前所述，其他费用是指在制造费用、管理费用、财务费用和销售费用中扣除工资或薪酬、折旧费、修理费、摊销费、利息支出后的费用。

在项目评价中，其他费用一般是根据总成本费用中前几项(外购原材料、燃料及动力费、工资或薪酬、折旧费、修理费、摊销费)之和的一定百分比计算的，具体数值应按照同类企业的经验数据加以确定。

将上述各项合计，即得出生产期各年的总成本费用。

(三) 经营成本

经营成本是项目评价的现金流量分析中所采用的一个特定的概念，作为运营期内的主

要现金流出。

经营成本与融资方案无关，因此在完成建设投资和营业收入估算后，就可以估算经营成本，为项目融资前的现金流量分析提供数据。经营成本是指项目总成本费用扣除折旧费、摊销费和利息支出以后的成本，其与总成本费用的关系如下：

经营成本＝总成本费用－折旧费－摊销费－利息支出

或用下式表示：

经营成本＝外购原材料费＋外购燃料及动力费＋工资或薪酬＋修理费＋其他费用

经营成本是工程经济学特有的概念，它涉及产品生产及销售、企业管理过程中的物料、人力和能源的投入费用，反映企业的生产和管理水平。同类企业的经营成本具有可比性。在项目评价中，它被应用于现金流量分析。

计算经营成本之所以要从总成本费用中剔除折旧费、摊销费和利息支出，主要是基于以下两点理由：

第一，现金流量表反映项目在计算期内逐年发生的现金流入和流出。与常规会计方法不同，现金收支何时发生就在何时计算，不作分摊。由于投资已按其发生的时间作为一次性支出被计入现金流出，所以不能再以折旧或摊销的方式计为现金流出，否则会发生重复计算。因此，作为经常性支出的经营成本中不包括折旧费和摊销费。

第二，项目投资现金流量表属于融资前分析，不考虑投资资金来源和利息，利息支出不作为现金流出；资本金现金流量表中已将利息支出单列，因此，经营成本中也不包括利息支出。

（四）固定成本与可变成本

根据成本费用与产量的关系可以将总成本费用分解为可变成本、固定成本和半可变（或半固定）成本。固定成本是指不随产品产量变化的各项成本费用，可变成本是指随产品产量增减而成正比例变化的各项成本费用。有些成本费用属于半可变（或半固定）成本，如不能熄灭的工业炉的燃料费用等。工资、营业费用和流动资金利息等也都可能既有可变因素也有固定因素。必要时需将半可变（或半固定）成本进一步分解为可变成本和固定成本，使成本费用最终划分为可变成本和固定成本。

项目评价中一般可以根据行业特点进行简化处理。通常可变成本主要包括外购原材料、燃料及动力费和计件工资等。固定成本主要包括工资或薪酬（计件工资除外）、折旧费、摊销费、修理费和其他费用等。

长期借款利息应视为固定成本，流动资金借款和短期借款利息可能部分与产品产量相关，其利息可视为半可变（或半固定）成本，为简化计算，一般也将其作为固定成本。

进行盈亏平衡分析时，需要将总成本费用分解为固定成本和可变成本。

四、相关税金估算

财务分析中涉及多种税金的计算，不同项目涉及的税金种类和税率可能各不相同。税金计取得当是正确估算项目费用乃至净效益的重要因素。要根据项目的具体情况选用适宜的税种和税率。这些税金及相关优惠政策会因时而异，部分会因地而异，项目评价时应密切注意当时和项目所在地的税收政策，适时调整计算，使财务分析比较符合实际情况。

财务分析涉及的税金主要包括关税、增值税、资源税、消费税、所得税、城市维护建设税和教育费附加等，有些行业还涉及土地增值税。实行“营改增”后，营业税改为增值税处理。

财务分析时应说明税种、征税方式、计税依据、税率等，如有减免税优惠，应说明减免依据及减免方式。在会计处理上，“营改增”之前，营业税、消费税、资源税、土地增值税、城市维护建设税和教育费附加等含在“营业税金及附加”中；实行“营改增”之后，该项不再包含增值税，相应地，名称也调整为“税金及附加”。

（一）税金及附加

1. 消费税

消费税是对工业企业生产、委托加工和进口的部分应税消费品按差别税率或税额征收的一种税。消费税是在普遍征收增值税的基础上，根据消费政策、产业政策的要求，有选择地对部分消费品征税。

目前，我国的消费税共设15个税目，在其中的3个税目下又设置了13个子目，列举了25个征税项目。消费税的税率有比例税率和额定税率两种，黄酒、啤酒、汽油、柴油等采用额定税率；其他消费品为比例税率，税率从3%到56%不等。

若是从价定率，则应纳税额按下式计算：

消费税应纳税额＝应税消费品销售额×适用税率

＝组成计税价格×消费税率

＝销售收入（含增值税）÷（1＋增值税率）×消费税率

若是从量定额，则应纳税额按下式计算：

消费税应纳税额＝应税消费品销售数量×单位税额

应税消费品的销售额是指纳税人销售应税消费品向买方收取的全部价款和价外费用，不包括向买方收取的增值税税款；销售数量是指应税消费品数量。

项目评价中涉及适用消费税的产品或进口货物时，应按税法规定计算消费税。

2. 资源税

资源税是国家对在我国境内开采应税矿产品或者生产盐的单位或个人征收的一种税。它是针对由于资源生成和开发条件存在差异而客观形成级差收入的情况而征收的。资源税的征收对象为矿产品（如原油、天然气、煤炭、金属矿产品和其他非金属矿产品）和盐（包括固体盐、液体盐）。

资源税的应纳税额，按照应税产品的课税数量和规定的单位税额计算。应纳税额的计算公式为：

资源税应纳税额＝应税产品课税数量×单位税额

若纳税人开采或者生产应税产品用于销售的，以销售数量为课税数量；纳税人开采或者生产应税产品为了自用的，以自用数量为课税数量。

3. 城市维护建设税

城市维护建设税是以纳税人实际缴纳的流转税额（包括增值税和消费税等）为计税依据征收的一种税，按纳税人所在地区实行差别税率：项目所在地为市区的，税率为7%；项目所在地为县城或镇的，税率为5%；项目所在地为乡村或矿区的，税率为1%。

其应纳税额计算公式为：

城市维护建设税应纳税额＝（增值税＋消费税）实纳税额×适用税率

4. 教育费附加和地方教育费附加

教育费附加是为了加快地方教育事业的发展，扩大地方教育经费的资金来源而开征的。

教育费附加收入纳入预算管理，作为教育专项基金，主要用于各地改善教学设施和办学条件。教育费附加从1986年起在全国开征，1990年经修改而进一步完善、合理。

地方教育附加是指各省、自治区、直辖市根据国家有关规定，为实施"科教兴省"战略，增加地方教育的资金投入，促进各省、自治区、直辖市教育事业发展，开征的一项地方政府性基金。为贯彻落实《国家中长期教育改革和发展规划纲要（2010—2020年）》，财政部下发了《关于统一地方教育附加政策有关问题的通知》（财综〔2010〕98号）。财综〔2010〕98号要求，各地统一征收地方教育附加费。2011年7月1日发布的《国务院关于进一步加大财政教育投入的意见》要求，全面开征地方教育附加费。

凡缴纳消费税和增值税、营业税的单位和个人，都是教育费附加的缴纳人。教育费附加随消费税、增值税同时缴纳，由税务机关负责征收。教育费附加的计征依据是各缴纳人实际缴纳的消费税、增值税的总额，目前征收率为3%。教育费附加与地方教育费附加的计征依据相同，都是各缴纳人实际缴纳的消费税和增值税的总额，目前征收率为2%。其计算公式为：

教育费附加（或地方教育费附加）＝（消费税＋增值税）×3%（或2%）

5. 土地增值税

土地增值税是按转让房地产取得的增值额征收的税种，房地产项目应按规定计算土地增值税。

（二）增值税

对适用增值税的项目，财务分析应按税法规定计算增值税。须注意，当采用含税（指增值税销项税额或进项税额）价格计算营业收入和原材料、燃料动力成本时，利润与利润分配表和计算净现值的现金流量表中应单列增值税科目；采用不含税（指增值税销项税额或进项税额）价格计算时，利润与利润分配表和计算净现值的现金流量表中不包括增值税科目。在计算增值税时应明确说明采用何种计价方式。当项目进口原材料时，也会涉及增值税的计算。

增值税虽然不属于"税金及附加"之列，但是它是城市维护建设税和教育费附加的计算基数。增值税可按下列公式计算：

增值税应纳税额＝销项税额－进项税额

销项税额＝含税收入÷（1＋增值税率）×增值税率

或　　＝不含税收入×增值税率

进项税额＝外购原材料、燃料动力含税成本÷（1＋增值税率）×增值税率

或　　＝外购原材料、燃料动力不含税成本×增值税率

增值税税目税率依据最新的增值税税目税率表执行。

（三）企业所得税

企业所得税是针对企业应纳税所得额征收的税种，项目评价中应注意按有关税法对所得税前扣除项目的要求，正确计算应纳税所得额，并采用适宜的税率计算企业所得税，同时注意正确使用有关的所得税优惠政策，并加以说明。

（四）关税

关税是以进出口应税货物为纳税对象的税种。项目评价中涉及应税货物的进出口时，应按规定正确计算关税。引进技术、设备材料的关税体现在投资估算中，而进口原材料的关

税体现在成本中。

财务分析(含建设投资)涉及的主要税种和计税时涉及的费用效益科目归纳见表7-13。

表7-13　财务分析涉及税种表

税种名称	建设投资	总成本费用	税金及附加	增值税	利润分配
进口关税	√				
增值税	√			√	
消费税	√		√		
资源税		(自用)√	(销售)√		
土地增值税					
耕地占用税	√				
企业所得税					√
城市维护建设税			√		
教育费附加			√		
车船税	√	√			
房产税		√			
印花税	√	√			

第三节　盈利能力分析

财务分析的内容包括盈利能力分析、偿债能力分析和财务生存能力分析,而盈利能力分析是项目财务分析的重要组成部分。从是否在融资方案的基础上进行分析的角度划分,财务盈利能力分析可分为融资前分析和融资后分析。

一、融资前分析(项目投资现金流量分析)

财务分析一般宜先进行融资前分析。融资前分析是指在考虑融资方案前就可以开始进行的财务分析,即不考虑债务融资条件下进行的财务分析。在融资前分析结论满足要求的情况下,初步设定融资方案,再进行融资后分析。在项目的初期研究如项目建议书阶段,可只进行融资前分析。

根据需要,融资前分析可从所得税前和(或)所得税后两个角度进行考察,选择计算所得税前和(或)所得税后分析指标。

融资前分析只进行盈利能力分析,即项目投资现金流量分析。项目投资现金流量分析原称为"全部投资现金流量分析",是针对项目基本方案进行的现金流量分析。它是在不考虑债务融资条件下进行的融资前分析,是从项目投资总获利能力的角度,考察项目方案设计的合理性,即不论实际可能支付的利息是多少,分析结果都不发生变化,因此可以排除融资方案对决策的影响。项目投资现金流量分析应以动态分析(项目折现现金流量分析)为主,静态分析(非折现现金流量分析)为辅。

1. 项目投资现金流量识别与报表编制

进行现金流量分析,首先要正确识别和选用现金流量,包括现金流入和现金流出。是否能作为融资前分析的现金流量,要看其与融资方案的关系,若与融资方案无关,则可作为融资前分析的现金流量。

(1) 现金流入。按照上述原则,项目投资现金流量分析的现金流入主要包括营业收入(必要时还包括补贴收入),在计算期的最后一年,还包括回收固定资产余值(该回收固定资产余值应不受利息因素的影响,它区别于项目资本金现金流量表中的回收固定资产余值)及回收流动资金。

(2) 现金流出。现金流出主要包括建设投资、流动资金、经营成本、税金及附加。如果运营期内需要投入维持运营投资,也应将其作为现金流出。所得税后分析还要将所得税作为现金流出。由于是融资前分析,该所得税应与融资方案无关,其数值应区别于其他财务报表中的所得税。该所得税应根据不受利息因素影响的息税前利润(EBIT)乘以所得税税率计算,称为调整所得税,也可称为融资前所得税。

(3) 净现金流量。即现金流入与现金流出之差,是计算评价指标的基础。

根据上述现金流量编制的现金流量表称为项目投资现金流量表,其格式见表7-14。

表7-14　项目投资现金流量表　　单位:万元

序号	项目	合计	计算期					
			第1年	第2年	第3年	第4年	……	第n年
1	现金流入							
1.1	营业收入							
1.2	补贴收入							
1.3	回收固定资产余值							
1.4	回收流动资金							
2	现金流出							
2.1	建设投资							
2.2	流动资金							
2.3	经营成本							
2.4	税金及附加							
2.5	维持运营投资							
3	所得税前净现金流量(1－2)							
4	累计所得税前净现金流量							
5	调整所得税							
6	所得税后净现金流量(3－5)							
7	累计所得税后净现金流量							

计算指标:

项目投资财务内部收益率(%)(所得税前)

项目投资财务内部收益率(%)(所得税后)

项目投资财务净现值(所得税前)(i_c=%)

项目投资财务净现值(所得税后)(i_c=%)

项目投资回收期(年)(所得税前)

项目投资回收期(年)(所得税后)

注:① 本表适用于新设法人项目与既有法人项目的增量和“有项目”的现金流量分析。

② 调整所得税为以息税前利润为基数计算的所得税,区别于“利润与利润分配表”、“项目资本金现金流量表”和财务计划现金流量表中的所得税。

2. 项目投资现金流量分析的指标

依据“项目投资现金流量表”，可以计算项目投资财务内部收益率(FIRR)，项目投资财务净现值(FNPV)，这两项指标通常被认定为主要指标。

另外，可借助该表计算项目投资回收期，分别计算静态或动态的投资回收期，我国的评价方法只规定计算静态投资回收期。

3. 所得税前分析和所得税后分析的作用

按项目投资所得税前的净现金流量计算的相关指标(即所得税前指标)是投资盈利能力的完整体现，可用以考察项目的基本面，即由项目方案设计本身所决定的财务盈利能力，它不受融资方案和所得税政策变化的影响，仅仅体现项目方案本身的合理性。该指标可以作为初步投资决策的主要指标，用于考察项目是否基本可行，是否值得为之融资。所得税前指标应受到项目有关各方(项目发起人、项目业主、银行和政府相关部门)的广泛关注。政府投资和政府关注项目必须进行所得税前分析。

项目投资所得税后分析也是一种融资前分析，所采用的报表格式与所得税前分析报表基本相同，只是在现金流出中增加了调整所得税，根据所得税后的净现金流量来计算相关指标。

所得税后分析是所得税前分析的延伸。由于其计算基础——净现金流量中剔除了所得税，有助于判断在不考虑融资方案的条件下项目投资对企业价值的贡献，是企业投资决策偏爱的主要指标。

二、融资后分析

融资后分析是指以设定的融资方案为基础进行的财务分析。融资后分析应以融资前分析和初步的融资方案为基础，考察项目在拟定融资条件下的盈利能力、偿债能力和财务生存能力等内容，判断项目方案在融资条件下的可行性。融资后分析是比选融资方案，进行融资决策和投资者最终决定投资的依据。可行性研究阶段必须进行融资后分析，但只是阶段性的。实践中，在可行性研究报告完成之后，还需要进一步深化融资后分析，才能完成最终融资决策。

融资后的盈利能力分析应包括动态分析和静态分析两种。融资后的偿债能力和财务生存能力在本章第四节介绍。

(一) 动态分析

动态分析是指通过编制财务现金流量表，根据资金时间价值原理，计算财务内部收益率和财务净现值等指标，分析项目的获利能力。融资后的动态分析可分为项目资本金现金流量分析和投资各方现金流量分析两个层次。

1. 项目资本金现金流量分析

项目资本金现金流量分析是从项目权益投资者整体的角度，考察项目给项目权益投资者带来的收益水平。它是在拟定的融资方案基础上进行的息税后分析，可以进而判断项目方案在融资方案条件下的合理性。因此可以说，项目资本金现金流量分析结果是融资决策的重要依据，有助于投资者在其可接受的融资方案下最终做出决策出资。

(1) 项目资本金现金流量识别与报表编制

项目资本金现金流量分析需要编制项目资本金现金流量表，其格式见表 7-15。

表 7-15　项目资本金现金流量表　　单位:万元

序号	项目	合计	计算期					
			第 1 年	第 2 年	第 3 年	第 4 年	……	第 n 年
1	现金流入							
1.1	营业收入							
1.2	补贴收入							
1.3	回收固定资产余值							
1.4	回收流动资金							
2	现金流出							
2.1	项目资本金							
2.2	借款本金偿还							
2.3	借款利息支付							
2.4	经营成本							
2.5	税金及附加							
2.6	所得税							
2.7	维持运营投资							
3	净现金流量(1－2)							

计算指标:

资本金财务内部收益率(%)

注:① 项目资本金包括用于建设投资、建设期利息和流动资金的资金。

② 对外商投资项目,现金流出中应增加职工奖励及福利费科目。

③ 本表适用于新设法人项目与既有法人项目“有项目”的现金流量分析。

① 现金流入。“项目资本金现金流量表”的现金流入包括营业收入(必要时还包括补贴收入),在计算期的最后一年,还包括回收固定资产余值及回收流动资金。

② 现金流出。现金流出主要包括建设投资和流动资金中的项目资本金(权益资金)、经营成本、税金及附加、还本付息和所得税。该所得税应等同于利润与利润分配表等财务报表中的所得税,而区别于项目投资现金流量表中的调整所得税。如果运营期内需要投入维持运营投资,也应将其作为现金流出(通常设定维持运营投资由企业自有资金支付)。

③ 净现金流量,即现金流入与现金流出之差。可见该表的净现金流量包括了项目(企业)在缴税和还本付息之后所剩余的收益(含投资者应分得的利润),既是企业的净收益,又是投资者的权益性收益。

(2) 项目资本金现金流量分析指标

按照我国财务分析方法的要求,一般可以只计算项目资本金财务内部收益率一个指标。

2. 投资各方现金流量分析

对于某些项目,为了考察投资各方的具体收益,还需要编制从投资各方角度出发的现金流量表,即应从投资各方实际收入和支出的角度,确定其现金流入和现金流出,分别编制投资各方现金流量表,计算投资各方的财务内部收益率指标,考察投资各方可能获得的收益水平。

投资各方现金流量表的格式见表 7-16,投资各方现金流量表中的现金流入和现金流出科目需根据项目具体情况和投资各方因项目发生的收入和支出情况选择填列。

表 7-16　投资各方现金流量表　　单位：万元

序号	项目	合计	计算期					
			第 1 年	第 2 年	第 3 年	第 4 年	……	第 n 年
1	现金流入							
1.1	实分利润							
1.2	资产处置利益分配							
1.3	租赁费收入							
1.4	技术转让或使用投入							
1.5	其他现金流入							
2	现金流出							
2.1	实缴资本							
2.2	租赁资本支出							
2.3	其他现金流出							
3	净现金流量(1－2)							

计算指标：

投资各方财务内部收益率(%)

注：本表可按不同投资方分别编制。

(1) 投资各方现金流量表既适用于内资企业，也适用于外商投资企业；既适用于合资企业，也适用于合作企业。

(2) 投资各方现金流量表中现金流入是指出资方因该项目的实施将实际获得的各种收入；现金流出是指出资方因该项目的实施将实际投入的各种支出。表中科目应根据项目具体情况调整。

① 实分利润是指投资者由项目获取的利润。

② 资产处置收益分配是指对有明确的合营期限或合资期限的项目，在期满时对资产余值按股比或约定比例的分配。

③ 租赁收入是指出资方将自己的资产租赁给项目使用所获得的收入，此时应将资产价值作为现金流出，列为租赁资产支出科目。

④ 技术转让或使用收入是指出资方将专利或专有技术转让或允许该项目使用所获得的收入。

投资各方财务内部收益率是一个相对次要的指标。在按股本比例分配利润和分担亏损和风险的原则下，投资各方的利益一般是均等的，可不计算投资各方财务内部收益率。只有投资各方有股权之外的不对等的利益分配时，投资各方的收益率才会有差异。计算投资各方的财务内部收益率可以看出各方收益的非均衡性是否在一个合理的水平上，有助于促成投资各方在合作谈判中达成平等互利的协议。

(二) 静态分析

静态分析是指不采取折现方式处理数据，主要依据利润与利润分配表计算总投资收益率(ROI)和项目资本金净利润率(ROE)等静态指标，也可借助前述的现金流量表计算静态投资回收期(P_t)指标。

1. 利润与利润分配表的概念

利润与利润分配表是反映项目计算期内各年的利润总额、所得税及税后利润的分配情况，用以计算总投资收益率(ROI)和项目资本金净利润率(ROE)等静态财务分析指标的表格。

2. 利润与利润分配表的编制

利润与利润分配表的格式见表 7-17。表中部分数据计算方法如下。

表 7-17　利润与利润分配表　　　　单位:万元

序号	项目	合计	计算期					
			第 1 年	第 2 年	第 3 年	第 4 年	……	第 n 年
1	营业收入							
2	营业税及附加							
3	总成本费用							
4	补贴收入							
5	利润总额(1－2－3＋4)							
6	弥补以前年度亏损							
7	应纳税所得额(5－6)							
8	所得税							
9	净利润(5－8)							
10	期初未分配利润							
11	可供分配的利润(9＋10)							
12	提取法定盈余公积金							
13	可供投资者分配的利润(11－12)							
14	应付优先股股利							
15	提取任意盈余公积金							
16	应付普通股股利(13－14－15)							
17	各投资方利润分配							
	其中:××方							
	××方							
18	未分配利润(13－14－15－17)							
19	息税前利润(利润总额＋利息支出)							
20	息税折旧摊销前利润 (息税前利润＋折旧＋摊销)							

注:① 对于外商出资项目由第 11 项减去储备基金、职工奖励与福利基金和企业发展基金后,得出可供投资者分配的利润。

② 第 14～16 项根据企业性质和具体情况选择填列。

③ 法定盈余公积金按净利润计提。

(1) 利润总额

利润总额是项目在一定时期内实现盈亏总额,即营业收入扣除税金及附加和总成本费用之后(若有补贴收入则加上)的数额。用公式表示为:

利润总额＝营业收入－税金及附加－总成本费用＋补贴收入

营业收入和税金及附加依据“营业收入、税金及附加估算表”填列,总成本费用依据“总成本费用估算表”填列。

（2）项目亏损及亏损弥补的处理

项目在上一个年度发生亏损，可用当年获得的所得税前利润弥补；当年所得税前利润不足以弥补的，可以在5年内用所得税前利润延续弥补；延续5年未弥补的亏损，用缴纳所得税后的利润弥补。

（3）所得税的计算

利润总额按照现行财务制度规定进行调整（如弥补上年的亏损）后，作为计算项目应缴纳所得税税额的计税基数，即应纳税所得额。用公式表示为：

$$应纳税所得额=利润总额-弥补以前年度亏损$$

所得税计算公式为：

$$所得税=应纳税所得额\times所得税税率$$

所得税税率按照国家规定执行。国家对特殊项目有减免所得税规定的，按国家主管部门的有关规定执行。

（4）所得税后利润的分配

缴纳所得税后的利润即净利润，连同上年度未分配利润，构成了本期可供分配的利润。按照下列顺序分配：

① 提取法定盈余公积金。法定盈余公积金按当年所得税后净利润计提，一般为10%，其累计额达到项目法人注册资本的50%以上可不再提取。

可供分配的利润扣除法定盈余公积金后为可供投资者分配的利润。

② 应付优先股股利。

③ 提取任意盈余公积金。除按法律、法规规定提取法定盈余公积金之外，企业按照公司章程规定或投资者会议决议，还可以提取任意盈余公积金，提取比例由企业自行决定。

④ 向各投资方分配利润。分配比例往往依据投资者签订的协议或公司的章程等有关资料来确定。项目当年无盈利，不得向投资者分配利润；企业上年度未分配的利润，可以并入当年向投资者分配。

⑤ 未分配利润。未分配利润计算公式为：

$$\begin{matrix}未分配\\利润\end{matrix}=\begin{matrix}可供投资者\\分配的利润\end{matrix}-\begin{matrix}应付优先\\股股利\end{matrix}-\begin{matrix}任意盈余\\公积金\end{matrix}-\begin{matrix}各投资方\\利润分配额\end{matrix}$$

（5）息税前利润（*EBIT*）

息税前利润（*EBIT*）是指扣除当年利息和所得税前的利润额，等于当年利润总额和当年应付利息之和。计算公式为：

$$息税前利润(EBIT)=利润总额+利息支出$$

利息支出依据"总成本费用估算表"中的利息支出科目填列。

（6）息税折旧摊销前利润（*EBITDA*）

息税折旧摊销前利润（*EBITDA*）是指扣除当年利息、所得税、折旧费和摊销费之前的利润额，等于息税前利润加上折旧费和摊销费，用公式表示为：

$$息税折旧摊销前利润(EBITDA)=息税前利润(EBIT)+折旧费+摊销费$$

折旧费和摊销费依据"总成本费用估算表"中的相应科目填列。

三、反映项目盈利能力的指标

按照是否考虑资金的时间价值，反映盈利能力分析的指标分为静态指标和动态指标两类。

（一）静态指标

静态盈利能力指标是指不考虑资金时间价值因素的影响而计算的盈利能力指标，依据利润与利润分配表和现金流量表中的有关数据计算，主要有总投资收益率、项目资本金净利润率和项目静态投资回收期。各指标的含义、计算和判断简述如下。

1. 总投资收益率（ROI）

总投资收益率（ROI）是指项目达到设计能力后正常年份的年息税前利润或运营期内年平均息税前利润（$EBIT$）与项目总投资（TI）的比率，表示总投资的盈利水平。计算公式为：

$$\text{总投资收益率}(ROI)=\frac{\text{息税前利润}(EBIT)}{\text{项目总投资}(TI)}\times 100\%$$

总投资收益率可根据利润与利润分配表中的有关数据计算求得。在财务分析中，总投资收益率高于同行业的收益率参考值，表明用总投资收益率表示的盈利能力满足要求。总投资收益率指标计算简单，容易理解，但没有考虑投资收益的时间因素，忽视了资金具有时间价值的重要性，因此主要用于计算期较短的建设项目评价。

2. 项目资本金净利润率（ROE）

项目资本金净利润率（ROE）是指项目达到设计能力后正常年份的年净利润或运营期内年平均净利润（NP）与项目资本金（EC）的比率，表示项目资本金的盈利水平。计算公式为：

$$\text{资本金净利润率}(ROE)=\frac{\text{年平均净利润}(NP)}{\text{项目资本金}(EC)}$$

项目资本金净利润率高于同行业的净利润率参考值，表明用项目资本金净利润率表示的盈利能力满足要求。

3. 项目静态投资回收期（P_t）

项目投资回收期是指以项目的净收益回收项目投资所需要的时间，一般以年为单位。它是反映项目财务上投资回收能力的重要指标。根据是否考虑资金的时间价值，项目投资回收期分为静态投资回收期（P_t）和动态投资回收期（P'_t）。

(1) 定义

静态投资回收期（P_t）是不考虑资金时间价值条件下以项目的净收益回收项目投资所需要的时间，通常以年为单位。一般从项目建设开始年算起，若从项目投产开始年计算，应予以特别注明。其定义式为：

$$\sum_{i=1}^{P_t}(CI-CO)_t=0$$

式中 P_t——项目静态投资回收期；

CI——现金流入；

CO——现金流出；

$(CI-CO)_t$——第 t 年的净现金流量。

(2) 计算

项目投资回收期可借助项目投资现金流量表计算。该表中累计净现金流量由负值变为零的时点，即为项目的静态投资回收期。计算公式如下：

$$P_t = T - 1 + \frac{\left|\sum_{i=1}^{T-1}(CI - CO)_i\right|}{(CI - CO)_T}$$

式中　T——各年累计净现金流量首次为正值或零的年数。

用文字表示为：

$$P_t = \left(\begin{matrix}\text{累计净现金流量开}\\\text{始出现正值年份数}\end{matrix} - 1\right) + \frac{\text{上一年累计净现金流量的绝对值}}{\text{出现正值年份的净现金流量}}$$

(3) 判别标准

投资回收期短，表明项目投资回收快，抗风险能力强。求出的静态投资回收期(P_t)可与行业基准投资回收期或设定的基准投资回收期(P_c)比较：若 $P_t \leqslant P_c$，可以考虑接受该项目；若 $P_t > P_c$，可以考虑拒绝接受该项目。

(4) 优点与不足

静态投资回收期的最大优点是经济意义明确、直观，计算简单，便于投资者衡量建设项目承担风险的能力，同时在一定程度上反映了投资效果的优劣，因此，得到一定的应用。我国项目评价中规定项目投资现金流量表计算项目静态投资回收期。

静态投资回收期指标的不足主要有两点：

① 投资回收期只考虑投资回收之前的效果，不能反映回收期之后的情况，难免有片面性；

② 不考虑资金时间价值，无法正确地辨识项目的优劣。

由于静态投资回收期的局限性和不考虑资金时间价值，故有可能导致评价判断错误。因此，静态投资回收期不是全面衡量建设项目的理想指标，它只能用于粗略评价或者作为辅助指标和其他指标结合起来使用。

(二) 动态指标

动态盈利能力指标是指考虑资金时间价值因素的影响而计算的盈利能力指标，需要根据三个层次的现金流量表(即项目投资现金流量表、项目资本金现金流量表和投资各方现金流量表)计算，主要有投资财务内部收益率和财务净现值、项目资本金财务内部收益率、投资各方财务内部收益率及项目动态投资回收期等。各指标的含义、计算和判断简述如下：

1. 财务净现值($FNPV$)

(1) 定义及计算

财务净现值($FNPV$)是指按设定的折现率(一般采用基准收益率 i_c)计算的项目计算期内净现金流量的现值之和。计算公式为：

$$FNPV = \sum_{i=1}^{n}(CI - CO)_t(1 + i_c)^{-t}$$

式中　$FNPV$——财务净现值；

n——计算期年数；

i_c——设定的折现率，通常可选用财务内部收益率的基准值(最低可接受收益率)；

其余符号意义同前。

一般情况下，财务盈利能力分析只计算项目投资财务净现值，可根据需要选择计算所得税前净现值或所得税后净现值。

(2) 判别标准

财务净现值是考察项目盈利能力的绝对量指标,它反映项目在满足按设定折现率要求的盈利之外所能获得的超额盈利的现值。按照设定的折现率计算的财务净现值大于或等于零时,项目方案在财务上可考虑接受。

(3) 优点与不足

财务净现值具有以下优点:

① 财务净现值考虑了资金的时间价值并全面考虑了项目整个寿命期的经济数据,全面地反映了项目的盈利能力;

② 财务净现值指标直接以货币额表示项目投资的收益性大小,经济意义明确直观;

③ 财务净现值指标计算简便,只要编制了现金流量表,确定好折现率,净现值的计算仅是一种简单的算术方法。另外,该指标的计算结果稳定,不会因算术方法的不同而带来任何差异。

但财务净现值指标也有不足,主要体现在两个方面:

① 财务净现值指标是一个绝对数指标,只能反映项目是否有盈利,并不能反映拟建项目的实际盈利水平;

② 需要事先确定折现率 i_c,i_c是部门或行业的基准收益率或者是事先设定的一个基准收益率,作为计算财务净现值的折现率。在项目所有经济数据不变的情况下,令 i_c从小到大变化,就会发现同一现金流量的财务净现值随着 i_c的增大,发生由大到小的变化。财务净现值和折现率 i_c的关系如图 7-5 所示。

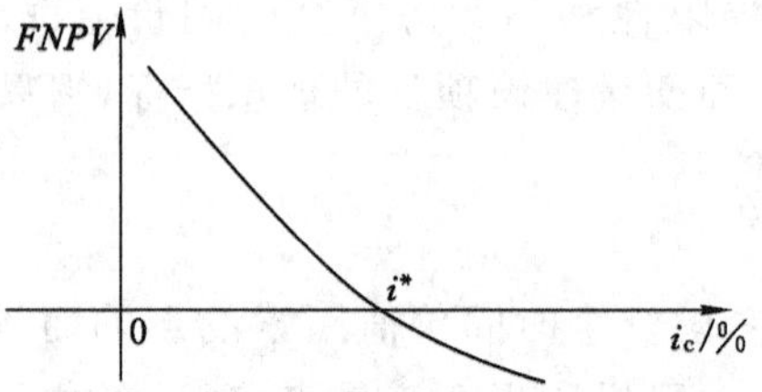

图 7-5 财务净现值与折现率的关系

在 $i_c=i^*$ 处,$FNPV=0$;当 $i_c<i^*$ 时,$FNPV>0$;当 $i_c>i^*$ 时,$FNPV<0$。可见,如果项目选择的折现率过高,可行的项目可能被否定;如果选择的折现率过低,不可行的项目就可能被选中。所以,在运用财务净现值指标时,要选择一个比较可观的折现率,否则,评价的结果往往"失真",可能造成决策失误。

为了克服利用财务净现值指标评价方案或筛选方案时可能产生的误差,在财务分析中,往往选择财务内部收益率作为主要的评价指标。

2. 财务内部收益率(*FIRR*)

(1) 定义

财务内部收益率(*FIRR*)是指能使项目计算期内净现金流量现值累计等于零时的折现率,即 *FIRR* 作为折现率使下式成立:

$$\sum_{i=1}^{n}(CI-CO)_t(1+FIRR)^{-t}=0$$

式中符号意义同前。

(2) 计算

财务内部收益率是考察项目盈利能力的相对量指标，一般通过计算机软件中配置的财务函数计算，若需要手算时，可根据现金流量表中的净现金流量采用人工试算法计算。

运用人工试算法计算财务内部收益率的基本步骤是：首先选择折现率 i_1，将其代入财务净现值公式，如果此时算出的财务净现值为正，则选择一个高于 i_1 的折现率 i_2，将其代入财务净现值公式，如果此时算出的财务净现值仍为正，则增加 i_2 的值后再重新计算财务净现值，直到财务净现值为负为止(如果首先选择的折现率计算的财务净现值为负，则需要降低折现率使财务净现值为正为止)。根据财务内部收益率定义可知，此时财务内部收益率必在 i_1 和 i_2 之间。

通常当试算的折现率 i 使财务净现值在零值左右摆动且先后两次试算的 i 值之差足够小，一般不超过 5%时，可用线性内插法近似求出 i。内插公式为：

$$i = i_1 + (i_2 - i_1)\frac{FNPV_1}{FNPV_1 + |FNPV_2|}$$

式中 i——内部收益率；

i_1——较低的试算折现率；

i_2——较高的试算折现率；

$FNPV_1$——i_1 与对应的财务净现值；

$FNPV_2$——i_2 与对应的财务净现值。

项目投资财务内部收益率、项目资本金财务内部收益率和投资各方财务内部收益率都依据上述方法计算，只是所依据的现金流量表和具体的现金流入、现金流出数据不同。

(3) 判别标准

当财务内部收益率大于或等于所设定的判别基准时，方案在财务上可以接受。项目投资财务内部收益率、项目资本金财务内部收益率和投资各方财务内部收益率可以有不同的判别标准，具体如下：

项目投资财务内部收益率一般以基准收益率 i_c 作为判别标准。基准收益率 i_c 可采用国家、行业或专业(总)公司统一发布的财务基准收益率，或由评价者自行设定，一般可在加权平均资金成本基础上再加上调控意愿等因素来确定财务基准收益率。

项目资本金财务内部收益率的判别基准应体现项目发起人(代表项目所有权益投资者)对投资获利的最低期望值(最低可接受收益率)，其数值大小主要取决于资金成本、资金收益水平、风险以及项目资本金所有者对权益资金收益的要求，还与投资者对风险的态度有关。

投资各方财务内部收益率的判别基准为投资各方对投资收益水平的最低期望值，也可称为最低可接受收益率，它只能由各投资者自行确定。因为不同投资者的决策理念、资本实力和风险承受能力有很大差异。基于某些原因，投资者可能会对不同项目有不同的收益水平要求。

(4) 优点与不足

财务内部收益率的优点：

① 与财务净现值一样，财务内部收益率指标考虑了资金的时间价值，并考察了项目在整个寿命期内的全部状况；

② 财务内部收益率的概念明晰，反映项目的实际盈利率，并且计算时不用事先确定基

准收益率或者设定一个折现率。

财务内部收益率的不足：

① 财务内部收益率指标计算烦琐，非常规项目有多解现象，分析、检验和判别比较复杂；

② 财务内部收益率适用于独立方案的经济评价和可行性判断，但不能直接用于互斥方案之间的比选；

③ 财务内部收益率不适用于只有现金流入或现金流出的项目。

3. 项目动态投资回收期（P'_t）

（1）定义

项目动态投资回收期（P'_t）是在考虑资金时间价值条件下，用项目净收益回收项目投资所需要的时间。其定义式为：

$$\sum_{t=1}^{P'_t}(CI-CO)_t(1+I_c)^{-t}=0$$

式中 P'_t——项目动态投资回收期；

其余符号意义同前。

（2）计算

项目动态投资回收期可借助项目投资现金流量表中折现净现金流量和累计折现净现金流量计算求得。计算公式如下：

$$P'_t=T'-1+\frac{\left|\sum_{i=1}^{T'-1}(CI-CO)_i(1+I_c)^{-i}\right|}{(CI-CO)_{T'}(1+I_c)^{-T'}}$$

式中 T'——各年累计折现净现金流量首次为正值或零的年数；

其余符号意义同前。

（3）判别标准

计算出的动态投资回收期（P'_t）也要与行业规定的基准动态投资回收期进行比较，若计算出的动态投资回收期小于或等于行业规定的基准动态投资回收期，则认为项目可以考虑被接受。

（4）优点与不足

① 动态投资回收期考虑了资金时间价值，优于静态投资回收期，但计算相对复杂；

② 不能反映回收期之后的情况，仍然有局限性。

【例 7-5】 某制造业新建项目基础数据如下：

（1）建设投资为 1 800 万元（其中含无形资产 200 万元）。项目建设期 2 年，运营期 8 年。投产第 1 年负荷 60%，其他年份均为 100%。满负荷流动资金为 200 万元，投产第 1 年流动资金估算为 140 万元。计算期末将全部流动资金回收。

（2）本项目投资资金来源为贷款和自有资金。建设投资贷款总额为 800 万元，在建设期内每年贷入 400 万元。长期贷款年利率 10%（按年计息），在投产后 5 年内按等额还本付息方式偿还。流动资金贷款总额为 110 万元，在投产第 1 年贷入 50 万元，投产第 2 年贷入 60 万元。流动资金贷款年利率 6%（按年计息），流动资金贷款在生产运营期内每年付息，运营期末最后 1 年偿还本金。

（3）生产运营期内满负荷运营时，销售收入 1 200 万元（对于制造业项目，可将营业收入记作销售收入),经营成本450万元,其中原材料和燃料动力费380万元,以上均以不含税价格表示。

(4) 投入和产出的增值税率为17%,税金及附加按增值税的10%计算,企业所得税税率25%。

(5) 固定资产残值为50万元,按照年限平均法折旧,折旧年限10年;无形资产在运营期8年中,不计残值均匀摊入成本。

(6) 设定财务基准收益率为12%,行业基准投资回收期为7年,行业总投资收益率20%,行业净利润率25%,项目所有权益投资者对投资获利的最低可接受收益率为15%。

(7) 该新建项目的资金投入、收益及成本费用见表7-18。

表7-18 建设项目的资金投入、收益及成本费用表 单位:万元

序号	项目	建设期		生产期		
		第1年	第2年	第3年	第4年	第5~10年
1	建设投资	900	900			
	其中:自有资金	500	500			
	贷款	400	400			
2	流动资金			140	60	
	其中:自有资金			90		
	贷款			50	60	
3	销售收入			720	1 200	1 200
4	经营成本			298	450	450

问题:

(1) 识别并计算各年的现金流量,编制项目投资现金流量表,计算项目投资财务内部收益率和财务净现值(所得税前和所得税后),进行融资前分析,并由此评价项目的财务可行性。(现金流量按每年年末发生计)

(2) 编制项目的借款还本付息计划表、总成本费用估算表、利润与利润分配表及项目资本金现金流量表,计算相应的评价指标,进行融资后分析,并评价项目的财务可行性。

解:(1) 融资前分析

1) 编制项目投资现金流量表

① 现金流入:

a. 各年营业收入见基础数据(表7-18);

b. 运营期末回收固定资产余值为360万元,计算过程为:

年固定资产折旧费(融资前)=(固定资产总额-残值)÷折旧年限

$$=(1\ 800-200-50)\div 10=155(万元)$$

由于项目的运营期只有8年,而固定资产的折旧年限为10年,因此运营期末固定资产余值为:

固定资产余值=年折旧费×剩余折旧年限+残值

$$=155\times(10-8)+50=360(万元)$$

c. 回收流动资金为 200 万元。

② 现金流出：

a. 建设投资、流动资金及经营成本见基础数据(表 7-18)；

b. 税金及附加计算：

首先计算应缴增值税：

销项税额＝营业收入(销售收入)×增值税率

进项税额＝外购原材料、燃料及动力费×增值税率

应缴增值税＝销项税额－进项税额

税金及附加＝应缴增值税×税金及附加费率

各年营业收入、应缴增值税和税金及附加估算见表 7-19。

表 7-19 营业收入、应缴增值税和税金及附加估算表 单位：万元

项目	第 3 年	第 4 年	第 5 年	第 6 年	第 7 年	第 8 年	第 9 年	第 10 年
营业收入	720	1 200	1 200	1 200	1 200	1 200	1 200	1 200
外购原材料、燃料及动力费	228	380	380	380	380	380	380	380
销项税额	122.4	204	204	204	204	204	204	204
进项税额	38.76	64.60	64.60	64.60	64.60	64.60	64.60	64.60
增值税	83.64	139.40	139.40	139.40	139.40	139.40	139.40	139.40
税金及附加	8.36	13.94	13.94	13.94	13.94	13.94	13.94	13.94

③ 调整所得税

调整所得税＝息税前利润×所得税税率

息税前利润＝营业收入(销售收入)－经营成本－折旧费(融资前)－摊销费－税金及附加

年摊销费＝200÷8＝25(万元)

第 3 年的息税前利润＝720－298－155－25－8.36＝233.64(万元)

第 3 年的调整所得税＝233.64×25%＝58.41(万元)

第 4～10 年的息税前利润＝1 200－450－155－25－13.94＝556.06(万元)

第 4～10 年的调整所得税＝556.06×25%＝139.02(万元)

将所计算的各年现金流量汇入，编制项目投资现金流量表，见表 7-20。

表 7-20 项目投资现金流量表 单位：万元

序号	项目	建设期		生产期							
		第 1 年	第 2 年	第 3 年	第 4 年	第 5 年	第 6 年	第 7 年	第 8 年	第 9 年	第 10 年
1	现金流入			720	1 200	1 200	1 200	1 200	1 200	1 200	1 760
1.1	营业收入			720	1 200	1 200	1 200	1 200	1 200	1 200	1 200
1.2	回收固定资产余值										360

表 7-20(续)

序号	项目	建设期		生产期							
		第 1 年	第 2 年	第 3 年	第 4 年	第 5 年	第 6 年	第 7 年	第 8 年	第 9 年	第 10 年
1.3	回收流动资金										200
2	现金流出	900	900	446.36	523.94	463.94	463.94	463.94	463.94	463.94	463.94
2.1	建设投资	900	900								
2.2	流动资金			140	60						
2.3	经营成本			298	450	450	450	450	450	450	450
2.4	税金及附加			8.36	13.94	13.94	13.94	13.94	13.94	13.94	13.94
3	所得税前净现金流量	−900	−900	273.64	676.06	736.06	736.06	736.06	736.06	736.06	1 296.06
4	累计所得税前净现金流量	−900	−1 800	−1 526.36	−850.3	−114.24	621.82	1 357.88	2 093.94	2 830	4 126.06
5	调整所得税			58.41	139.02	139.02	139.02	139.02	139.02	139.02	139.02
6	所得税后净现金流量	−900	−900	215.23	537.04	597.04	597.04	597.04	597.04	597.04	1 157.04
7	累计所得税后净现金流量	−900	−1 800	−1 584.77	−1 047.73	−450.69	146.35	743.39	1 340.43	1 937.47	3 094.51

计算指标

所得税前：

项目投资财务净现值 $FNPV(i=12\%)=1\ 206.86$ 万元

项目投资财务内部收益率 $FIRR=26.50\%$

项目静态投资回收期 $P_t=5.16$ 年

所得税后：

项目投资财务净现值 $FNPV(i=12\%)=713.70$ 万元

项目投资财务内部收益率 $FIRR=21.05\%$

项目静态投资回收期 $P_t=5.75$ 年

2）依据表 7-20 计算相关评价指标

① 所得税前指标：

$$FNPV(i=12\%)=-900\times(P/F,12\%,1)-900\times(P/F,12\%,2)+273.64\times(P/F,12\%,3)+676.06\times(P/F,12\%,4)+736.06\times(P/A,12\%,5)\times(P/F,12\%,4)+1\ 206.06\times(P/F,12\%,10)=1\ 206.86\text{ 万元}$$

采用人工试算法计算 $FIRR$：

经计算 $FIRR(i=25\%)=71.01$ 万元

$FIRR(i=27\%)=-23.71$ 万元

采用人工试算法计算的所得税前 $FIRR$ 如下：

$$FIRR=25\%+\frac{71.01}{71.01+23.71}\times(27\%-25\%)=26.50\%$$

项目静态投资回收期 $P_t=5+\dfrac{114.24}{736.06}=5.16$(年)

所得税前财务内部收益率 26.50%大于设定的基准收益率 12%，所得税前财务净现值 1 206.86 万元($i=12\%$)大于零，项目静态投资回收期 5.16 年，小于行业基准投资回收期 7 年，项目财务效益是可以接受的。

② 所得税后指标：

$$FNPV(i=12\%)=-900\times(P/F,12\%,1)-900\times(P/F,12\%,2)+215.23\times(P/F,12\%,3)+537.04\times(P/F,12\%,4)+597.04\times(P/A,12\%,5)\times(P/F,12\%,4)+1\,157.04(P/F,12\%,10)=713.70(\text{万元})$$

采用人工试算法计算 $FIRR$：

经计算 $FIRR(i=20\%)=56.66$ 万元

$FIRR(i=22\%)=-51.33$ 万元

采用人工试算法计算的所得税后 $FIRR$ 如下：

$$FIRR=20\%+\frac{56.66}{56.66+51.33}\times(22\%-20\%)=21.05\%$$

项目静态投资回收期 $P_t=5+\frac{450.69}{597.04}=5.75$(年)

所得税后财务内部收益率 21.05%大于设定的基准收益率 12%，所得税后财务净现值 713.70 万元($i=12\%$)大于零，项目静态投资回收期 5.75 年，小于行业基准投资回收期 7 年，项目财务效益是可以接受的。

(2) 融资后分析

1) 编制项目的还本付息计划表(表 7-21)

表 7-21　借款还本付息计划表　　单位：万元

序号	项目	建设期		生产期							
		第1年	第2年	第3年	第4年	第5年	第6年	第7年	第8年	第9年	第10年
1	长期借款及还本付息										
1.1	年初借款余额		420	882	737.53	578.61	403.8	211.51			
1.2	当年新增借款	400	400								
1.3	当年应计利息	20	62	88.2	73.75	57.86	40.38	21.15			
1.4	当年还本付息			232.67	232.67	232.67	232.67	232.67			
1.4.1	其中：还本			144.47	158.92	174.81	192.29	211.52			
1.4.2	付息			88.2	73.75	57.86	40.38	21.15			
1.5	年末借款余额	420	882	737.53	578.61	403.8	211.51	0			
2	流动资金借款及还本付息										
2.1	年初借款余额				50	110	110	110	110	110	110
2.2	当年新增借款			50	60						
2.3	当年应计利息			3	6.6	6.6	6.6	6.6	6.6	6.6	6.6
2.4	当年还本付息			3	6.6	6.6	6.6	6.6	6.6	6.6	116.6
2.4.1	其中：还本										110
2.4.2	付息			3	6.6	6.6	6.6	6.6	6.6	6.6	6.6
2.5	年末借款余额			50	110	110	110	110	110	110	0
3	合计										
3.1	年初借款余额		420	882	787.53	688.61	513.8	321.51			
3.2	当年还本付息			235.67	239.27	239.27	239.27	239.27	6.6	6.6	116.6

表 7-21(续)

序号	项目	建设期		生产期							
		第 1 年	第 2 年	第 3 年	第 4 年	第 5 年	第 6 年	第 7 年	第 8 年	第 9 年	第 10 年
3.3	其中:还本			144.47	158.92	174.81	192.29	211.52	0	0	110
3.3.1	付息			91.2	80.35	64.46	46.98	27.75	6.6	6.6	6.6
3.3.2	年末借款余额		882	787.53	688.61	513.8	321.51	110	110	110	0
计算指标	利息备付率			2.47	6.82	8.5	11.66	19.74	83	83	83
	偿债备付率			1.61	2.59	2.57	2.55	2.53	91.02	91.02	5.15

2）编制项目的总成本费用估算表(表 7-22)

表 7-22　总成本费用估算表　　单位:万元

序号	项目	投产期	达产期						
		第 3 年	第 4 年	第 5 年	第 6 年	第 7 年	第 8 年	第 9 年	第 10 年
1	经营成本	298	450	450	450	450	450	450	450
2	折旧费	163.2	163.2	163.2	163.2	163.2	163.2	163.2	163.2
3	摊销费	25	25	25	25	25	25	25	25
4	利息支出	91.2	80.35	64.46	46.98	27.75	6.6	6.6	6.6
4.1	长期借款利息	88.2	73.75	57.86	40.38	21.15			
4.2	流动资金借款利息	3	6.6	6.6	6.6	6.6	6.6	6.6	6.6
5	总成本费用	577.4	718.55	702.66	685.18	665.95	644.8	644.8	644.8

① 年折旧费(融资后)＝(固定资产总额＋建设期贷款利息－残值)÷折旧年限

＝(1 800－200＋82－50)÷10＝163.2(万元)

② 年摊销费＝200÷8＝25(万元)

③ 利息支出见表 7-21。

3）编制项目的利润与利润分配表(表 7-23)

表 7-23　利润与利润分配表　　单位:万元

序号	项目	投产期	达产期						
		第 3 年	第 4 年	第 5 年	第 6 年	第 7 年	第 8 年	第 9 年	第 10 年
1	营业收入	720	1 200	1 200	1 200	1 200	1 200	1 200	1 200
2	税金及附加	8.36	13.94	13.94	13.94	13.94	13.94	13.94	13.94
3	总成本费用	577.4	718.55	702.66	685.18	665.95	644.8	644.8	644.8
4	利润总额	134.24	467.51	483.4	500.88	520.11	541.26	541.26	541.26
5	所得税	33.56	116.88	120.85	125.22	130.03	135.32	135.32	135.32
6	净利润	100.68	350.63	362.55	375.66	390.08	405.94	405.94	405.94
7	息税前利润	225.44	547.86	547.86	547.86	547.86	547.86	547.86	547.86
8	息税折旧摊销前利润	413.64	736.06	736.06	736.06	736.06	736.06	736.06	736.06

① 所得税＝利润总额×所得税税率

＝(营业收入－税金及附加－总成本费用)×所得税税率

例如,第 3 年的所得税＝134.24×25％＝33.56(万元)

该表所得税不同于表 7-20 中的调整所得税,注意区分。

② 净利润＝利润总额－所得税

③ 息税前利润＝利润总额＋利息支出(表 7-22)

例如,第 3 年的息税前利润＝134.24＋91.2＝225.44(万元)

④ 息税折旧摊销前利润＝息税前利润＋折旧费(融资后)＋摊销费

例如,第 3 年的息税折旧摊销前利润＝225.44＋163.2＋25＝413.64(万元)

4) 编制项目资本金现金流量表(表 7-24)

表 7-24 项目资本金现金流量表 单位:万元

序号	项目	建设期		生产期							
		第 1 年	第 2 年	第 3 年	第 4 年	第 5 年	第 6 年	第 7 年	第 8 年	第 9 年	第 10 年
1	现金流入			720	1 200	1 200	1 200	1 200	1 200	1 200	1 776.4
1.1	营业收入			720	1 200	1 200	1 200	1 200	1 200	1 200	1 200
1.2	回收固定资产余值										376.4
1.3	回收流动资金										200
2	现金流出	500	500	665.59	820.09	824.06	828.43	833.24	605.86	605.86	715.86
2.1	用于建设投资的项目资本金	500	500								
2.2	用于流动资金的项目资本金			90							
2.3	经营成本			298	450	450	450	450	450	450	450
2.4	税金及附加			8.36	13.94	13.94	13.94	13.94	13.94	13.94	13.94
2.5	借款还本付息			235.67	239.27	239.27	239.27	239.27	6.6	6.6	116.6
2.5.1	还本			144.47	158.92	174.81	192.29	211.52	0	0	110
2.5.2	付息			91.2	80.35	64.46	46.98	27.75	6.6	6.6	6.6
2.6	所得税			33.56	116.88	120.85	125.22	130.03	135.32	135.32	135.32
3	净现金流量	－500	－500	54.41	379.91	375.94	371.57	366.76	594.14	594.14	1 060.54

计算指标

资本金财务内部收益率 $FIRR$＝26.81％

注:本表所得税与表 7-20 中的调整所得税和回收固定资产余值不同:所得税应以营业收入(销售收入)减去总成本费用和税金及附加之后得出的利润总额为基数计算;回收固定资产余值计算时注意将建设期利息纳入固定资产原值后计算折旧。

① 运营期末回收固定资产余值:

固定资产余值＝年折旧费(融资后)×剩余折旧年限＋残值

$=163.2\times(10-8)+50=376.4$(万元)

这与表 7-20 中的数值不同，注意区分。

② 借款还本付息见表 7-21 中数据。

③ 所得税见表 7-23 中数据。

5）计算相关评价指标

① 利润与利润分配表的计算指标。

运营期 8 年内，正常年份的息税前利润为 547.86 万元，平均年净利润为 349.68 万元。

$$\text{总投资收益率}=\frac{\text{年息税前利润}}{\text{总投资}}\times100\%=\frac{547.86}{1\,800+200+82}\times100\%=26.31\%$$

$$\text{资本金净利润率}=\frac{\text{年净利润}}{\text{资本金}}\times100\%=\frac{349.68}{1\,000+90}\times100\%=32.08\%$$

② 项目资本金现金流量表的计算指标。

依据表 7-24 采用人工试算法计算资本金财务内部收益率 $FIRR$：

经计算 $FNPV(i=25\%)=54.30$ 万元

$FNPV(i=27\%)=-5.80$ 万元

采用人工试算法计算的 $FIRR$ 如下：

$$FIRR=25\%+\frac{54.30}{54.30+5.80}\times(27\%-25\%)=26.81\%$$

总投资收益率 26.31%高于行业的总投资收益率 20%，资本金净利润率 32.08%高于行业净利润率 25%；项目资本金财务内部收益率 26.81%大于权益投资者的最低可接受收益率 15%，说明项目资本金获利水平超过了要求，从项目权益投资者整体角度看，在该融资方案下财务效益是可以接受的。

第四节　偿债能力分析和财务生存能力分析

偿债能力分析和财务生存能力分析都属于融资后分析。偿债能力分析是通过编制相关报表，计算利息备付率、偿债备付率等比率指标，考察项目借款的偿还能力；财务生存能力分析是通过编制财务计划现金流量表，结合偿债能力分析，考察项目(企业)资金平衡和余缺等财务状况，判断其财务可持续性。项目(企业)的利润表以及资产负债表在偿债能力分析和财务生存能力分析中也起着相当重要的作用。

一、偿债能力分析

(一) 反映偿债能力的报表

反映偿债能力的报表主要有借款还本付息计划表和资产负债表。

1. 借款还本付息计划表

借款还本付息计划表是反映借款偿还期内借款支用和还本付息的情况，用以计算利息备付率和偿债备付率等指标，进行偿债能力分析的表格。

借款还本付息计划表应根据与债权人商定的或预计可能的债务资金条件和方式计算并编制，其格式见表 7-25，本表也可与“建设期利息估算表”合二为一。

表 7-25　借款还本付息计划表　　单位:万元

序号	项目	合计	计算期					
			第 1 年	第 2 年	第 3 年	第 4 年	……	第 n 年
1	借款 1							
1.1	期初借款余额							
1.2	当期还本付息							
	其中:还本							
	付息							
1.3	期末借款余额							
2	借款 2							
2.1	期初借款余额							
2.2	当期还本付息							
	其中:还本							
	付息							
2.3	期末借款余额							
3	债券							
3.1	期初债务余额							
3.2	当期还本付息							
	其中:还本							
	付息							
3.3	期末债务余额							
4	借款和债券合计							
4.1	期初余额							
4.2	当期还本付息							
	其中:还本							
	付息							
4.3	期末余额							
计算指标	利息备付率/%							
	偿债备付率/%							

注:① 本表与财务分析辅助表“建设期利息估算表”可合二为一。

② 本表直接适用于新设法人项目,如有多种借款或债券,必要时应分别列出。

③ 对于既有法人项目,在按有项目范围进行计算时,可根据需要增加项目范围内原有借款的还本付息计算;当简化直接进行项目层次新增借款还本付息计算时,可直接按新增数据进行计算。

④ 本表可另加流动资金借款的还本付息计算。

借款还本付息计划表数据的填列:

(1) 借款部分。在项目的建设期,“年初借款余额”等于上年借款本金和当年建设期利息之和;在项目的生产期,“年初借款余额”等于上年尚未还清的借款(即上年的“年末借款余额”)。“当年借款”和建设期“当年应计利息”应根据第五章的“项目总投资使用计划与资金筹措表”填列；生产期“当年应付利息”为当年的“年初借款余额”与借款年利率的乘积；“当年还本”根据还款方式（等额还本付息或等额还本、利息照付）按照本章第二节利息支出部分计算；“年末借款余额”为“年初借款余额”与“当年还本”数额之差。

（2）债券部分。借款还本付息计划表中的债券是指通过发行债券来筹措建设资金，因此债券的性质应当等同于借款。两者之间的区别是：通过债券筹集建设资金的项目，项目是向债权人支付利息和偿还本金，而不是向贷款的金融机构支付利息和偿还本金。

案例见本章第三节【例 7-5】中表 7-21。

2. 资产负债表

资产负债表通常按企业范围编制，企业资产负债表是国际上通用的财务报表，表中数据可由其他报表直接引入或经适当计算后列入，以反映企业某一特定日期的财务状况。编制过程中应实现资产与负债和所有者权益两方的自然平衡。与实际企业相比，财务分析中资产负债表的科目可以适当简化，反映的是各年年末的财务状况，必要时也可以按“有项目”范围编制。其格式见表 7-26。

表 7-26　资产负债表　　单位：万元

序号	项目	合计	计算期					
			第 1 年	第 2 年	第 3 年	第 4 年	……	第 n 年
1	资产							
1.1	流动资产总额							
1.1.1	货币资金							
1.1.2	应收账款							
1.1.3	预付账款							
1.1.4	存货							
1.1.5	其他							
1.2	在建工程							
1.3	固定资产净值							
1.4	无形资产及其他资产净值							
2	负债及所有者权益（2.4＋2.5）							
2.1	流动负债总额							
2.1.1	短期借款							
2.1.2	应付账款							
2.1.3	预收账款							
2.1.4	其他							
2.2	建设投资借款							
2.3	流动资金借款							
2.4	负债小计（2.1＋2.2＋2.3）							
2.5	所有者权益							
2.5.1	资本金							

表 7-26(续)

序号	项目	合计	计算期					
			第1年	第2年	第3年	第4年	……	第 n 年
2.5.2	资本公积							
2.5.3	累计盈余公积金							
2.5.4	累计未分配利润							

计算指标：

资产负债率/%

注：① 对外商投资项目，第2.5.3项改为累计储备基金和企业发展基金。

② 对既有法人项目，一般只针对法人编制，可按需要增加科目，此时表中资本金是指企业全部实收资本，包括原油和新增的实收资本。必要时，也可针对"有项目"范围编制。此时表中资本仅指"有项目"范围的对应数值。

③ 货币资金包括现金和累计盈余资金。

（二）反映项目偿债能力的指标

根据借款还本付息计划表数据与利润表以及总成本费用表的有关数据可以计算利息备付率、偿债备付率指标，各指标的含义和计算如下。

1. 利息备付率（*ICR*）

利息备付率（*ICR*）是指在借款偿还期内的息税前利润（*EBIT*）与当年应付利息（*PI*）的比值，它从付息资金来源的充裕性角度反映支付债务利息的能力。利息备付率的含义和计算公式均与财政部对企业绩效评价的"已获利息倍数"指标相同。息税前利润等于利润总额和当年应付利息之和，当年应付利息是指计入总成本费用的全部利息。利息备付率计算公式如下：

$$\text{利息备付率}(ICR)=\frac{\text{息税前利润}(EBIT)}{\text{当年应付利息}(PI)}$$

利息备付率应分年计算，分别计算在债务偿还期内各年的利息备付率。若偿还前期的利息备付率数值偏低，为分析所用，也可以补充计算债务偿还期内的年平均利息备付率。

利息备付率表示利息支付的保证倍率，对于正常经营的企业，利息备付率至少应当大于1，一般不宜低于2，并结合债权人的要求确定。利息备付率高，说明利息支付的保证度大，偿债风险小；利息备付率低于1，表示没有足够资金支付利息，偿债风险很大。

2. 偿债备付率（*DSCR*）

偿债备付率（*DSCR*）是从偿债资金来源的充裕性角度反映偿付债务本息的能力，是指在债务偿还期内，可用于计算还本付息的资金与当年应还本付息额（*PD*）的比值，可用于计算还本付息的资金是指息税折旧摊销前利润（*EBITDA*，息税前利润加上折旧和摊销）减去所得税（T_{AX}）后的余额；当年应还本付息金额包括还本金额及计入总成本费用的全部利息。国内外也有其他略有不同的计算偿债备付率的公式。

$$\text{偿债备付率}(DSCR)=\frac{\text{息税折旧摊销前利润}(EBITDA)-\text{所得税}(T_{AX})}{\text{应还本付息额}(PD)}$$

如果运营期间支出了维护运营的投资费用，应从分子中扣减。

偿债备付率应分年计算，分别计算在债务偿还期内各年的偿债备付率。若偿还前期的偿债备付率数值偏低，为分析所用，也可以补充计算债务偿还期内的年平均偿债备付率。

偿债备付率表示偿付债务本息的保证倍率，至少应大于 1，一般不宜低于 1.3，并结合债权人的要求确定。偿债备付率低，说明偿付债务本息的资金不充足，偿债风险大。当这一指标小于 1 时，表示可用于计算还本付息的资金不足以偿付当年债务。

【例 7-6】　根据本章第三节【例 7-5】，该项目与计算利息备付率和偿债备付率有关的数据见表 7-27，试计算利息备付率和偿债备付率。

表 7-27　某项目与计算利息备付率和偿债备付率有关的数据　　单位：万元

项目	第 3 年	第 4 年	第 5 年	第 6 年	第 7 年	第 8 年	第 9 年	第 10 年
应还本付息额	235.67	239.27	239.27	239.27	239.27	6.6	6.6	116.6
应付利息额	91.2	80.35	64.46	46.98	27.75	6.6	6.6	6.6
息税前利润	225.44	547.86	547.86	547.86	547.86	547.86	547.86	547.86
折旧	163.2	163.2	163.2	163.2	163.2	163.2	163.2	163.2
摊销	25	25	25	25	25	25	25	25
息税折旧摊销前利润	413.64	736.06	736.06	736.06	736.06	736.06	736.06	736.06
所得税	33.56	116.88	120.85	125.22	130.03	135.32	135.32	135.32

解：根据表 7-27 的数据计算的利息备付率和偿债备付率指标见表 7-28。

表 7-28　某项目利息备付率和偿债备付率指标

项目	第 3 年	第 4 年	第 5 年	第 6 年	第 7 年	第 8 年	第 9 年	第 10 年
利息备付率	2.47	6.82	8.5	11.66	19.74	83	83	83
偿债备付率	1.61	2.59	2.57	2.55	2.53	91.02	91.02	5.15

二、财务生存能力分析

（一）财务生存能力分析的报表

财务生存能力分析旨在分析考察“有项目”时（企业）在整个计算期内的资金充裕程度，分析财务可持续性，判断在财务上的生存能力，应编制财务计划现金流量表。

财务计划现金流量表是国际上通用的财务报表，用以反映计算期内各年的投资活动、融资活动和经营活动所产生的现金流入、现金流出和净现金流量，考察资金平衡和余缺情况，是表示财务状况的重要财务报表。其格式参见表 7-29，表中绝大部分数据可来自其他表格。

表 7-29　财务计划现金流量表　　单位：万元

序号	项目	合计	计算期					
			第 1 年	第 2 年	第 3 年	第 4 年	……	第 n 年
1	经营活动净现金流量(1.1－1.2)							
1.1	现金流入							

表 7-29(续)

序号	项目	合计	计算期					
			第1年	第2年	第3年	第4年	……	第 n 年
1.1.1	营业收入							
1.1.2	增值税销项税额							
1.1.3	补贴收入							
1.1.4	其他流入							
1.2	现金流出							
1.2.1	经营成本							
1.2.2	增值税进项税额							
1.2.3	税金及附加							
1.2.4	增值税							
1.2.5	所得税							
1.2.6	其他流出							
2	投资活动净现金流量(2.1—2.2)							
2.1	现金流入							
2.2	现金流出							
2.2.1	建设投资							
2.2.2	维持运营投资							
2.2.3	流动资金							
2.2.4	其他流出							
3	筹资活动净现金流量(3.1—3.2)							
3.1	现金流入							
3.1.1	项目资本金投入							
3.1.2	建设投资借款							
3.1.3	流动资金借款							
3.1.4	债券							
3.1.5	短期借款							
3.1.6	其他流入							
3.2	现金流出							
3.2.1	各种利息支出							
3.2.2	偿还债务本金							
3.2.3	应付利润(股利分配)							
3.2.4	其他流出							
4	净现金流量(1+2+3)							
5	累计盈余资金							

注:① 对于新设法人项目,本表投资活动的现金流入为零。

② 对于既有法人项目,可适当增加科目。

③ 必要时,现金流出中可增加应付优先股股利科目。

④ 对外商投资项目应将职工奖励与福利基金作为经营活动现金流出。

（二）财务生存能力分析的要点

财务生存能力分析应结合偿债能力分析进行，项目的财务生存能力分析可通过以下相辅相成的两个方面进行。

1. 分析是否有足够的净现金流量维持正常运营

（1）在项目（企业）运营期间，只有能够从各项经济活动中得到足够的净现金流量，项目才能持续生存。财务生存能力分析中应根据财务计划现金流量表，考察项目计算期内各年的投资活动、融资活动和经营活动所产生的各项现金流入和流出，计算净现金流量和累计盈余资金，分析项目是否有足够的净现金流量维持正常运营。

（2）拥有足够的经营净现金流量是财务上可持续的基本条件，特别是在运营初期。一个项目具有较大的经营净现金流量，说明项目方案比较合理，实现自身资金平衡的可能性大，不会过分依赖短期融资来维持运营；反之，一个项目不能产生足够的经营净现金流量，或经营净现金流量为负值，说明维持项目正常运行会遇到财务上的困难，实现自身资金平衡的可能性小，有可能要靠短期融资来维持运营，有些项目可能需要政府补助来维持运营。

（3）通常因运营期前期的还本付息负担较重，故应特别注重运营期前期的财务生存能力分析。如果拟安排的还款期过短，致使还本付息负担过重，导致为维持资金平衡必须筹借的短期借款过多，可以设法调整还款期，甚至寻求更有利的融资方案，减轻各年还款负担。所以财务生存能力分析应结合偿债能力分析进行。

2. 各年累计盈余资金不出现负值是财务上可持续的必要条件

各年累计盈余资金不出现负值是财务上可持续的必要条件。在整个运营期间，允许个别年份的净现金流量出现负值，但不能容许任一年份的累计盈余资金出现负值。一旦出现负值，应适时进行短期融资，该短期融资应体现在财务计划现金流量表中，同时短期融资的利息也应纳入成本费用和其后的计算。较大的或较频繁的短期融资，有可能导致以后的累计盈余资金无法实现正值，致使项目难以持续运营。

【复习思考题】

1. 财务分析的主要内容是什么？
2. 财务分析应如何取价？
3. 财务分析价格中对增值税如何处理？
4. 财务分析有哪些主要财务报表？
5. 财务分析常用的评价指标有哪些？
6. 总成本费用如何估算？
7. 财务分析涉及的税金主要有哪些？
8. 财务效益与费用估算的报表主要有哪些？
9. 融资前分析与融资后分析有何区别？
10. 财务生存能力分析应注意哪些问题？
11. 非经营性项目如何界定的？其财务分析要点是什么？
12. 案例分析。

案例1　某拟建项目有关数据资料如下：

(1) 建设期2年,运营期6年,建设投资2 000万元,预计全部形成固定资产。

(2) 项目资金来源为自有资金和贷款。建设期内,每年均衡投入自有资金和贷款各500万元,贷款年利率为6%。流动资金全部用项目资本金支付,金额为300万元,于投产当年投入。

(3) 固定资产使用年限为8年,采用直线法折旧,残值为100万元。

(4) 项目贷款在运营期前4年内,按照等额还本付息的方式偿还。

(5) 项目投产第1年的营业收入和经营成本分别为700万元和250万元,第2年营业收入和经营成本分别为900万元和300万元,第3年以后各年的营业收入和经营成本分别为1 000万元和320万元。不考虑项目维持运营投资、补贴收入。

(6) 企业所得税率为25%,税金及附加税按营业收入的6%计算,基准收益率10%。

问题:

(1) 编制项目还本付息计划表;

(2) 估算项目总成本费用并编制总成本费用估算表;

(3) 编制项目的利润表。

案例2 某制造业新建项目基础数据如下:

(1) 建设投资为850万元(发生在第1年末),全部形成固定资产。项目建设期1年,运营期5年。投产第1年负荷60%,其他年份均为100%。满负荷流动资金为100万元,投产第1年流动资金估算为70万元。计算期末将全部流动资金回收。

(2) 该项目初步融资方案为:用于建设投资的项目资本金450万元,建设投资贷款为400万元,长期贷款年利率6%(按年计息),本金与建设期利息一并在投产后5年内按等额还本付息方式偿还;流动资金全部来源于项目资本金,无流动资金借款。

(3) 生产运营期内满负荷运营时,销售收入650万元(对于制造业项目,可将营业收入记作销售收入),经营成本250万元,其中原材料和燃料动力费200万元,以上均以不含税价格表示。

(4) 投入和产出的增值税率为17%,税金及附加按增值税的10%计算,企业所得税税率33%。

(5) 按照年限平均法折旧,折旧年限5年,不计残值。

(6) 设定所得税前财务基准收益率为12%,所得税后财务基准收益率为10%,行业总投资收益率18%,行业净利润率20%,项目所有权益投资者对投资获利的最低可接受收益率为15%。

(7) 该新建项目的资金投入、收益及成本费用见下表。

建设项目的资金投入、收益及成本费用表 单位:万元

序号	项目	建设期	达产期	生产期			
		第1年	第2年	第3年	第4年	第5年	第6年
1	建设投资	850					
	其中:自有资金	450					
	贷款	400					

表(续)

序号	项目	建设期	达产期	生产期			
		第1年	第2年	第3年	第4年	第5年	第6年
2	流动资金		70	30			
	其中:自有资金		70	30			
	贷款		0	0			
3	销售收入		390	650	650		
4	经营成本		170	250	250		

问题:

(1) 识别并计算各年的现金流量,编制项目投资现金流量表(融资前分析),计算项目投资财务内部收益率和财务净现值(所得税前和所得税后),并由此评价项目的财务可行性。(现金流量按每年年末发生计)

(2) 编制项目的借款还本付息计划表、总成本费用估算表、利润与利润分配表及项目资本金现金流量表,计算相应的评价指标,进行融资后分析,并评价项目的财务可行性。

第八章　建设项目经济分析

本章主要介绍建设项目经济分析概述、经济效益与费用的识别、经济效益与费用的估算、经济分析的指标和报表。通过本章的学习，读者要掌握经济分析的方法，影子价格的调整计算；熟悉经济效益与费用的识别及估算；了解经济分析的适用范围，经济分析与财务分析的异同。

第一节　概　　述

一、经济分析的概念及作用

（一）经济分析的概念

相对于人类的无限需求而言，社会资源总是有限的。因而国家必须按照一定的准则对资源的配置做出合理的选择。所谓经济分析，是在合理配置社会资源的前提下，采用社会折现率、影子汇率、影子工资和货物影子价格等经济分析参数，从国家经济整体利益的角度出发，计算项目对国民经济的贡献，分析项目的经济效率、效果和对社会的影响，评价项目在宏观经济上的合理性。

（二）经济分析的作用

1．从宏观上合理配置国家有限资源

对于不断增长的人口及其消费欲望来说，国家资源总是有限的，有些甚至是稀缺的。仅仅从企业财务角度评价项目得失，无法正确反映资源的利用是否合理；而经济分析则在宏观上对资源流动进行动态跟踪，引导资源配置合理化，结合产业政策和地区政策，鼓励和促进那些有前途的产业及项目的发展，相应抑制和淘汰那些不适宜的产业和项目的建设与存在。

2．真实反映项目对国民经济的净贡献

任何投资项目在建成后，都是国民经济大系统中的一个小系统，它从国民经济大系统中吸取一定的投入，又向其释放一定的产出。在这个过程中，它和其他小系统之间产生千丝万缕的联系，互相施加着错综复杂的影响。这些影响中，有些是积极的，能为国民经济做出贡献；有些则可能是消极的，对国民经济的持续健康发展产生不利的影响。由于这些联系与影响是发生在项目之外的，因此无法在财务分析中得到体现；而经济分析则可以对此进行科学、全面的考察，不仅反映项目的直接效益和直接费用，同时也反映它的间接效益和间接费用，从而在整体上衡量出项目对国民经济的净贡献。

3．有助于实现投资决策科学化

（1）避免了财务分析的片面性

由于财务分析在对项目进行评判时只关心企业自身的损益，不涉及项目以外的问题，因此结论很可能是片面的。例如，某些项目也许自身的盈利空间很大，但对环境污染严重，从长远看，为治理环境所付出的巨大代价要远高于项目本身的收益，总体上得不偿失。这样的项目不能靠财务分析作为唯一的评价标准，必须通过经济分析来综合考察。相反，有的项目公益性强，为社会所必需，但直接效益很低，甚至亏损，这样的项目若只作财务分析肯定通不过，对其的科学决策必须建立在经济分析的基础上。

(2) 避免了市场价格不能完全反映其价值

由于市场发育的不完善及市场本身的局限性，财务分析采用的市场价格往往不能反映项目投入物与产出物的真实价值，其效益计算也就不完全可靠。而经济分析则以影子价格有效地解决了这个问题。

(3) 提供了公平的比较基础

由于财务分析中包含了税收、补贴和贷款条件，使不同项目或方案的财务盈利效果失去了公平比较的基础；而经济分析则消除了这些外在不平等性，使得决策更加科学。

4. 政府审批或核准项目的重要依据

在我国新的投资体制下，国家对项目的审批和核准重点放在项目的外部性、公共性方面，经济分析强调从资源配置效率的角度分析项目的外部效果，是政府审批或核准项目的重要依据。

5. 为市场化运作的基础设施等项目提供财务方案的制订依据

对部分或完全市场化运作的基础设施等项目，可通过经济分析论证项目的经济价值，为制订财务方案提供依据。

6. 有助于实现企业利益与全社会利益有机结合和平衡

国家实行审批和核准的项目，应当特别强调要从社会经济的角度评价和考察，支持和发展对社会经济贡献大的产业项目，并特别注意限制和制止对社会经济贡献小甚至有负面影响的项目。正确运用经济分析方法，在项目决策中可以有效地察觉盲目建设、重复建设项目，有效地将企业利益与全社会利益有机地结合。

7. 比选和优化项目(方案)的重要作用

为提高资源配置的有效性，方案比选应根据能反映资源真实经济价值的相关数据进行，这只能依赖于经济分析，因此经济分析在方案比选和优化中可发挥重要作用。

二、经济分析的适用范围

(一) 确定适用范围的原则

1. 市场自行调节的行业项目一般不必进行经济分析

在理想的市场经济条件下，依赖市场调节的行业项目，项目投资通常由投资者自行决策。对这类项目，政府调节的主要作用发挥在构建合理有效的市场机制，而不在具体的项目投资决策。因此，这类项目一般不必进行经济分析，而是由市场竞争决定其生存，由市场竞争优胜劣汰机制促进生产力的不断发展和进步。

2. 市场配置资源失灵的项目需要进行经济分析

在现实经济中，由于市场本身的原因及政府不恰当的干预，可能导致市场配置资源失灵，市场价格难以反映其真实经济价值，需要通过经济分析反映投资项目的真实经济价值，判断投资的经济合理性，为投资决策提供依据。

市场配置资源失灵主要有以下几类项目：

(1) 具有自然垄断特征的项目，如电力、电信、交通运输等行业的项目。

(2) 产出具有公共产品特征的项目，即项目提供的产品或服务在同一时间内可以被共同消费，具有“消费的非排他性”(未花钱购买公共产品的人不能被排除在此产品或服务的消费之外)和“消费的非竞争性”特征(一人消费一种公共产品并不以牺牲其他人的消费为代价)。

(3) 外部效果显著的项目。

(4) 涉及国家控制的战略性资源开发和关系国家经济安全的项目。这类项目往往具有公共性、外部效果等综合特征，不能完全依靠市场配置资源。

(5) 受过度行政干预的项目。

(二) 需要进行经济分析的项目类别

现阶段需要进行经济分析的项目分为以下几类：

(1) 政府预算内投资用于关系国家安全、国土开发和市场不能有效配置资源的公益性项目和公共基础设施项目、保护和改善生态环境项目、重大战略性资源开发项目。

(2) 政府各类专项建设基金投资用于交通运输、农林水利等基础设施、基础产业建设项目。

(3) 利用国际金融组织和外国政府贷款，需要政府主权信用担保的建设项目。

(4) 法律、法规规定的其他政府性资金投资的建设项目。

(5) 企业投资建设的涉及国家经济安全、影响环境资源、公共利益、可能出现垄断、涉及整体布局等公共性问题，需要政府核准的建设项目。

三、经济分析的基本方法

(1) 经济分析采用费用效益分析或费用效果分析方法，即效益(效果)与费用比较的理论方法，寻求以最小的投入(费用)获取最大的产出(效益、效果)。

其中，费用效益分析采用费用效益流量分析方法，采用经济内部收益率和经济净现值等经济盈利性指标进行定量的经济效益分析；费用效果分析对费用和效果采用不同的度量方法，计算效果费用比或费用效果比指标。

(2) 经济分析采取“有无对比”方法识别项目的效益和费用。

(3) 经济分析采取影子价格估算各项效益和费用。

(4) 经济分析遵循效益和费用的计算范围对应一致的基本原则。

四、经济分析的国家参数

(一) 社会折现率

1. 社会折现率的定义

在经济分析方法中，计算项目的经济净现值指标需要使用一个事先确定的折现率。在使用经济内部收益率指标时，需要用一个事先确定的基准收益率作为对比，以判定项目的经济效益是否达到了标准。经济分析中使用的折现率是社会折现率。社会折现率是指建设项目经济分析中衡量经济内部收益率的基准值，也是计算项目经济净现值的折现率，是项目经济可行性和方案比选的主要判断依据。社会折现率应根据国家和社会的经济发展目标、发展战略、发展优先顺序、发展水平、宏观调控意图、社会成员的费用效益时间偏好、社会投资收益水平、资金供给状况、资金机会成本等因素综合测定。

2. 社会折现率的经济含义

(1) 作为项目费用效益不同时间价值之间的折算率，社会折现率反映了对于社会费用效益价值的偏好。社会费用或效益的时间偏好，代表人们对于现在的社会价值与未来价值之间的权衡。

(2) 作为项目经济效益要求的最低经济收益率，社会折现率代表着社会投资所要求的最低收益率水平。项目投资产生的社会收益率如果达不到这一最低水平，项目就不应被接受。

(3) 作为基准收益率，社会折现率的取值高低直接影响项目经济可行性的判断结果。社会折现率如果过低，将会使得一些经济效益不好的项目投资得以通过，经济评价起不到应有的作用；社会折现率取值过高，会使一部分本来可以通过评价的项目因达不到判别标准而被舍弃，从而间接起到调控投资规模的作用。

目前公布的社会折现率取值，是以资本的社会机会成本与费用效益的时间偏好率二者为基础进行测算的结果。其确定主要有两种基本思路：一种是基于资本的社会机会成本的方法；另一种是基于社会时间偏好率的方法。结合当前实际情况，测定的社会折现率为8%；对于受益期长的建设项目，如果远期效益较大，效益实现的风险较小，社会折现率可适当降低，但不应低于6%。

(二) 影子汇率

影子汇率是指能正确反映国家外汇经济价值的汇率，即单位外汇的经济价值。国家可以利用影子汇率作为杠杆，影响项目投资决策，影响项目的选择和项目的取舍。作为项目经济分析的重要参数，影子汇率的取值对于项目决策有着重要的影响，应当由国家统一测定发布，并且定期调整。影子汇率可通过影子汇率换算系数得出。影子汇率换算系数是指影子汇率与外汇牌价的比值。

$$影子汇率=外汇牌价\times 影子汇率换算系数$$

建设项目经济分析中，项目的进口投入物和出口产出物，应采用影子汇率换算系数调整计算进出口外汇收支的价值。

影子汇率转换系数取值越高，反映外汇的影子价格越高。外汇的影子价格高，表明项目使用外汇时的社会成本高，而项目为国家创造外汇收入时的社会价值也就越高。

通过对我国近年的历史均衡汇率、进出口关税和补贴导致贸易扭曲对影子汇率造成的影响进行的定量分析，我国目前的影子汇率换算系数为1.08。

(三) 影子工资

影子工资是指建设项目使用劳动力、消耗劳动力资源而使社会付出的代价，在建设项目经济分析中以影子工资计算劳动力费用。在财务分析中工资作为成本的构成内容，属于项目的费用支出，它作为劳动者新创造价值的组成部分，在经济分析中就不能直接作为费用计入。

影子工资可按下式计算：

$$影子工资=劳动力机会成本+新增资源消耗$$

其中：劳动力机会成本是指劳动力在本项目被使用，而不能在其他项目中使用而被迫放弃的劳动收益；新增资源消耗是指劳动力在本项目新就业或由其他就业岗位转移本项目而发生的社会资源消耗，这些资源的消耗并没有提高劳动力的生活水平。

影子工资可通过影子工资换算系数得到。影子工资换算系数是指影子工资与项目财务分析中的劳动力工资之间的比值，影子工资可按下式计算：

$$影子工资=财务工资\times 影子工资换算系数$$

根据国家相关部门发布的最新规定，对影子工资换算系数的取值做了如下规定：

（1）对于技术劳动力，采取影子工资等于财务工资，即影子工资换算系数为1。

（2）对于非技术劳动力，根据我国非技术劳动力就业状况，其影子工资换算系数一般取0.25～0.8，具体可根据当地的非技术劳动力供求状况确定，非技术劳动力较为富余的地区可取较低值，不太富余的地区可取较高值，中间状况可取0.5。

五、经济分析与财务分析的异同

1. 经济分析与财务分析的共同点

（1）评价目的相同：经济分析和财务分析都是寻求以最小的投入获得最大的产出。

（2）评价方法相同：经济分析和财务分析都使用效益与费用比较的理论方法。

（3）评价基础相同：经济分析和财务分析都是在完成了产品需求预测、工程技术方案、投资估算、资金筹措等可行性研究的基础上进行评价的。

（4）评价计算期相同。

2. 经济分析和财务分析的区别

（1）评价的出发点不同。财务分析是从企业财务角度或项目角度考察收支和盈利状况及偿债能力，以确定投资项目的可行性。经济分析是从国民经济角度考察项目需要国家付出的费用和对国家产生的效益，以确定投资项目的经济合理性。

（2）费用、效益的划分不同。财务分析是根据项目直接发生的实际收入确定项目的效益和费用；经济分析则着眼于项目所耗费的对全社会有用的资源来考察项目的效益。

（3）采用的价格体系不同。财务分析要确定投资项目在财务上的现实可行性，因而对投入物和产出物均采用财务价格即现行市场价格；经济分析采用根据机会成本和供求关系确定的影子价格。

（4）主要评价参数不同。财务分析采用的汇率一般选用当时的官方汇率，折现率是因行业而异的基准收益率；经济分析则采用国家统一测量和颁布的影子汇率和社会折现率。

（5）评价内容不同。财务分析的内容包括盈利能力分析、偿债能力分析和财务生存能力分析；经济分析只进行盈利性分析，即经济效率分析。

3. 对经济分析与财务分析结论的处理

通常经济分析的结论与财务分析的结论是一致的，但基于财务分析和经济分析的区别，也有两种评价结论发生冲突的情况。当冲突产生时应依据以下原则进行抉择：

（1）对于财务分析结论和经济分析结论均可行的建设项目，可予以通过，反之应予以否定。

（2）对于经济分析结论不可行的项目，一般予以否定。

（3）对于关系公共利益、国家安全和市场不能有效配置资源的经济和社会发展项目，如果经济分析结论可行，但财务分析结论不可行，应重新考虑方案，必要时可提出经济优惠措施的建议，使项目具有财务生存能力。

第二节　经济效益与费用的识别

一、经济效益与费用的识别原则

（1）增量分析的原则。项目经济费用效益应建立在增量效益和增量费用识别和计算的基础上，不应考虑沉没成本和已实现的效益。应按照“有无对比”增量分析的原则，通过项目的实施效果与无项目情况下可能发生的情况进行对比分析，作为计算机会成本或增量效益的依据。

(2) 考虑关联效果原则。应考虑项目投资可能产生的其他关联效应。

(3) 以本国居民作为分析对象的原则。对于跨越国界，对本国之外的其他社会成员产生影响的项目，应重点分析对本国公民新增的效益和费用。项目对本国以外的社会群体所产生的效果，应进行单独陈述。

(4) 剔除转移支付的原则。转移支付代表购买力的转移行为，接收转移支付的一方所获得的效益与付出方所产生的费用相等，转移支付行为本身没有导致新增资源的发生。在经济分析中，税费、补贴、国内借款利息属于转移支付。一般在进行经济分析时，不得再计算转移支付的影响。

二、经济效益与费用

经济效益分为直接效益和间接效益，经济费用分为直接费用和间接费用。直接效益和直接费用统称为内部效果，间接效益和间接费用统称为外部效果。

(一) 直接效益与直接费用

1. 直接效益

项目直接效益是指由项目产出物产生的并在项目范围内计算的经济效益，一般表现为项目为社会生产提供的物质产品、科技文化成果和各种各样的服务所产生的效益。例如，工业项目生产的产品、矿产开采项目开采的矿产品、邮电通信项目提供的邮电通信服务等满足社会需求的效益；运输项目提供运输服务满足人流物流需要、节约时间的效益；医院提供医疗服务满足人们增进健康减少死亡的需要；学校提供的学生上学机会满足人们对文化、技能提高的要求等。

项目直接效益有多种表现形式：

(1) 项目产出物用于满足国内新增加的需求时，项目直接效益表现为国内新增需求的支付意愿。

(2) 项目的产出物用于代替其他厂商的产品或服务，使被替代厂商减产或停产，从而使其他厂商耗用的社会资源得到节省，项目直接效益表现为这些资源的节省。

(3) 项目的产出物直接出口或者可替代进口商品导致进口减少，项目直接效益表现为国家外汇收入的增加或支出的减少。

以上所述的项目直接效益大多在财务分析中能够得到反映，尽管有时这些反映会有一定程度的价值失真。对于价值失真的直接效益在经济分析中应按影子价格重新计算。

(4) 某些行业的项目，其产生的效益有特殊性，不可能体现在财务分析的营业收入中。例如，交通运输项目产生的体现为时间节约的效果，教育项目、医疗卫生和卫生保健项目等产生的体现为对人力资本、生命延续或疾病预防等方面的影响效果，从经济分析角度都应该记作项目的直接经济效益。

2. 直接费用

项目直接费用是指项目使用投入物所产生并在项目范围内计算的经济费用，一般表现为投入项目的各种物料、人工、资金、技术以及自然资源而带来的社会资源消耗。

项目直接费用也有多种表现形式：

(1) 社会扩大生产规模用以满足项目对投入物的需求时,项目直接费用表现为社会扩大生产规模所增加耗用的社会资源价值。

(2) 社会不能增加供给时,导致其他人被迫放弃使用这些资源来满足项目的需要,项目直接费用表现为社会因其他人被迫放弃使用这些资源而损失的效益。

(3) 项目的投入物导致进口增加或减少出口时,项目直接费用表现为国家外汇支出的增加或外汇收入的减少。

直接费用一般在项目的财务分析中已经得到反映,尽管有时这些反映会有一定程度的价值失真。对于价值失真的直接费用在经济分析中应按影子价格重新计算。

(二) 间接效益与间接费用

间接效益与间接费用,或称外部效果,是指项目对国民经济做出的贡献或国民经济为项目付出的代价中,在直接效益与直接费用中未得到反映的那部分效益与费用。例如,项目使用劳动力中把非技术劳动力经训练变为技术劳动力、技术扩散的效益等都属于项目的间接效益;项目对自然环境造成的损害、项目产品大量出口引起该种产品出口价格下降等都属于项目的间接费用。

项目的间接效益和间接费用识别时通常需考察以下几个方面:

(1) 产业关联效果。例如,建设一个水电站,一般除发电、防洪灌溉和供水等直接效果外,还必然带来养殖业和水上运动的发展以及旅游业的增进等间接效益。此外,农牧业还会因土地淹没而遭受一定的损失(间接费用)。这些都是水电站兴建而产生的产业关联效果。

(2) 环境和生态效果。例如,发电厂排放的烟尘会使附近田园的作物产量减少,质量下降,化工厂排放的污水会使附近江河的鱼类资源骤减。

(3) 技术扩散效果。技术扩散和示范效果是由于建设技术先进的项目会培养和造就大量的技术人员和管理人员。他们除了为本项目服务外,由于人员流动、技术交流对整个社会经济发展也会带来好处。技术性外部效果反映了社会生产和消费的真实变化,这种真实变化必然引起社会资源配置的变化,所以应在经济分析中加以考虑。

为防止外部效果计算扩大化,项目的外部效果一般只计算一次相关效果,不应连续计算。

三、转移支付

项目的某些财务收益和支出,从国民经济角度看,并没有造成资源的实际增加或减少,而是国民经济内部的"转移支付",不计作项目的国民经济效益与费用。转移支付的主要内容包括以下几个方面。

(1) 税金

项目财务分析中,企业向政府缴纳的大部分税费(除体现资源补偿和环境补偿的税费外),对企业来说属于财务支出。但是,对国民经济整体而言,企业纳税并未减少国民收入,只不过是将企业的这笔货币收入转移到政府手中而已,是收入的再分配,并不伴有资源的变动,所以,在经济分析中既不把税金列为收益,也不能把税金列为费用。

(2) 补贴

补贴是一种货币流动方向与税金相反的转移支付。政府如果对某些产品实行价格补贴,可能会降低项目投入的支付费用,或者会增加项目的收入,从而增加项目的净收益。但是这种收益的增加仍然是国民收入从政府向企业的一种转移,它使资源的支配权发生变化,但是既未增加社会资源，也未减少社会资源，因而补贴不能被视作经济分析中的费用和收益。

(3) 国内借款利息

在财务分析中，国内借款利息是作为项目的费用来处理的，但从国民经济角度考察项目，它也属于一种转移性支付，即由项目拿出一部分款项转付给国家的金融机构。这种转付并没有因此而增加国民经济的收入或增加国民经济的资源消耗。因而在经济分析中，不应把国内借款利息列入项目费用。

第三节　经济效益与费用的估算

一、经济效益与费用的估算原则

项目投资所造成的经济费用或效益的估算，应在利益相关者分析的基础上，研究在特定的社会经济背景条件下相关利益主体获得的收益及付出的代价，估算项目相关的效益和费用，应遵从以下原则：

(1) 支付意愿原则。项目产出物的正面效益估算应遵循支付意愿原则，用于分析社会成员为项目所产出的效益愿意支付的价值。

(2) 受偿意愿原则。项目产出物的负面影响的估算应遵循接受补偿意愿原则，用于分析社会成员为接受这种不利影响所得到补偿的价值。

(3) 机会成本原则。项目投入的经济费用的估算应遵循机会成本原则，用于分析项目所占用的所有资源的机会成本。机会成本应按资源在其他投资机会所产生的最有效益进行计算。

(4) 实际价值估算原则。项目经济费用效益分析应对所有费用和效益采用反映资源真实价值的实际价格进行计算，不考虑通货膨胀的影响，但应考虑相对价格变动。

二、经济效益与费用的估算价格——影子价格

(一) 影子价格概念

影子价格是进行项目经济分析专用的计算价格。影子价格的概念是20世纪30年代末40年代初，由荷兰数理经济学、计量经济学创始人之一詹恩·丁伯根(Jan Tingbergen)和苏联经济学家、诺贝尔获奖者列·维·康托罗维奇(Л. В. Канторвич)首先提出来的。在西方又称为预测价格、计算价格；后来美籍荷兰经济学家普曼(T. C. Koopmans)首先主张统一称为影子价格，并为理论界普遍接受。

影子价格是指当社会经济处于某种最优状态时，能够反映项目的投入物和产出物的真实经济价值，它不仅是反映市场供求关系的价格，而且还是反映资源稀缺程度，反映资源合理配置要求的价格。

(二) 影子价格理论

影子价格理论最初来自求解数学规划。在求解一个“目标”最大化数学规划的过程中，发现每种资源对于目标有着边际贡献。即这种资源每增加一个单位，目标机会就增加一定的单位。不同的资源有着不同的边际贡献。这种资源对于目标的边际贡献被定义为资源的影子价格。经济分析中采用了这种影子价格的基本思想，采用不同于财务价格的一种理论上的影子价格来衡量项目耗用的资源，以及项目做出贡献的真实价值。理论上，如果有办法

将国民归纳为一个数学规划，各种产品及资源的影子价格可以由规划求解来统一确定。但在实践中，目前还不具备这样做的能力。实际分析中，它是采用替代用途、替代方案分析来估算项目各种投入和产出的影子价格。对于项目的投入物，影子价格是其所有其他用途中价值最高的价格；对于项目的产出物，影子价格采用其替代供给产品的最低成本或用户的支付意愿中的较低者。

三、各种货物影子价格的确定

（一）货物的划分

在确定影子价格时，会把项目的投入物和产出物进行划分，以便有针对性地采取适当的定价方法。根据货物的可否外贸性，将投入物和产出物划分为可外贸货物和非外贸货物；根据货物价格机制的不同，分为市场定价货物和非市场定价货物。可外贸货物通常属于市场定价货物。非外贸货物中既有市场定价货物也有非市场定价货物。土地、劳动力和自然资源由于其特殊性，被归类为特殊投入物。

（二）可外贸货物的影子价格

可外贸货物是指其生产、使用将直接或间接影响国家进口或出口的货物，即产出物中直接出口、间接出口或替代进口的货物；投入物中直接进口、间接进口或减少出口（原可用于出口）的货物。

可外贸货物的投入或产出的影子价格应根据口岸价格，按下列公式计算：

(1) 出口产出的影子价格（出厂价）

出口产出的影子价格（出厂价）＝离岸价（*FOB*）×影子汇率－出口费用

(2) 进口投入的影子价格（到厂价）

进口投入的影子价格（到厂价）＝到岸价（*CIF*）×影子汇率＋进口费用

其中：离岸价（*FOB*）是指出口货物运抵我国出口口岸交货的价格；到岸价（*CIF*）是指进口货物运抵我国进口口岸交货的价格，包括货物进口的货价、运抵我国口岸之前所发生的境外的运费和保险费。

进口或出口费用是指货物进出口环节在国内所发生的所有相关费用，包括运输费用、储运、装卸、运输保险等各种费用支出及物流环节的各种损失、损耗等。

【例 8-1】 某货物 A 进口到岸价为 200 美元/吨，某货物 B 出口离岸价也为 200 美元/吨，用影子价格估算的进口费用和出口费用分别为 80 元/吨和 70 元/吨，影子汇率 1 美元＝7.38 元人民币，试计算货物 A 的影子价格（到厂价）以及货物 B 的影子价格（出厂价）。

解：货物 A 的影子价格为：200×7.38＋80＝1 556（元/吨）

货物 B 的影子价格为：200×7.38－70＝1 406（元/吨）

（三）非外贸货物的影子价格

非外贸货物是指其生产与使用不影响国家进口或出口的货物。其中包括“天然”不能进行外贸的货物或服务，如建筑物、国内运输等，还包括由于地理位置所限，运输费用过高或受国内外贸易政策等限制不能进行外贸的货物。非外贸货物分为市场定价和非市场定价两类。

在计算市场定价的非外贸货物的影子价格时，分以下几种情况：

(1) 价格完全取决于市场的，且不直接进出口的项目投入物和产出物，按照非外贸货物定价，其国内市场价格作为确定影子价格的基础，并按下式换算为到厂价和出厂价：

投入物的影子价格(到厂价)=市场价格+国内运杂费

产出物的影子价格(出厂价)=市场价格-国内运杂费

(2) 产出物(或投入物)的影子价格是否含有增值税销项税额(或增值税进项税额)(以下简称含税),应分析货物的供求情况,采取不同的处理方法。

1) 项目产出物

① 若项目产出物需求空间较大,项目的产出对市场价格影响不大,影子价格按消费者支付意愿确定,即采用含税的市场价格。

② 若项目产出物用以顶替原有市场供应的,也即挤占其他生产厂商的市场份额,应用节约的社会成本作为影子价格,这里节约的社会成本是指其他生产厂商减产或停产所带来的社会资源节省。对于市场定价的货物,其不含税的市场价格可以看作其社会成本。

对于可能导致其他企业减产或停产,产出物质量又相同的,甚至可以按被替代企业的分解可变成本定价(即定位不合理重复建设的情况)。

2) 项目投入物

① 若该投入物的生产能力较富裕或较容易扩容来满足项目的需要,可通过新增供应来满足项目需求的,采用社会成本作为影子价格,这里社会成本是指社会资源的新增消耗。

对于价格受到管制的货物,其社会成本通过分解成本法确定。若通过新增投资增加供应的用全部分解法,而通过挖潜增加供应的,用可变成本分解。

② 若该投入物供应紧张,短期内无法通过增产或扩容来满足项目投入的需要,只能排挤原有用户来满足项目的需要时,影子价格按支付意愿确定,即采用含税的市场价格。

(3) 如果项目的投入或产出的规模很大,项目的实施将足以影响其市场价格,导致"有项目"和"无项目"两种情况下市场价格不一致,在项目评价中,取二者的平均值作为测算影子价格的依据。

(四) 政府调控价格货物的影子价格

我国尚有少部分产品或服务不完全由市场机制决定价格,而是由政府调控价格。政府调控价格包括:政府定价、指导价、最高限价、最低限价等。这些产品或服务的价格不能完全反映其真实的价值。

1. 定价方法

在经济分析中,这些产品或服务的影子价格不能简单地以市场价格确定,而要采取特殊的方法测定。这些影子价格的测定方法主要有:成本分解法、支付意愿法、机会成本法。

(1) 成本分解法

成本分解法是确定非外贸货物影子价格的一种重要方法,通过对某种货物的边际成本(实践中往往采取平均成本)进行分解并用影子价格进行调整换算,得到该货物的分解成本。分解成本是指某种货物的生产所需要耗费的全部社会资源的价值,包括各种物料投入以及人工、土地等投入,也包括资本投入所应分摊的费用,各种耗费都需要用影子价格重新计算。

具体步骤如下:

① 数据准备。列出该非外贸货物按生产费用要素计算的单位财务成本。主要要素有:原材料、燃料和动力、工资、折旧费、修理费、流动资金利息支出以及其他支出,对其中重要的原材料、燃料和动力,要详细列出价格、耗用量和耗用金额。列出单位货物所占用的固定资产原值,以及占用的流动资金数额。调查确定或设定该货物生产厂的建设期、建设期各年投

资比例、经济寿命期限及寿命期终了时的固定资产余值。

② 确定重要原材料、燃料、动力、工资等投入物的影子价格，计算单位经济费用。

③ 对建设投资进行调整和等值计算。按照建设期各年投资比例，计算出建设期各年投资建设额，用下式把各年建设投资额换算到生产期初：

$$I_F = \sum_{t=1}^{n_1} I_t (1+i_s)^{n_1-t}$$

式中 I_F ——等值计算到生产期初的单位建设投资；

I_t ——建设期各年调整后的单位建设投资；

n_1 ——建设期(年)；

i_s ——社会折现率(%)。

④ 用固定资金回收费用取代财务成本中的折旧费。

设每单位该货物的固定资金回收费用为 M_F，不考虑固定资产余值回收时为：

$$M_F = I_F \times (A/P, i_s, n_2)$$

考虑固定资产余值回收时为：

$$M_F = (I_F - S_V) \times (A/P, i_s, n_2) + S_V \times i_s$$

式中 S_V ——计算期末回收的固定资产余值；

n_2 ——生产期(年)。

⑤ 用流动资金回收费用取代财务成本中的流动资金利息。

设每单位该货物的流动资金回收费用为 M_W，则有：

$$M_W = W \times i_s$$

式中 W ——单位该货物占用的流动资金。

⑥ 财务成本中其他科目可不予调整。

⑦ 完成上述调整后，计算的各项经济费用总额即为该货物的分解成本，可作为其出厂影子价格。

【例 8-2】 某电网新增用电将主要依赖新建的火电厂供给，基础数据如下：

① 机组为 400 MW 的火电厂，单位千瓦需要的建设投资为 5 000 元，建设期 2 年，分年投资比例为第一年 60%，第二年 40%，不考虑固定资产余值回收；单位千瓦占用的流动资金为 264 元，生产期按 20 年计算，年运行 7 600 小时。发电煤耗按 350 克标准煤/(千瓦·时)，换算为标准煤的到厂价格为 132 元/吨，火电厂的用电率为 5%，社会折现率 8%。

② 典型的 400 MW 火电机组单位发电成本见表 8-1。

表 8-1 单位发电成本表

要素成本费用项目	成本费用金额/[元/(千瓦·时)]
燃煤成本	0.046
运营及维护费用	0.06
折旧费用	0.045
财务费用	0.04
发电成本合计	0.191

试用成本分解法计算电力影子价格。

解：① 计算分解成本

a. 调整燃煤成本：当地无大型煤矿，靠小煤矿供煤，小煤矿安全性差，开采燃煤对于自然资源损害严重，应当按照大型煤矿的分解成本测定燃煤按分解成本计算的影子价格。经测算为每吨 160 元，另加运杂费 70 元，到厂价格为 230 元/吨，换算为标准煤到厂价格为 275 元/吨。燃煤成本调整为 0.096 元/(千瓦·时)(0.046×275/132)。

b. 将各年建设投资换算到生产期初：

$$P=5\ 000\times60\%\times(1+8\%)^{2-1}+5\ 000\times40\%\times(1+8\%)^{2-2}=5\ 240(\text{元})$$

c. 计算单位千瓦·时固定资金回收费用：

$$\text{固定资金回收费用}=5\ 240\div7\ 600\times(A/P,8\%,20)$$
$$=0.070[\text{元}/(\text{千瓦}\cdot\text{时})]$$

d. 计算流动资金回收费用：

$$\text{流动资金回收费用}=264\div7\ 600\times8\%=0.003[\text{元}/(\text{千瓦}\cdot\text{时})]$$

e. 将折旧费及财务费用从成本中扣除，改为按社会折现率计算的固定资金回收费用和流动资金回收费用：

$$0.070+0.003=0.073[\text{元}/(\text{千瓦}\cdot\text{时})]$$

f. 运营及维护费用不做调整，仍为 0.06 元/(千瓦·时)。

g. 火电厂发电分解成本计算。

综合以上各步，计算的火电厂发电分解成本为：

$$\text{火电厂发电分解成本}=0.096+0.06+0.073=0.229[\text{元}/(\text{千瓦}\cdot\text{时})]$$

② 计算电力影子价格

扣除厂用电后(厂用电率 5%)：

$$\text{上网电分解成本}=0.229/(1-5\%)=0.241[\text{元}/(\text{千瓦}\cdot\text{时})]$$

则电力影子价格为 0.241 元/(千瓦·时)。

如果用电项目不是建设在火电厂旁边，还需要另外计算网输费(包括输变电成本及输电线损)。

(2) 支付意愿法

支付意愿是指消费者为获得某种商品或服务所愿意付出的价格。在经济分析中，常常采用消费者支付意愿测定影子价格。

在完善的市场中，市场价格可以正确地反映消费者的支付意愿。应注意在不完善的市场中，消费者的行为有可能被错误地引导，因此市场价格也可能不能正确地反映消费者支付意愿。

(3) 机会成本法

机会成本是指用于拟建项目的某种资源若改用于其他替代机会，在所有其他替代机会中所能获得的最大经济效益。例如，资金是一种资源，在各种投资机会中都可使用，一个项目使用了一定量的资金，这些资金就不能再在别的项目中使用，它的机会成本就是所放弃的所有投资机会中可获得的最大的净效益。在经济分析中，机会成本法也是测定影子价格的重要方法之一。

2. 几种主要的政府调控价格产品及服务的影子价格

(1) 电价

作为项目的投入物时,电力的影子价格可以按成本分解法测定。一般情况下应当按当地的电力供应完全成本分解定价。有些地区,若存在阶段性的电力过剩,可以按电力生产的可变成本分解定价。

作为项目的产出物时,电力的影子价格应当按照电力对于当地经济的边际贡献测定。

(2) 铁路运价

铁路运输作为项目投入物时,一般情况下按完全成本分解定价。在铁路运输能力过剩的地区,可按照可变成本分解定价;在铁路运输紧张地区,应当按照被挤占用户的支付意愿定价。

铁路运输作为产出物时,经济效益的计算采取专门的方法,按替代运输量节约的运输成本、诱发运输量的支付意愿以及时间节约的效益等测算。

(3) 水价

作为项目投入物时,按后备水源的成本分解定价,或者按照恢复水功能的成本定价。作为项目产出物时,水的影子价格按消费者支付意愿或者按消费者承受能力加政府补贴测定。

(五) 特殊投入物影子价格

项目的特殊投入物主要包括:劳动力、土地和自然资源,其影子价格需要采取特定的方法确定。

1. 劳动力的影子价格——影子工资

劳动力作为一种资源,项目使用了劳动力,社会要为此付出代价,经济分析中用“影子工资”来表示这种代价。影子工资是指项目使用劳动力,社会为此付出的代价,包括劳动力的机会成本和劳动力转移而引起的新增资源消耗。

劳动力机会成本是拟建项目占用的劳动力由于在本项目使用而不能再用于其他地方或享受闲暇时间而被迫放弃的价值,应根据项目所在地的人力资源市场及就业状况、劳动力来源以及技术熟练程度等方面分析确定。技术熟练程度要求高的、稀缺的劳动力,其机会成本高,反之机会成本低。劳动力的机会成本是影子工资的主要组成部分。新增资源消耗是指劳动力在本项目新就业或由原来的岗位转移到本项目而发生的经济资源消耗,包括迁移费、新增的城市交通、城市基础设施配套等相关投资和费用。

2. 土地影子价格

(1) 土地影子价格的组成及计算方法

土地影子价格代表对土地资源真实价值的衡量。项目使用土地,占用了国家的土地资源,应当计算由此所带来的费用。按照项目国民经济平均价的基本方法,土地的影子价格应当等于土地的机会成本加上土地转变用途所导致的新增资源消耗。即:

土地影子价格＝土地机会成本＋新增资源消耗

在项目的经济分析中,占用土地的机会成本和新增资源消耗应当充分估计。项目占用的土地位于城镇与农村,具有不同的机会成本和新增资源消耗构成,要采取不同的估算方法。

(2) 城镇土地影子价格的确定

国家实行土地出让制度,建设项目从国家取得出让土地使用权,出让土地采取三种方式:协议出让、公开招标或拍卖。三种出让方式形成了三种土地出让价格,即协议价格、招标价格和拍卖价格。项目使用城镇出让土地使用权,如果是通过政府公开招标、拍卖取得的,土地使用权的招标价格、拍卖价格,可以认为已经是由市场决定的价格,作为项目使用土地的影子价格;而协议地价不能直接作为土地的影子价格,而是要将协议地价与同类土地的市场交易价格进行比较后,方可据此确定以协议出让方式取得的土地的影子价格。

我国各城市先后制定了土地出让基准地价,按土地分级对土地出让地价规定了计算的基准出发值,在具体地块的招标出让中,作为出让底价计算的基础。实际交易中,按地块的不同和交易条件的不同,每宗地块的成交地价可能不同程度地高于或低于基准地价。如果没有类似的市场交易价格可以作为参考,测定项目地块的影子价格时,各城市制定的分级土地基准地价可以作为估算土地影子价格的基准出发值,按照当地对具体地块出让价格的修正方法,估算项目使用地块的影子价格。

(3) 农村土地影子价格的确定

项目使用的农村土地,一般是来自政府征用的农村农民集体所有的土地。政府征用农民土地,要向农民支付征地补偿费用,包括:耕地补偿费、青苗补偿费、地上建筑物补偿费、安置补助费等。这些征地补偿费,通常全部或者部分由项目建设方向政府交付。除此之外,项目建设方还要向政府缴纳征地管理费、耕地占用税、耕地开垦费、土地管理费、土地开发费等其他费用。

以上费用中,土地征用费中的耕地补偿费及青苗补偿费等,按照机会成本计算方法调整计算;地上建筑物补偿费及安置补助费为新增资源消耗,按影子价格计算;征地管理费、耕地占用税、耕地开垦费、土地管理费、土地开发费等其他费用为转移支出,不列入土地经济费用。在实际计算农村土地影子价格时,应根据项目的具体情况进行适当的调整。

在经济分析中,以机会成本作为土地费用有两种处理方法:一是计算项目占用土地期间各年净效益的现值之和,作为一项土地费用计入项目的建设投资中;二是将各年的净效益现值之和换算成等值效益,作为项目每年的费用。一般采用第一种处理方式。

【例 8-3】 某拟建投资项目,建设期 2 年,生产期 8 年占用水稻耕地 100 公顷,占用前两年平均每公顷产量为 8 吨,每吨收购价格为 1 200 元,出口离岸价格预计为每吨 200 美元。设从建设期开始,该地区的水稻年产量以 5%的速度递增,社会折现率取 10%,影子汇率取 7.38 元人民币/美元,贸易费用率取 6%,水稻调价后的生产费用按收购价格的 30%计算。运距 500 千米,运输影子价格 0.4 元/(吨・千米)。

解:根据上述数据计算土地的机会成本如下:

① 每吨稻谷按离岸价格计算影子价格:

离岸价格 200 美元/吨,折合人民币为:

$$200\times7.38=1\ 476(元)$$

运输费用$=0.4\times500=20$(元)

产地影子价格$=(1\ 476-20)\div(1+6\%)=1\ 373.59$(元)

② 每吨稻谷的生产费用(调价后的)按收购价格的 30%计算,即为:

$$1\ 200\times30\%=360(元)$$

③ 该土地生产每吨稻谷的净收益:

$$1\ 373.59-360=1\ 013.59(元)$$

④ 10 年内每公顷土地的净效益现值(P)：

$$P = 1\ 013.59 \times 8 \times \sum_{t=1}^{10} \left(\frac{1+5\%}{1+10\%}\right)^t = 63\ 343.72(\text{元})$$

⑤ 项目占用 100 公顷土地 10 年内净效益现值(P')：

$$P' = 63\ 343.72 \times 100 = 633.44(\text{万元})$$

在经济分析中，取该值为土地的机会成本，计入项目的建设投资，但在进行动态计算时，这部分价值不再折现。

或者，计算净效益现值(P')的年等值(A)：

$$A = 633.44 \times (A/P', 10\%, 10) = 103.09(\text{万元})$$

经济分析也可取该值作为每年的土地费用，计入项目的总费用。

3. 自然资源影子价格

在经济分析中，各种不可再生自然资源也被归类为特殊投入物。项目使用了如矿产资源、水资源、森林资源等自然资源，社会经济就为之付出了代价。如果该资源的市场价格不能反映其经济价值，或者项目并未支付费用，该代价应该用表示该资源经济价值的影子价格表示，而不是市场价格。矿产等不可再生资源的影子价格应当按该资源再生费用计算。为方便测算，自然资源影子价格也可以通过投入物替代方案的费用确定。

第四节　经济分析的指标和报表

经济分析是从资源合理配置的角度，分析项目投资的经济效率和对社会福利所做出的贡献，评价项目的经济合理性。对于财务现金流量不能全面、真实地反映其经济价值，需要进行经济分析的项目，应将经济分析的结论作为项目决策的主要依据之一。

一、经济分析指标

如果项目的经济费用和效益能够货币化，则可在费用效益识别和计算的基础上，编制经济费用效益流量表，计算下列经济分析指标，分析项目的经济效益。

1. 经济净现值 (ENPV)

经济净现值 (ENPV) 是项目按照社会折现率将计算期内各年的经济净效益流量折现为建设期初的现值之和，经济净现值是经济分析的主要评价指标。计算式为：

$$ENPV = \sum_{t=1}^{n} (B-C)_t (1+i_s)^{-t}$$

式中　B ——经济效益流量；

C ——经济费用流量；

$(B-C)_t$ ——第 t 期的经济净效益流量；

n ——项目计算期；

i_s ——社会折现率。

在经济分析中，如果经济净现值等于或大于零，说明项目可以达到社会折现率要求的效率水平，认为该项目从经济资源配置的角度可以被接受。

2. 经济内部收益率 (EIRR)

经济内部收益率 (EIRR) 是项目在计算期内经济净效益流量的现值累计等于零时的折

现率。经济内部收益率是经济分析的辅助评价指数。计算式为：

$$\sum_{t=1}^{n}(B-C)_t(1+EIRR)^{-t}=0$$

如果经济内部收益率等于或者大于社会折现率，表明项目资源配置的经济效率达到了可以被接受的水平。

3. 效益费用比（R_{BC}）

效益费用比（R_{BC}）是项目在计算期内效益流量的现值与费用流量的现值的比率。效益费用比是经济分析的辅助评价指标。其计算式为：

$$R_{BC}=\frac{\sum_{t=1}^{n}B_t(1+i_s)^{-t}}{\sum_{t=1}^{n}C_t(1+i_s)^{-t}}$$

式中　B_t——第 t 期的经济效益；

C_t——第 t 期的经济费用。

如果效益费用比大于 1，表明项目资源配置的经济效率达到了可以被接受的水平。

二、经济分析报表及编制

（一）经济分析的报表及辅助报表

经济分析的报表和辅助报表包括项目投资经济费用效益流量表、经济费用效益分析投资费用估算调整表、经济费用效益分析经营费用估算调整表、项目直接收益估算调整表、项目间接费用估算表和项目间接效益估算表，见表 8-2～表 8-7。

表 8-2　项目投资经济费用效益流量表　　单位：万元

序号	项　目	合计	计　算　期					
			1	2	3	4	5	6
1	效益流量							
1.1	项目直接效益							
1.2	资产余值回收							
1.3	项目间接收益							
2	费用流量							
2.1	建设投资							
2.2	维持运营投资							
2.3	流动资金							
2.4	经营费用							
2.5	项目间接费用							
3	净效益流量(1－2)							

计算指标：

经济内部收益率%

经济净现值(i_s=%)

表 8-3　经济分析投资费用估算调整表　　　　单位：万元

序号	项　　目	财务分析			经济分析			经济分析比财务分析增减(±)
		外币	人民币	合计	外币	人民币	合计	
1	建设投资							
1.1	建筑工程费							
1.2	设备购置费							
1.3	安装工程费							
1.4	其他费用							
1.4.1	其中：土地费用							
1.4.2	专利及专有技术费							
1.5	基本预备费							
1.6	涨价预备费							
2	建设期利息							
3	流动资金							
	合计(1+2+3)							

注：若投资费用是通过直接估算得到的，本表应略去财务分析的相关栏目。

表 8-4　经济分析经营费用估算调整表　　　　单位：万元

序号	项　　目	单位	投入量	财务分析		经济分析	
				单价/元	成本	单价/元	费用
1	外购原材料						
1.1	原材料 A						
1.2	原材料 B						
1.3	原材料 C						
1.4	……						
2	外购燃料及动力						
2.1	煤						
2.2	水						
2.3	电						
2.4	重油						
2.5	……						
3	工资及福利费						
4	修理费						
5	其他费用						
	合计						

注：若投资费用是通过直接估算得到的，本表应略去财务分析的相关栏。

表 8-5　经济分析营业收入调整表　　单位:万元

<table>
<tr><td colspan="3">产出物
名称</td><td colspan="4">投产第一期负荷/%</td><td colspan="4">投产第一期负荷/%</td><td rowspan="2">……</td><td colspan="4">正常生产年份/%</td></tr>
<tr><td colspan="3"></td><td>A 产品</td><td>A 产品</td><td>……</td><td>小计</td><td>A 产品</td><td>A 产品</td><td>……</td><td>小计</td><td>A 产品</td><td>A 产品</td><td>……</td><td>小计</td></tr>
<tr><td rowspan="4">年产出量</td><td colspan="2">计算单位</td><td></td><td></td><td></td><td></td><td></td><td></td><td></td><td></td><td></td><td></td><td></td><td></td><td></td></tr>
<tr><td colspan="2">国内</td><td></td><td></td><td></td><td></td><td></td><td></td><td></td><td></td><td></td><td></td><td></td><td></td><td></td></tr>
<tr><td colspan="2">国外</td><td></td><td></td><td></td><td></td><td></td><td></td><td></td><td></td><td></td><td></td><td></td><td></td><td></td></tr>
<tr><td colspan="2">合计</td><td></td><td></td><td></td><td></td><td></td><td></td><td></td><td></td><td></td><td></td><td></td><td></td><td></td></tr>
<tr><td rowspan="4">财务分析</td><td rowspan="2">国内市场</td><td>单价/元</td><td></td><td></td><td></td><td></td><td></td><td></td><td></td><td></td><td></td><td></td><td></td><td></td><td></td></tr>
<tr><td>现金收入</td><td></td><td></td><td></td><td></td><td></td><td></td><td></td><td></td><td></td><td></td><td></td><td></td><td></td></tr>
<tr><td rowspan="2">国外市场</td><td>单价/元</td><td></td><td></td><td></td><td></td><td></td><td></td><td></td><td></td><td></td><td></td><td></td><td></td><td></td></tr>
<tr><td>现金收入</td><td></td><td></td><td></td><td></td><td></td><td></td><td></td><td></td><td></td><td></td><td></td><td></td><td></td></tr>
<tr><td rowspan="4">经济分析</td><td rowspan="2">国内市场</td><td>单价/元</td><td></td><td></td><td></td><td></td><td></td><td></td><td></td><td></td><td></td><td></td><td></td><td></td><td></td></tr>
<tr><td>直接效益</td><td></td><td></td><td></td><td></td><td></td><td></td><td></td><td></td><td></td><td></td><td></td><td></td><td></td></tr>
<tr><td rowspan="2">国外市场</td><td>单价/元</td><td></td><td></td><td></td><td></td><td></td><td></td><td></td><td></td><td></td><td></td><td></td><td></td><td></td></tr>
<tr><td>直接效益</td><td></td><td></td><td></td><td></td><td></td><td></td><td></td><td></td><td></td><td></td><td></td><td></td><td></td></tr>
<tr><td colspan="3">合计/万元</td><td></td><td></td><td></td><td></td><td></td><td></td><td></td><td></td><td></td><td></td><td></td><td></td><td></td></tr>
</table>

表 8-6　项目间接费用估算表　　单位:万元

序号	项目	合计	计算期					
			第 1 年	第 2 年	第 3 年	第 4 年	…	第 n 年

表 8-7　项目间接效益估算表　　单位:万元

序号	项目	合计	计算期					
			第 1 年	第 2 年	第 3 年	第 4 年	…	第 n 年

（二）经济分析报表的编制

经济分析报表可以按照前述效益和费用流量识别和计算的原则、方法直接进行编制，也可以在财务现金流量的基础上进行调整编制。

1. 直接进行效益和费用流量的识别和计算，并编制经济费用效益分析报表

（1）分析确定经济效益、费用的计算范围，包括直接效益、直接费用和间接效益、间接

费用。

(2) 测算各项投入物和产出物的影子价格,对各项产出效益和投入费用进行估算。

(3) 根据估算的效益和费用流量,编制项目投资经济费用效益流量表和国内投资经济费用效益流量表。

(4) 对能够货币量化的外部效果,尽可能货币量化,并纳入经济效益费用流量表的间接费用和间接效益;对难以进行货币量化的产出效果,应尽可能地采用其他量纲进行量化,难以量化的,进行定性描述。

2. 在财务分析基础上调整编制经济分析报表

(1) 调整内容。在财务分析基础上编制经济分析报表,主要包括效益和费用范围调整和数值调整两方面内容:

1) 效益和费用范围调整。

① 识别财务现金流量中属于转移支付的内容,并逐项从财务效益和费用流量中剔除。作为财务现金流入的国家对项目的各种补贴,应看作转移支付,不计为经济效益流量;作为财务现金流出的,项目向国家支付的大部分税金也应看作转移支付,不计为经济费用流量;国内借款利息(包括建设期利息和生产期利息)以及流动资金中的部分构成,在经济分析都应当作为转移支付,不再作为项目的费用流量。

② 经济分析效益与费用的估算,遵循实际价值原则,不考虑通货膨胀因素,因此建设投资中包含的涨价预备费通常要从财务费用流量中剔除。

③ 财务分析中的流动资产和流动负债包括现金、应收账款和应付账款等,但这些并不实际消耗资源,因此经济分析中调整估算流动资金时应将其剔除。

④ 识别项目的外部效果,分别纳入效益和费用流量。根据项目具体情况估算项目的间接效益和间接费用,纳入经济效益费用流量表。例如,一个大型林业项目的财务效益主要是林木出售获得的收入,但由于种树引起的气候改善,使该流域农田增产,农民可由此收益。在经济分析中农田增产的效益应作为该林木项目的间接效益,合理估计后纳入经济费用效益流量表。

2) 效益和费用数值调整。

① 鉴别投入物和产出物的财务价格是否能正确反映其经济价值。如果项目的全部或部分投入和产出没有正常的市场交易价格,那么应该采用适当的方法测算其影子价格,并重新计算相应的费用或效益流量。

② 投入物和产出物中涉及外汇的,需要用影子汇率代替财务分析中采用的国家外汇牌价。

③ 对项目的外部效果尽可能货币量化计算。

(2) 具体调整方法。

1) 调整直接效益流量。

① 项目的直接效益大多为营业收入。产出物需要采用影子价格的,用影子价格计算营业收入,应分析具体情况,选择适当的方法确定产出物影子价格。出口产品用影子汇率计算外汇价值。

重新计算营业收入,编制营业收入调整估算表。

② 某些类型项目的直接效益比较复杂,而且在财务效益中可能未得到反映,可视具体情况采用不同方式分别估算。

交通运输项目的直接效益体现为时间节约的效果，可按时间节约价值的估算方法估算。交通运输项目还可能有运输成本节约的效益、运输质量提高的效益（包括旅客舒适度提高、交通事故减少、安全性提高）等，需结合项目的具体情况计算。

教育项目、医疗项目和卫生保健项目等的产出效果表现为对人力资本、生命延续或疾病预防等方面的影响，可按人力资本增值的价值、可能减少死亡的价值以及减少疾病增进健康等价值估算方法并结合项目的具体情况计算。

水利枢纽项目的直接效益体现为防洪效益、减淤效益和发电效益等，可按照行业规定和项目具体情况分别估算。

2）调整建设投资。将建设投资中涨价预备费从费用流量中剔除，建设投资中的劳动力按影子工资计算费用，土地费用按土地的影子价格调整，其他投入可根据情况决定是否调整。有进口用汇的应按影子汇率换算并剔除作为转移支付的进口关税和进口环节增值税。

3）调整建设期利息。国内借款的建设期利息不作为费用流量，来自国外的外汇贷款利息须按影子汇率换算，用于计算国外资金流量。

4）调整经营费用。经营费用可采取以下方式调整计算：对需要采用影子价格的投入物，用影子价格重新计算；对一般投资项目，人工工资可不予调整，即取影子工资换算系数为1；人工工资用外币计算的，应按影子汇率调整；对经营费用中的除原材料和燃料动力费用之外的其余费用，通常可不予直接调整，但有时由于取费基数的变化引起其经济数值也会与财务数值略有不同。

5）调整流动资金。如果财务分析中流动资金是采用扩大指标法估算的，经济分析中仍按扩大指标法估算，但需要将计算基数调整为以影子价格计算的营业收入或经营费用，再乘以相应的系数估算。如果财务分析中流动资金是按分项详细估算法估算的，在剔除了现金、应收账款和应付账款后，剩余的存货部分要用影子价格重新分项估算。

6）成本费用中的其他科目一般可不予调整。

7）在以上各项的基础上编制项目经济费用效益流量表。

【例 8-4】 某大型投资项目 X 有多种产品，大部分产品的市场价格可以反映其经济价值。其中的主要产品 Y，年产量为 30 万吨，产量大，但市场空间不够大。该项目市场销售收入总计估算为 850 000 万元（含销项税额），适用的增值税税率为 17%。当前产品 Y 的市场价格为 25 000 元/吨（含销项税额）。据预测，项目投产后，将导致产品 Y 市场价格下降 20%，且很可能挤占国内原有厂家的部分市场份额。

该项目建设投资、经营费用、流动资金财务数值见表 8-8～表 8-10。

表 8-8　项目建设投资财务数值　　单位：万元（万美元）

序号	项目	财务数值		
		外币	人民币	合计
1	建设投资	83 685	750 038	1 444 624
1.1	建筑工程费	0	131 611	131 611
1.2	设备和工器具购置费	45 890	185 554	566 441
1.3	安装工程费	11 365	149 886	244 216
1.4	工程建设其他费用	18 520	179 995	333 711

表 8-8(续)

序号	项目	财务数值		
		外币	人民币	合计
	其中:土地费用	0	58 650	58 650
	专利及专有技术费	9 250	0	76 775
1.5	基本预备费	6 560	58 573	113 021
1.6	涨价预备费	1 350	44 419	55 624

表 8-9 项目经营费用财务数值 单位:万元

序号	项目	财务数值
1	外购原材料	355 813
1.1	外购主要原材料	320 000
1.2	外购其他原材料	35 813
2	外购燃料及动力	59 687
3	工资	25 240
4	修理费	33 823
5	其他费用	49 135
6	经营费用合计	523 698

表 8-10 项目流动资金财务数值 单位:万元

序号	项目	财务数值
1	流动资产	153 486
1.1	应收账款	79 188
1.2	存货	68 100
1.3	现金	6 198
2	流动负债	40 421
2.1	应付账款	40 421
3	流动资金	113 065

问题:

(1) 由于该项目是大型资源加工利用项目,主要产品 Y 涉嫌垄断,要求进行经济费用效益分析,判定项目经济合理性。Y 产品的影子价格应如何如确定?试估算按影子价格计算调整后的项目营业收入(其他产品价格不做调整)。

(2) 编制建设投资调整表。

(3) 项目 X 主要原材料紧缺,按照消费者支付意愿,用含税市场价格作为影子价格,其他原材料和燃料动力按社会成本,用不含税价格作为影子价格,经营费用中的其他科目不做调整。编制经营费用调整表。

(4) 编制流动资金调整表。

(5) 将上述调整后的数据编制项目投资经济费用效益流量表，计算效益指标，并做出经济分析结论(为简化计算，假定投产当年即达产)。

解：(1) 按照前述产出物影子价格的确定原则和方法，该Y产品的影子价格应按社会成本确定，可按不含税的市场价格作为其社会成本。

按照市场定价的非外贸货物影子价格确定方法，采用“有项目”和“无项目”价格的平均值确定影子价格：

[25 000＋25 000×(1－20％)]÷2÷(1＋17％)＝19 231(元/吨)

调整后的年营业收入＝850 000－30×(25 000－19 231)＝676 930(万元)

该项目的直接经济效益为676 930万元。

(2) 调整说明如下：

① 外币部分按影子汇率8.8换算为人民币。

② 因建筑材料市场供应偏紧，建筑材料影子价格按市场价格确定(含增值税进项税额)，即不予调整其财务数值；对其中的非技术劳动力费用采用影子工资换算系数调整。

③ 同样，国内设备费影子价格也按市场价格(含增值税进项税额)，即不予调整其财务数值；由于该项目享受免除进口关税和进口环节增值税的优惠政策，其财务数值中不包括进口关税和进口环节增值税，因此国内设备的经济数值与财务数值相同，只是将外币部分采用影子汇率换算后合计数有所不同。

④ 安装工程费的调整方法同设备费。

⑤ 工程建设其他费用中，由于是按市场价格购买开发区的土地使用权，因此土地的经济数值等同于财务数值；专利与专有技术费采用影子汇率换算为人民币；其他各项未予调整。

⑥ 基本预备费费率不变，按调整后的数值重新计算。

⑦ 剔除涨价预备费。

该项目建设投资财务数值以及调整后的经济数值列入表8-11。

表8-11　项目建设投资调整表　　单位：万元(万美元)

序号	项目	财务数值			经济数值		
		外币	人民币	合计	外币	人民币	合计
1	建设投资	83 685	750 038	1 444 624	82 335	699 840	1 424 388
1.1	建筑工程费	0	131 611	131 611	0	126 347	126 347
1.2	设备和工器具购置费	45 890	185 554	566 441	45 890	185 554	589 386
1.3	安装工程费	11 365	149 886	244 216	11 365	149 886	249 898
1.4	工程建设其他费用	18 520	179 995	333 711	18 520	179 995	342 971
	其中：土地费用	0	58 650	58 650	0	58 650	58 650
	专利及专有技术费	9 250	0	76 775	9 250	0	81 400
1.5	基本预备费	6 560	58 573	113 021	6 560	58 058	115 786
1.6	涨价预备费	1 350	44 419	55 624	0	0	0

(3) 调整说明如下：

① 对需要采用影子价格的投入物，用影子价格重新计算；

② 对一般投资项目，人工工资可不予调整，即取影子工资换算系数为 1；

③ 人工工资用外币计算的，应按影子汇率调整；

④ 对经营费用中的除原材料和燃料动力费用之外的其余费用，通常可不予直接调整，但有时也会由于取费基数的变化引起其经济数值与财务数值略有不同。

调整后的经营费用见表 8-12。

表 8-12　项目经营费用调整表　　单位：万元

序号	项目	财务数值	经济数值
1	外购原材料	355 813	350 609
1.1	外购主要原材料	320 000	320 000
1.2	外购其他原材料	35 813	30 609
2	外购燃料及动力	59 687	51 014
3	工资	25 240	25 240
4	修理费	33 823	33 823
5	其他费用	49 135	49 135
6	经营费用合计	523 698	509 821

注：外购原材料和外购燃料及动力的财务数值中含进项税额。

(4) 调整说明如下：

根据流动资金的调整方法，在剔除了现金、应收账款和应付账款后，剩余的存货部分要用影子价格重新分项估算。调整后的流动资金见表 8-13。

表 8-13　项目流动资金调整表　　单位：万元

序号	项目	财务数值	经济数值
1	流动资产	153 486	74 160
1.1	应收账款	69 188	0
1.2	存货	78 100	74 160
1.3	现金	6 198	0
2	流动负债	40 421	0
2.1	应付账款	40 421	0
3	流动资金	113 065	74 160

(5) 编制的项目投资经济费用效益流量表见表 8-14，依据该表数据计算的经济内部收益率为 6.9%，经济净现值为－100 784 万元($i_s=8\%$)，不能满足 8%的社会折现率要求，从资源配置效率角度，该项目不具经济合理性。

表 8-14 项目投资经济费用效益流量表 单位:万元

序号	项目	计算期						
		1	2	3	4	5	6～18	19
1	效益流量					676 930	676 930	931 340
1.1	项目直接效益					676 930	676 930	676 930
1.2	回收固定资产余值							180 250
1.3	回收流动资金							74 160
1.4	项目间接效益							
2	费用流量	213 658	356 097	498 536	356 097	583 981	509 821	509 821
2.1	建设投资	213 658	356 097	498 536	356 097			
2.2	流动资金					74 160		
2.3	经营费用					509 821	509 821	509 821
2.4	项目间接费用							
3	净效益流量(1－2)	－213 658	－356 097	－498 536	－356 097	92 949	167 109	421 519

计算指标:

项目投资经济内部收益率:6.9%

项目投资经济净现值(i_s＝10%):－100 784 万元

需要说明的是:由上例可知,该项目财务分析投入和产出价格含有增值税进项税额和销项税额,因此财务分析中的项目投资现金流量表中应将上缴增值税作为现金流出。但在经济分析中,无论投入和产出价格如何确定,企业实际上缴的增值税应被看作企业与政府间的转移支付,不应计作经济费用效益流量表的现金流出。

【例 8-5】 某农场拟于 2020 年初在某河流上游植树造林 600 公顷,需要初始投资5 000 万元。预计将于 2026 年初择伐林后将林地无偿移交地方政府。所伐树木的销售收入为每公顷 10 万元。

由于流域水土得到保持,气候环境得以改善,预计流域内 3 万亩农田粮食作物从 2021 年起到择伐树木时止,每年将净增产 400 万千克,每千克粮食售价 2 元。

财务基准收益设定为 10%,社会折现率 8%,不存在价格扭曲现象,且无缴纳任何税收。

问题:

(1) 在考虑资金时间价值的情况下,该林场 2026 年初所伐树木的销售净收入能否回收初始投资?(要求采用净现值予以判断)

(2) 为了分析项目的经济合理性,试计算项目的经济净现值,并做出该植树造林项目是否具有经济合理性的判断(不考虑初伐以后的情况)。

解:(1) 2026 年初所伐树木的净收入为:

$$600\times10=6\ 000(\text{万元})$$

按 10%折现率计算的净现值为:

$$FNPV(10\%)=-5\ 000+6\ 000\times(1+10\%)-6=-1\ 613.16(\text{万元})$$

净现值为负,说明 2026 年初所伐树木的销售净收入不能回收初始投资。

(2) 从经济分析角度,应将农作物增产的年净收益作为效益流量,该项目的经济效益应包括择伐树木的收入和农作物增产效益两部分。

农作物增产年净收益为：$400\times2=800$（万元）

$$ENPV=-5\,000+6\,000\times(1+8\%)^{-6}+800\times(1+8\%)^{-2}+800\times(1+8\%)^{-3}+800\times(1+8\%)^{-4}+800\times(1+8\%)^{-5}+800\times(1+8\%)^{-6}$$
$$=1\,738.58\text{（万元）}$$

经济净现值为正，说明该项目具有经济合理性。

【复习思考题】

1. 何为经济分析？经济分析与财务分析有哪些异同？
2. 经济效益与费用的识别原则有哪些？
3. 经济分析的国家参数有哪些？
4. 简述外贸货物与非外贸货物的影子价格的计算。
5. 已知某出口产品的影子价格为 1 480 元/吨，国内的现行市场价格为 1 000 元/吨，试求该产品的影子价格换算系数。
6. 某进口产品的国内现行市场价格为 800 元/吨，其价格换算系数为 2.2，国内运费和贸易费用为 120 元/吨，影子汇率为 7.38 元人民币/美元，试求该进口产品的到岸价格。
7. 什么是土地的影子价格？它的组成部分包括哪些？
8. 经济分析的指标有哪些？由哪些报表组成？

第九章　不确定性分析与风险分析

本章主要介绍不确定性和风险的概念、特征、性质和分类，阐述了敏感性分析、盈亏平衡分析、概率分析和风险分析的基本内容和方法。通过本章的学习，读者要掌握单方案线性盈亏平衡分析方法，敏感性分析的一般步骤与单因素敏感性分析方法；熟悉不确定性分析的内容，风险分析的内容和运用决策树法进行概率分析的方法；了解多方案盈亏平衡分析方法，多因素敏感性分析。

第一节　概　　述

工程项目的投资决策面向于未来，在进行投资决策之前，项目评价人员在收集一定信息资料的基础上，对影响投资经济效果的各技术变量进行技术经济预测、分析判断，以此为依据进行投资决策。但由于环境的可变性、社会经济系统的复杂性、项目自身的动态性、认识能力的局限性以及前期工作条件的约束性，项目实施后的实际结果可能在一定程度上与预测的结果相偏离，导致项目出现不利情况或错失盈利机会。这种情况通称为投资项目的风险与不确定性。

一、风险与不确定性的概念

（一）风险与不确定性

1．风险的概念和特征

人们对风险（risk）的研究由来已久，最初源于法语 risque（最早应用于 18 世纪中叶的保险交易公司），基于不同的理解，目前存在多种定义。风险的含义可以从多方面来考查。首先，风险同人们有目的的活动有关系，人们从事活动，总是预期一定的结果，如果对预期的结果没有十分的把握，人们就会认为该活动有风险。第二，风险同将来的活动和事件有关，对于将来的活动、事件或项目，总是有多种行动方案可确保达到预期的结果。那么，应该采取何种办法和行动才能不受或少受损失，并取得预期结果呢？也就是说，风险的大小和程度与所做的选择有关，不同的选择会面临不同的风险和不同程度的风险。第三，风险还与行为方式和思想有关，对于同一件事让不同的人来负责，可能也会有不同的结果，也就是说同一件事情让不同的人去完成会带来不同的风险。此外，客观环境、政策、方针路线等方面的因素发生变化也会带来不确定性，从而产生风险。总之，除非我们生存的世界是永恒不变的，否则风险这个概念永远存在。

总之，具有风险的三个必要条件是：① 有损失与收益与之相联系；② 涉及某种偶然性或不确定性；③ 涉及某种选择。我们可以这样定义：风险就是未来变化偏离预期的可能性以及对目标产生影响的大小。

其特征是：① 风险是中性的，既可能产生不利影响，也可能带来有利影响；② 风险的大小与变动发生的可能性有关，也与变动发生后对项目影响大小有关。变动出现的可能性大，变动出现后对目标的影响越大，风险就越高。

2. 不确定性与风险

不确定性(uncertainty)与确定性(certainty)是一个相对概念，指某一事件、活动在未来可能发生，也可能不发生，其发生状况、时间及结果的可能性或概率是未知的。

1921年，美国经济学家弗兰克·奈特(Frank Knight)对风险进行了开拓性的研究，他首先将风险与不确定性区分开来，认为风险是介于确定性和不确定性之间的一种状态，其出现的可能性是可以知道的，而不确定性的概率是未知的。由此，出现了基于概率的风险分析，以及未知概率的不确定性分析两种决策分析方法。

不确定性与风险的区别体现在以下四个方面：

(1) 可否量化。风险是可以量化的，即其发生概率是已知的或通过努力可以知道的；而不确定性则是不可量化的。风险分析可以采用概率分析方法，分析各种情况发生的概率及其影响；不确定性分析只能进行假设分析，假定某些因素发生后，分析不确定性因素对项目的影响。

(2) 可否保险。风险是可以保险的，而不确定性是不可以保险的。由于风险的概率是可以知道的，理论上保险公司就可以计算确定的保险收益，从而提供有关的保险产品。

(3) 概率可获得性。不确定性，发生概率未知；而风险，发生的概率是可知的，或是可以测定的，可以用概率分布来描述。

(4) 影响大小。不确定性代表不可知事件，因而有更大的影响。而如果同样事件可以量化风险，则其影响可以被防范并得到有效降低。

概括起来，确定性是指在决策涉及的未来期间内一定要发生或者一定不发生，其关键特征是只有一种结果。不确定性则是指不可能预测未来将要发生的事件。

(二) 不确定性与风险的性质

1. 不确定性与风险的性质

(1) 客观性。不确定性与风险是客观存在的，无论是自然现象中的地震、洪水等自然灾害，还是现实社会中的矛盾、冲突等社会冲突，不可能完全根除，只能采取措施降低其不利影响。随着社会发展和科技进步，人们对自然界和社会的认识逐步加深，对风险的认识也逐步提高，有关风险防范的技术不断完善，但仍然存在大量的风险。

(2) 可变性。可能造成损失，也可能带来收益是不确定性与风险的基本特征；风险是否发生，风险事件的后果都是难以确定的。但是可以通过历史数据和经验，对风险发生的可能性和后果进行一定的分析预测。

(3) 阶段性。投资项目的不同阶段存在的主要风险有所不同，投资决策阶段的风险主要包括政策风险、融资风险等，项目实施阶段的主要风险可能是工程风险和建设风险等，而在项目运营阶段的主要风险可能是市场风险、管理风险等，因此，风险对策是因时而变的。

(4) 多样性。依据行业和项目的不同风险也是多样的，不同的行业和不同的项目具有不同的风险，例如，高新技术的行业投资项目的主要风险可能是技术风险和市场风险，而基础设施行业投资项目的主要风险则可能是工程风险和政策风险，必须结合行业特征和不同项目的情况来识别风险。

(5) 层次性。风险的表现具有层次性，需要层层剖析，才能深入到最基本的风险单元，以明确风险的根本来源。如市场风险，可能表现为市场需求量的变化、价格的波动以及竞争对手策略调整等，而价格的变化又可能包括产品或服务的价格、原材料的价格和其他投入物价格的变化等，必须挖掘最关键的风险因素，才能制定有效的风险应对措施。

2. 风险的分类

基于不同的分类标准，风险可以有很多种划分，见表 9-1。

表 9-1　一般风险分类

分类方法	风险分析	特点
按照风险的性质分	纯风险	只会造成损失，不带来利益
	投机风险	可能带来损失，也可能产生利益
按照风险的来源分	自然风险	由于自然灾害、事故，造成人员、财产的伤害或损失
	非责任风险（或人为风险）	由于人为因素而造成的人员、财产伤害或损失，包括政策风险、经济风险、社会风险等。
按照风险事件主体的承受能力分	可承受风险	风险的影响在风险事件主体的承受范围内
	不可承受风险	风险的影响超出了风险事件主体的承受范围
按风险与时间的关系	静态风险	社会经济处于稳定状态时的风险
	动态风险	由于社会经济的变化而产生的风险
按照技术因素分	技术风险	由于技术原因而造成的风险，如技术进步使得原有的产品寿命周期缩短，选择的技术不成熟而影响生产等
	非技术风险	非技术原因带来的风险，如社会风险、经济风险、管理风险等
按照独立性分	独立风险	风险独立发生
	非独立风险	风险依附于其他风险而发生
按照风险的可管理性分	可管理风险（可保风险）	可以通过购买保险的方式来控制风险的影响
	不可管理风险（不可保风险）	不能通过保险的方式来控制风险的影响
按照风险的边界划分	内部风险	风险发生在风险主体事件的组织内部，如生产风险、管理风险等
	外部风险	风险发生在风险主体事件的组织外部，只能被动接受，如政策风险、自然风险等

投资项目可能有各种各样的风险，从不同的角度出发可以进行不同的分类，但有些分类会有交叉。按系统分，有个体风险和系统风险；按阶段分，有前期阶段的风险、实施阶段的风险和经营阶段的风险；按性质分，有政治风险、经济风险、财务风险、信用风险、技术风险和社会风险等；按内在因素还是外来影响分，有内在风险和外来风险；按控制能力分，有可控风险和不可控风险；按风险与行为人的关系分，有主观风险和客观风险等。

二、不确定性分析与风险分析

不确定性分析是对影响项目的不确定性因素进行分析，测算它们的增减变化对项目效益的影响，找出最主要的敏感因素及其临界点的过程；风险分析则是识别风险因素，估计风险概率、评价风险影响并制定风险对策的过程。

（一）不确定性分析与风险分析的作用

投资项目不但耗费大量的资金、物资和人力等宝贵的资源，且具有一次性和固定性的特点，一旦建成便难于更改。相对于一般经济活动而言，投资项目的不确定性和风险尤为值得关注。只要能在决策前正确地认识到相关的风险，并在实施过程中加以控制，大部分不确定性和风险的影响是可以被降低和防范的。

投资项目的决策分析与评价旨在为投资决策服务，如果忽视风险与不确定性的存在，仅仅依据基本方案的预期结果，如某项的经济评价指标达到可以接受水平来简单决策，就有可能蒙受损失，多年来项目建设的历史经验客观上证明了这一点。随着投融资体制改革和现代企业制度的建立，各投资主体也开始产生了如何认识风险和规避风险的主观需求。因此，在项目决策分析阶段，应进行不确定性分析和风险分析。

投资决策充分考虑风险分析的结果，有助于在可行性研究的过程中，通过信息反馈，改进或优化项目设计方案，直接起到降低项目风险的作用，避免因在决策中忽视风险的存在而蒙受损失。同时，充分利用风险分析的成果，建立风险管理系统，有助于为项目全过程风险管理打下基础，防范和规避项目实施和经营中的风险。

风险分析应贯穿项目分析的各个环节和全过程。即在项目可行性研究的主要环节，包括市场、技术、环境、财务、社会分析中进行相应的风险分析，并进行全面的综合分析和评价。可见风险分析超出了市场分析、技术分析、财务分析和经济分析的范畴，是一种系统分析，应由项目负责人牵头，项目组成员参加。

（二）不确定性分析与风险分析的区别与联系

(1) 项目经济评价所采用的基本变量都是对未来的预测和假设，因而具有不确定性。通过对拟建项目具有较大影响的不确定性因素进行分析，计算基本变量的增减变化引起项目财务或经济效益指标的变化，找出最敏感的因素及其临界点，预测项目可能承担的风险，使项目的投资决策建立在较为稳妥的基础上。

(2) 风险是指未来发生不利事件的概率或可能性。投资建设项目经济风险是指由于不确定性的存在导致项目实施后偏离预期财务和经济效益目标的可能性。经济风险分析是通过对风险因素的识别，采用定性或定量分析的方法估计各风险因素发生的可能性及对项目的影响程度，揭示影响项目成败的关键风险因素，提出项目风险的预警、预报和相应的对策，为投资决策服务。经济风险分析的另一重要功能还在于它有助于在可行性研究的过程中，通过信息反馈，改进或优化项目设计方案，直接起到降低项目风险的作用。风险分析的程序包括风险因素识别、风险估计、风险评价与防范应对。

(3) 不确定性分析与风险分析既有联系，又有区别，由于人们对未来事物认识的局限性、可获信息的有限性以及未来事物本身的不确定性，使得投资建设项目的实施结果可能偏离预期目标，这就形成了投资建设项目预期目标的不确定性，从而使项目可能得到高于或低于预期的效益，甚至遭受一定的损失，导致投资建设项目“有风险”。通过不确定性分析，可以找出影响项目效益的敏感因素，确定敏感程度，但不知这种不确定性因素发生的可能性及影响程度。借助于风险分析可以得知不确定性因素发生的可能性以及给项目带来经济损失的程度。不确定性分析找出的敏感因素又可以作为风险因素识别和风险估计的依据。

第二节　盈亏平衡分析

盈亏平衡分析是在完全竞争或垄断竞争的市场条件下，研究工程项目特别是工业项目产品生产成本、产销量与盈利的平衡关系的方法，即是指项目达到设计生产能力的条件下，通过盈亏平衡点(break-even-point，BEP)分析项目成本与收益的平衡关系。盈亏平衡点是项目的盈利与亏损的转折点，即在这一点上，销售(营业、服务)收入等于总成本费用，正好盈亏平衡，用以考察项目对产出品变化的适应能力和抗风险能力。盈亏平衡点越低，表明项目适应产出品变化的能力越大，抗风险能力越强。

盈亏平衡分析的基本方法是建立成本与产量、销售收入与产量之间的函数关系，通过对这两个函数及其图形的分析，找出盈亏平衡点。

一、单方案盈亏平衡分析

当项目中有一个因素为不确定状态时，则当其等于某个数值时，会使项目的决策结果达到临界点，此值就是该因素的盈亏平衡点。例如，在研究产品产量、成本与方案盈利能力之间的关系时，可以用盈亏平衡来找出投资方案盈利和亏损与这些因素间的定量关系。

1. 销售收入、产品成本、销售税金及附加与产品产量的关系

(1) 销售收入与产量的关系。

投资项目的销售收入与产品销量(假定以销定产)的关系有两种情况：

第一种情况是销售不会影响市场供需状况，则在其他市场条件不变时，产品的销售价格不会随销售量而变，即销售收入与销售量呈线性关系。

$$R = PQ$$

式中　R——年销售收入；

P——单位产品价格；

Q——产品年销售量亦即项目的年产量。

第二种情况是该项目的生产销售将明显地影响市场的供求关系或存在着批量折扣时，这时 $P=P(Q)$，即销售收入与销售量呈非线性关系。项目的销售收入为：

$$R = \int_0^Q P(Q)\mathrm{d}Q$$

(2) 产品成本与产品产量的关系。

项目的成本由固定成本和变动成本两部分构成。固定成本是指在一定生产规模内不随产量的变动而变动的费用；变动成本是指随产品的产量变动而变动的费用。变动成本与产品产量接近，呈正比例关系。因此，总成本费用与产品产量的关系可近似地认为是线性关系，即

$$C = C_F + C_V Q$$

式中　C——年总成本费用；

C_F——年固定成本；

C_V——单位产品的变动成本。

(3) 产品税金与产品产量的关系。

一般可以认为，产品税金与产品产量呈正比例关系，即

$$T = tQ$$

式中　T——年税金及附加；

t——单位产品税金及附加。

2. 线性盈亏平衡分析

产品销售收入与产品产量呈比例关系所对应的盈亏平衡分析称之为线性盈亏平衡分析，对应的盈亏平衡点也相应地称为线性盈亏平衡点(图 9-1)，损益公式为：

$$PQ - tQ = C_F + C_V Q$$

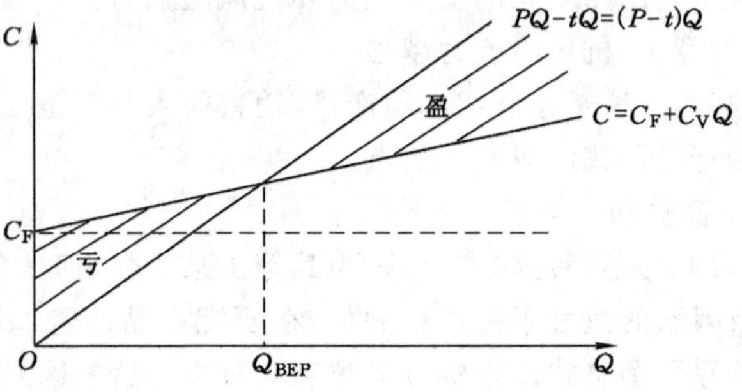

图 9-1　线性盈亏平衡分析图

盈亏平衡点有多种表示方式，可以用产量、生产能力利用率、单位产品价格和单位产品变动成本等表示。

$$Q_{BEP} = \frac{C_F}{P - C_V - t}$$

$$E_{BEP} = \frac{Q_{BEP}}{Q} \times 100\% = \frac{C_F}{(P - C_V - t)Q} \times 100\%$$

$$P_{BEP} = \frac{C_F}{Q} + C_V + t$$

$$C_{V,BEP} = P - t - \frac{C_F}{Q}$$

式中　Q_{BEP}——盈亏平衡产量；

E_{BEP}——盈亏平衡生产能力利用率；

P_{BEP}——单位产品价格的盈亏平衡点；

$C_{V,BEP}$——单位产品可变成本的盈亏平衡点。

进行项目评估时，生产能力利用率表示的盈亏平衡点，常常根据正常生产年份的产品产量或者销售量、变动成本、固定成本、产品价格以及税金及附加等数据计算，即：

$$E_{BEP} = \frac{\text{年固定成本}}{\text{年营业收入} - \text{年可变成本} - \text{年税金及附加}} \times 100\%$$

【例 9-1】　某设计方案的年产量为 10 万吨，已知每吨产品的销售价格为 650 元，每吨产品缴付的税金及附加为 150 元，单位可变成本为 250 元，年固定成本费用为 1 000 万元，试求分别用产量、生产能力利用率、单位产品售价和单位产品可变成本表示的盈亏平衡点。

解：$650Q-(1\,000+250Q)-150Q=0$

$$Q_{\mathrm{BEP}} = \frac{C_{\mathrm{F}}}{P - C_{\mathrm{V}} - t} = \frac{1\,000}{650 - 250 - 150} = 4\text{（万吨）}$$

$$E_{\mathrm{BEP}} = \frac{Q_{\mathrm{BEP}}}{Q} \times 100\% = 40\%$$

$$P_{\mathrm{BEP}} = \frac{C_{\mathrm{F}}}{Q} + C_{\mathrm{V}} + t = 1\,000 \div 10 + 250 + 150 = 500\text{（元/吨）}$$

$$C_{\mathrm{V,BEP}} = P - t - \frac{C_{\mathrm{F}}}{Q} = 650 - 150 - 1\,000 \div 10 = 400\text{（元/吨）}$$

3. 非线性的盈亏平衡分析

在垄断竞争下，随着项目产销量的增加，市场上产品的单位价格就要下降，因而销售收入与产销量之间是非线性关系，同时，企业增加产量的原材料价格可能上涨，同时要多支付一些加班费、奖金以及设备维修费，使产品的单位可变成本增加，从而总成本与产销量之间也呈非线性关系。这种情况下盈亏平衡点可能出现一个以上。对应的盈亏平衡点也相应地称为非线性平衡点(图 9-2)。

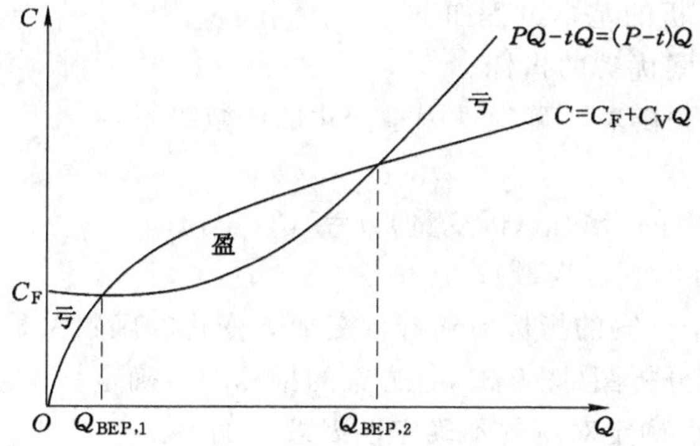

图 9-2　非线性盈亏平衡分析图

【例 9-2】　某企业投产以后，它的年固定成本为 60 000 元，单位变动成本的函数为 $C_{\mathrm{V}}(Q) = 30 - 0.001Q$，单位售价的函数为 $P(Q) = 60 - 0.004Q$，试求盈亏平衡点及最大利润时的销售量。

解：(1) 求盈亏平衡点。

$$C(Q) = 60\,000 + (30 - 0.001Q)Q = 60\,000 + 30Q - 0.001Q^2$$

$$R(Q) = (60 - 0.004Q)Q = 60Q - 0.004Q^2$$

根据盈亏平衡原理，$C(Q) = R(Q)$，即：

$$60\,000 + 30Q - 0.001Q^2 = 60Q - 0.004Q^2$$

$$0.003Q^2 - 30Q + 60\,000 = 0$$

$$Q = \frac{30 \pm \sqrt{30^2 - 4 \times 0.003 \times 60\,000}}{2 \times 0.003}$$

所以 $Q_1 = 1\,097$，$Q_2 = 7\,236$。

(2) 求最大利润时的产量 $Q_{\max}$。

由利润 $B = R - C$ 得：

$$B = -0.003Q^2 + 30Q - 60\,000$$

令 $B(Q) = 0$ 得：

$$-0.006Q + 30 = 0$$

$$Q_{\max} = \frac{30}{0.006} = 5\,000(件)$$

二、多方案的盈亏平衡分析

单方案的盈亏平衡分析是通过求得 BEP 来分析发生盈利与亏损的可能性。当某个不确定性因素同时对两个或两个以上的多方案产生影响时，亦可采用盈亏平衡分析方法来考虑这个共有的不确定性因素来对各个方案的影响程度，并进行方案的比选。

多方案盈亏平衡分析是盈亏平衡分析方法的延伸，它是将同时影响各方案经济效果指标共有的不确定性因素作为自变量，将各方案的经济效果指标作为因变量，建立各经济效果指标与不确定性因素之间的函数关系。由于各方案经济效果函数的斜率不同，所以各函数曲线必然会发生交叉，即在不确定性因素的不同取值区间内，各方案的经济效果指标高低的排序不同，由此来确定方案的取舍。

多方案盈亏平衡分析的基本过程如下：

(1) 确定比较各方案优劣的指标。

(2) 各方案的指标值随着不确定性因素变化的函数关系：

$$r_i = f_i(x)$$

式中 r_i——第 i 个方案的指标值(因变量)，$i=1,2,\cdots,n$；

x——不确定性因素(自变量)；

$f_i(x)$——第 i 个方案的指标值随着自变量 x 变化的函数关系。

(3) 绘制盈亏平衡分析图(图 9-3)，各方案的指标随不确定性因素变化曲线的交点即为方案之间的盈亏平衡点，确定对应的不确定性因素 x 的值。

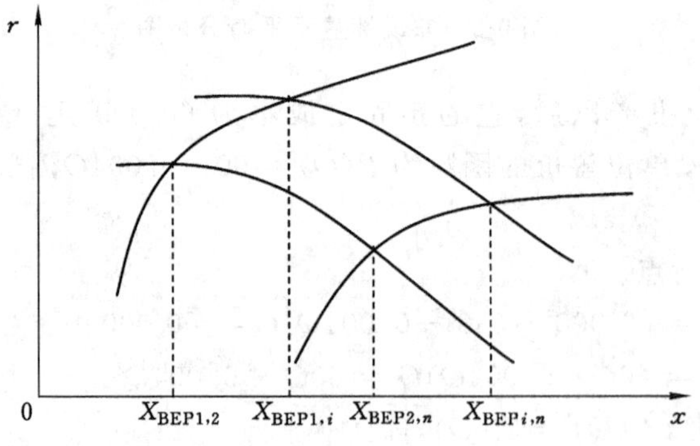

图 9-3 多方案盈亏平衡分析图

(4) 根据指标值的最大化(如收益等)或最小化(如费用等)目标，确定不确定性因素变化的各区域最优方案的选择。

【例 9-3】 拟建某项目，有 3 种技术方案可供采纳，每个方案的产品成本见表 9-2，试比较这 3 个方案，确定产量变化时最优方案的选择。

表 9-2　成本数据表

方　案	A	B	C
产品可变成本 C_V/(元/件)	50	30	10
产品固定成本 C_F/元	2 000	5 000	12 000

解:设 Q 为预计产量,各方案的成本费用方程为:

$$C = C_F + C_V Q$$

则各方案的成本费用方程如下:

$$C_A = 50Q + 2\ 000$$
$$C_B = 30Q + 5\ 000$$
$$C_C = 10Q + 12\ 000$$

令 $C_A = C_B$,求得 $Q_{AB} = 150$;

令 $C_B = C_C$,求得 $Q_{BC} = 350$;

令 $C_A = C_C$,求得 $Q_{AC} = 250$。

现绘制盈亏平衡图,如图 9-4 所示。

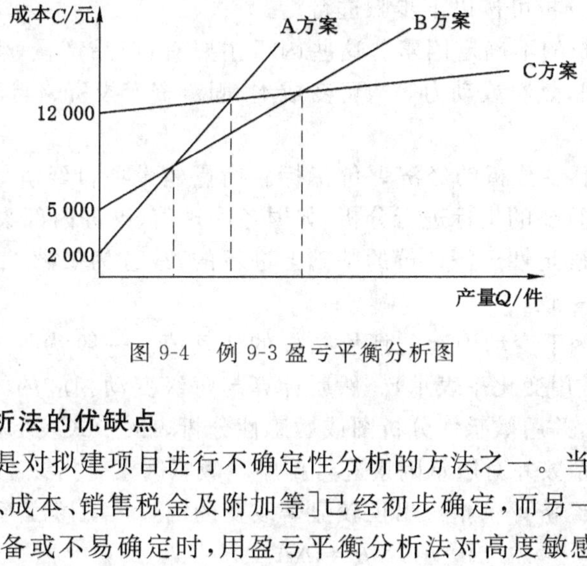

图 9-4　例 9-3 盈亏平衡分析图

三、盈亏平衡分析法的优缺点

盈亏平衡分析法是对拟建项目进行不确定性分析的方法之一。当项目的一些主要参数[如销量(产量)、售价、成本、销售税金及附加等]已经初步确定,而另一些经济数据(如总投资、收益率等)还不完备或不易确定时,用盈亏平衡分析法对高度敏感的产量、售价、成本、销售税金及附加等因素进行粗略的分析,将有助于初步确定项目的各项经济指标和项目风险。

盈亏平衡分析不仅可用于多方案的评选,还可以用于具有多个不确定因素的多方案的比较和分析。后者得出的结论用图来表示时,可以用来对各种不确定因素下的项目进行分析和判断,也可在很多实务问题上发挥重大作用。

但是,盈亏平衡分析法有两个缺点:其一,它是建立在产量等于销售量的基础之上的,即产品能全部销售完而无积压;其二,它所用的一些数据是以类似工厂正常生产年份的历史数据修正得出的,其精确程度不高。因此,盈亏平衡分析法最适用于现有项目的短期分析。由于拟建项目考虑的是一个长期过程,所以用盈亏平衡分析法无法得到一个全面的结论。

第三节　敏感性分析

敏感性分析是通过研究建设项目主要不确定性因素发生变化时，项目经济效果指标发生的相应变化，找出项目的敏感因素，确定其敏感程度，并分析该因素达到临界值时项目的承受能力。

一、敏感性分析的目的和步骤

（一）敏感性分析的目的

(1) 把握不确定因素在什么范围内变化方案的经济效果最好，在什么范围内变化效果最差，以便对不确定性因素实施控制。

(2) 区分敏感性大的方案和敏感性小的方案，以便选出敏感性小的方案，即风险小的方案。

(3) 找出敏感性强的因素，向决策者提出是否需要进一步收集资料，进行研究，以提高经济分析的可靠性。

（二）敏感性分析的步骤

一般进行敏感性分析可按以下步骤进行。

(1) 选定需要分析的不确定因素。这些因素主要有：产品产量（生产负荷）、产品售价、主要资源价格（原材料、燃料或动力等）、可变成本、固定资产投资、建设期贷款利率及外汇汇率等。

(2) 确定进行敏感性分析的经济评价指标。衡量建设项目经济效果的指标较多，敏感性分析一般只对几个重要的指标进行分析，如财务净现值、财务内部收益率、投资回收期等。由于敏感性分析是在确定性经济评价的基础上进行的，故选为敏感性分析的指标应与经济评价所采用的指标相一致。

(3) 计算不确定因素变动引起的评价指标的变动值。一般就所选定的不确定因素，设若干级变动幅度（通常用变化率表示）。然后计算与每级变动相应的经济评价指标值，建立一一对应的数量关系，并用敏感性分析图或敏感性分析表的形式表示。

(4) 计算敏感度系数并对敏感因素进行排序。敏感因素是指该不确定因素的数值有较小的变动就能使项目经济评价指标出现较显著改变的因素。敏感度系数的计算公式为：

$$\beta = \Delta A / \Delta F$$

式中　β——评价指标 A 对于不确定因素 F 的敏感系数；

ΔA——不确定因素 F 发生 ΔF 变化率时，评价指标 A 的相应变化率，%；

ΔF——不确定因素 F 的变化率，%。

(5) 计算变动因素的临界点。临界点是指项目允许不确定因素向不利方向变化的极限值。超过极限，项目效益指标将不可行。例如，当建设投资上升到某个值时，内部收益率将刚好等于基准收益率，此点称为建设投资上升的临界点。可以由临界点百分比或临界值表示。

(6) 绘制敏感性分析图，并对方案进行综合分析，实施控制和弥补措施。根据分析表，以某个评价指标为纵坐标，以不确定因素的变化率为横坐标做敏感分析图，来确定敏感因素，这就使决策者和项目的经营者能够结合不确定因素变化的可能性和预测这些因素变化对项目带来的风险，采取相应的控制和弥补措施。

二、单因素敏感性分析

单因素敏感性分析是就单个确定因素的变动对方案经济效果影响所做的分析。它可以表示为该因素按一定百分率变化时所得到的评价指标值，也可表示为评价指标达到临界点时，某一因素变化的极限变化率。

【例 9-4】 设某项目基本方案的基本数据估算值如表 9-3 所列，试就年销售收入 R、年经营成本 C 和建设投资 I 对内部收益率进行单因素敏感性分析（基准收益率 $i_c=8\%$）。

表 9-3　基本方案的基本数据估算表

因素	建设投资 I/万元	年销售收入 R/万元	年经营成本 C/万元	期末残值 L/万元	寿命 n/年
估算值	1 500	600	250	200	6

解：(1) 计算基本方案的内部收益率 IRR：

$$-I(1+IRR)-1+(R-C)\sum_{t=2}^{5}(1+IRR)^{-t}+(R+L-C)(1+IRR)^{-6}=0$$

$$-1\,500(1+IRR)-1+350\sum_{t=2}^{5}(1+IRR)^{-t}+550(1+IRR)^{-6}=0$$

采用试算法得：

$NPV(i=8\%)=31.08$（万元）>0

$NPV(i=9\%)=-7.92$（万元）<0

采用线性内插法可求得：

$$IRR=8\%+\frac{31.08}{31.08+7.92}(9\%-8\%)=8.79\%$$

(2) 计算销售收入、经营成本和建设投资变化对内部收益率的影响，结果见表 9-4。

表 9-4　因素变化对内部收益率(%)的影响

不确定因素	变化率				
	−10%	−5%	基本方案	+5%	+10%
销售收入	3.01	5.94	8.79	11.58	14.30
经营成本	11.12	9.96	8.79	7.61	6.42
建设投资	12.70	10.67	8.79	7.06	5.45

内部收益率的敏感性分析图如图 9-5 所示。

(3) 计算方案对各因素的敏感度。

平均敏感度的计算公式如下：

$$\beta=\frac{\text{评价指标变化的幅度}(\%)}{\text{不确定性因素变化的幅度}(\%)}$$

$$\text{年销售收入平均敏感度}=\frac{14.30-3.01}{20}=0.56$$

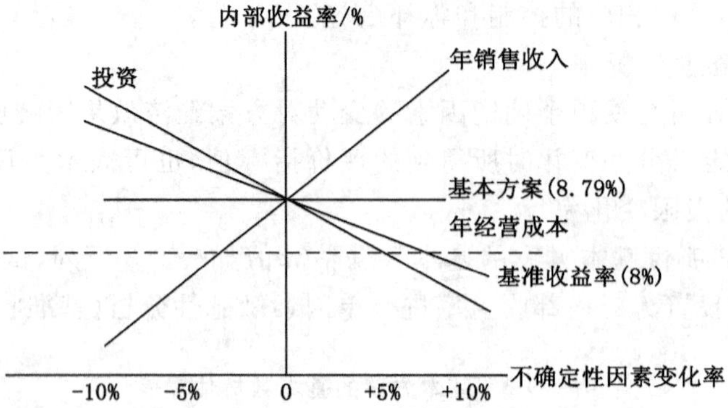

图 9-5　单因素敏感性分析图

$$\text{年经营成本平均敏感度}=\frac{|6.42-11.12|}{20}=0.24$$

$$\text{建设投资平均敏感度}=\frac{|5.45-12.70|}{20}=0.36$$

三、多因素敏感性分析

单因素敏感性分析的方法简单,但其不足之处在于忽略了因素之间的相关性。实际上,一个因素的变动往往也伴随着其他因素的变动,多因素敏感性分析考虑了这种相关性,因而能反映几个因素同时变动对项目产生的综合影响,弥补了单因素分析的局限性,更全面地揭示了事物的本质。因此,在对一些有特殊要求的项目进行敏感性分析时,除进行单因素敏感性分析外,还应进行多因素敏感性分析。

【例 9-5】 某投资方案的基础数据见表 9-5,试对该方案中的投资额和产品价格进行双因素敏感性分析。

表 9-5　投资方案基础数据表

项目	初始投资	寿命期	残值	价格	年经营费	贴现率	年生产能力
参数	1 200 万元	10 年	80 万元	35 元/台	140 万元	10%	10 万台

解:以净现值作为分析指标:

设投资变化百分率为 X,产品价格变化率为 Y,则:

$$NPV=1\,200\times(1+X)+[35\times(1+Y)\times10-140]\times(P/A,10\%,10)+80(P/F,10\%,10)$$
$$=121.21-1\,200X+2\,150.60Y$$

取 NPV 的临界值,即令 $NPV=0$,则:

$$1\,200X=121.21+2\,150.60Y$$

$$X=0.101+1.79Y\text{(实际是一条线性函数)}$$

取 X 和 Y 两因素的变动量均为 ±10% 和 ±20%,可得到图 9-6 所示的双因素敏感性分析图。

从图 9-6 可以看出,$X=0.101+1.79Y$ 为 $NPV=0$ 的临界线,当投资与价格同时变动时,所影响的 NPV 值落在直线的右上方区域,投资方案可行;当落在直线的右下方区域表示 $NPV<0$,投资方案不可行;若落在临界线上,$NPV=0$,方案勉强可行。还可看出,在各

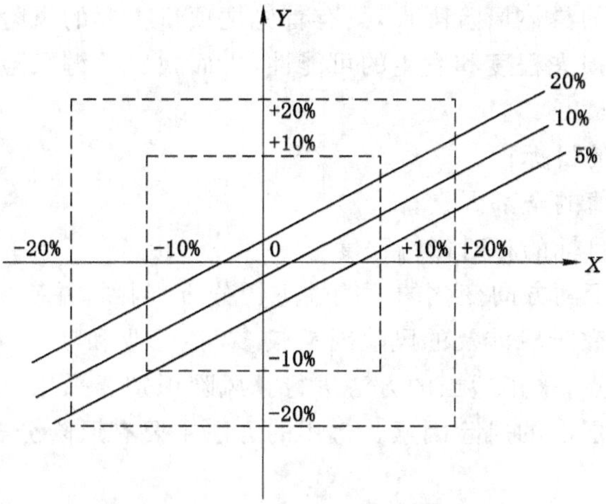

图 9-6　多因素敏感分析图

个正方形内净现值小于 0 的面积所占整个正方形面积的比例反映了因素在此范围内变动时方案风险的大小。例如，在±10%的区域内，净现值小于 0 的面积约占整个正方形面积的20%，这就表明当投资额和价格在±10%的范围内同时变化时，方案盈利的可能性为 80%，出现亏损的可能性为 20%。

四、敏感性分析的优缺点

敏感性分析在一定的程度上定量地描述了各种不确定因素对方案经济效益的影响。这有助于决策者了解方案的风险性，使其在决策过程以及方案的实施过程中加以重点研究及控制。但是，敏感性分析没有考虑各种不确定因素在未来发生变动的概率。由于各种不确定因素在未来发生某一幅度变动的概率不同，会出现通过敏感性分析得知的某一敏感因素由于它未来发生不利变动的可能小，因此实际带来的风险并不大。这个问题是敏感性分析所不能解决的，必须借助概率分析。

第四节　风险分析

项目风险分析是认识项目可能存在的潜在风险因素，估计这些因素发生的可能性及由此造成的影响，分析为防止或减少不利影响而采取对策的一系列活动。它包括风险识别、风险估计、风险评价与对策研究四个基本阶段。风险分析所经历的阶段，实质上是从定性分析到定量分析，再从定量分析到定性分析的过程，其基本流程如图 9-7 所示。

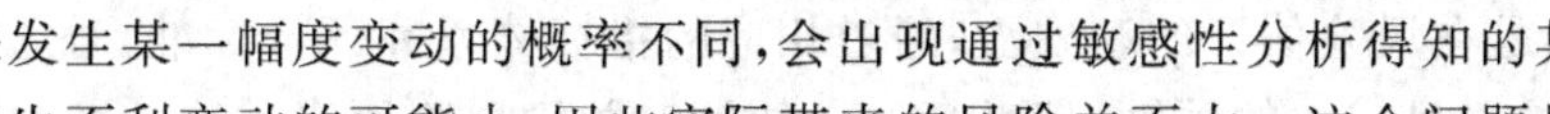

图 9-7　风险分析流程图

一、风险分析的内容

（一）风险识别

风险识别首先要认识和确定项目究竟可能会存在哪些风险因素，这些风险因素会给项目带来什么影响及其具体原因又是什么。在对风险特征充分认识的基础上，识别项目潜在的风险和引起这些风险的具体风险因素，只有首先把项目主要的风险因素揭示出来，才能进一步通过风险评估确定损失程度和发生的可能性，进而找出关键风险因素，提出风险对策。

风险识别的一般步骤是：

(1) 明确所要实现的目标；

(2) 找出影响目标值的全部因素；

(3) 分析各因素对目标的相对影响程度；

(4) 根据各因素向不利方向变化的可能性进行分析、判断，并确定主要风险因素。

投资项目可行性研究阶段涉及的风险因素较多，各行业和项目又不尽相同。风险识别要根据行业和项目的特点，采用适当的方法进行。风险识别要采用分析和分解原则，把综合性的风险问题分解为多层次的风险因素。常用的方法主要有风险分解法、流程图法、专家调查法等。

（二）风险估计

风险估计是估计风险发生的可能性及其对项目的影响。（投资项目涉及的风险因素有些是可以量化的，可以通过定量分析的方法来对它们进行分析；同时，客观上也存在着许多不可量化的风险因素，它们可能给项目带来更大的风险，有必要对不可量化的风险因素进行定性描述。）因此风险估计应采取定性描述与定量分析相结合的方法，对项目面临的风险做出全面的估计。应当注意的是定性与定量不是绝对的，在深入研究和分解之后，有些定性因素可以转化为定量因素。

风险估计方法包括风险概率估计方法和风险影响估计方法两类，前者分为主观估计和客观估计，后者有概率树分析、蒙特卡洛模拟等方法。

（三）风险评价

风险评价是在风险估计的基础上，通过相应的指标体系和评价标准，对风险程度进行划分，以揭示影响项目成败的关键风险因素，以便针对关键风险因素采取防范对策。风险评价包括单因素风险评价和整体风险评价。

单因素风险评价，即评价单个风险因素对项目的影响程度，以找出影响项目的关键风险因素。评价方法主要有风险概率矩阵、专家评价法。

项目整体风险评价，即综合评价若干主要风险因素对项目整体的影响程度。对于重大投资项目或估计风险很大的项目，应进行投资项目整体风险分析。

（四）风险对策

投资项目建设是一种大量耗费资源的经济活动，投资决策失误会引起不可挽回的损失。在投资项目决策前的可行性研究中，不仅要了解项目可能面临的风险，也要提出针对性的风险对策，避免风险的发生或将风险损失降到最低限度，有助于提高投资的安全性，促使项目获得成功。同时，可行性研究阶段的风险对策研究可为投资项目实施过程的风险监督与管理提供依据。另外，风险对策研究的结果应及时反馈到可行性研究的各个方面，并据此修改部分数据或调整方案，进行项目方案的再设计。

（五）风险监控

风险监控就是在风险事件发生时实施风险管理计划中预定的规避措施。另外，当项目的情况发生变化时，要重新进行风险分析，并制定新的风险对策。

风险监控就是要跟踪识别的风险，识别剩余风险和出现的风险，修改风险管理计划，保证风险计划的实施，并评估消减风险的效果。

风险监控的手段除了风险管理计划中预定的风险对策之外，还应该根据实际情况确定权变对策。如果实际发生的风险事件事先未曾预料到，或者已经预料到的风险后果比预期的严重，风险管理计划中预定的规避措施不足以解决风险时，必须重新制定新的风险对策。

（六）风险分析结论

在完成风险识别和评估后，应归纳和综述项目的主要风险，说明其原因、程度和可能造成的后果，以全面、清晰地展现项目的主要风险，同时将风险对策研究结果进行汇总，见表 9-6。

表 9-6　风险与对策汇总表

主要风险	风险起因	风险程度	后果与影响	主要对策
A				
B				
……				

二、常见的风险因素

项目风险分析贯穿于建设和生产运营的全过程。在项目评估和可行性研究阶段应着重识别以下风险：

（1）市场风险。市场风险一般来自三个方面：一是市场供需实际情况与预测值发生偏离；二是项目产品市场竞争力或者竞争对手情况发生重大变化；三是项目产品和主要原材料的实际价格与预测价格发生重大偏离。

（2）资源风险。资源风险主要是指资源开发项目，如金属矿、非金属矿、石油、天然气等矿产资源的储量、品位、可采储量、工程量等与预测发生重大偏离，导致项目开采成本增加，产量降低或者开采期缩短。

（3）技术风险。项目采用技术（包括引进技术）的先进性、可靠性、适用性和可得性与预测方案发生重大变化，导致生产能力利用率降低，生产成本增加，产品质量达不到预期要求等。

（4）组织管理风险。组织管理风险是指由于项目管理模式不合理，项目内部组织不当、管理混乱或者主要管理者能力不足等，导致投资大量增加、项目不能按期建成投产造成损失的可能性。

（5）工程风险。工程地质条件、水文地质条件与预测发生重大变化，导致工程量增加、投资增加、工期拖长。

（6）资金风险。资金供应不足或者来源中断导致项目工期延长甚至被迫终止；利率、汇率变化导致融资成本升高。

（7）政策风险。政策风险主要是指国内外政治经济条件发生重大变化或者政府政策做出重大调整，项目原定目标难以实现甚至无法实现。

（8）外部协作条件风险。交通运输、供水、供电等主要外部协作配套条件发生重大变化，给项目建设和运营带来困难。

(9) 社会风险。预测的社会条件、社会环境发生变化，给项目建设和运营带来损失，如宗教信仰、社会治安、文化素质、公众态度等方面。

(10) 其他风险。对于某些项目，还需要考虑其特有的风险因素，如对农业投资项目，应考虑气候、土壤、水利等条件的变化对农作物收成造成不利影响的风险因素。

三、风险分析的主要方法

(一) 风险分解法

风险分解法是风险识别的主要方法之一，它是将一个复杂系统分解为若干子系统进行分析，通过对子系统的分析进而把握整个系统的特征。例如，市场风险可以分解为市场供求、竞争力、价格偏差三类风险。对于市场需求总量的偏差，首先将其分为供方市场和需方市场，然后各自进一步分解为国内和国外。其风险可能来自区域因素、替代品的出现以及经济环境对购买力的影响等。产品市场竞争力风险因素，又可分为品种质量、生产成本以及竞争对手因素等；价格偏差因素可分解为诸多影响国内价格和国际价格的因素，随着项目和产品的不同可能有很大的不同。

(二) 专家调查法

专家调查法是基于专家的知识、经验和直觉，通过发函、开会或其他形式向专家进行调查，发现项目潜在风险的分析方法，对项目风险因素及其风险程度进行评定，将多位专家的经验集中起来形成分析结论的一种方法，它适用于风险分析的全过程，包括风险识别、风险估计、风险评价、风险对策研究。专家调查法是由于它比一般的经验识别法更具有权威性，因此应用更广泛。

采用专家调查法时，所聘请的专家应熟悉该行业和所评估的风险因素，并能做到客观公正。专家的人数取决于项目的特点、规模、复杂程度和风险的性质，没有绝对规定。但为减少主观性，专家应有合理的规模，人数一般应在 10～20 位。

(三) 风险概率估计

风险概率估计包括客观概率估计和主观概率估计。在项目评价中，风险概率估计中常用正态分布、三角形分布、贝塔分布等概率分布形式，由项目评价人员或专家估计。其中客观估计是实际发生的概率，它并不取决于人的主观意志，可以根据历史统计数据或是大量的试验来推定。而主观概率估计是基于个人经验、预感或直觉而估算出来的概率，是一种个人的主观判断，反映了人们对风险现象的一种测度。

1. 风险概率分布

(1) 离散型概率分布。当输入变量可能值是有限个数，这种随机变量称为离散型随机变量，如产品市场销售量可能出现低销售量、中等销售量、高销售量三种状态，即认为销售量是离散型随机变量。各种状态的概率取值之和等于 1，它适用于变量取值个数不多的输入变量。

(2) 连续型概率分布。当输入变量的取值充满一个区间，无法按一定次序一一列举出来时，这种随机变量称为连续随机变量。它的概率分布用概率密度和分布函数表示，常用的连续概率分布有：

① 正态分布。其特点是密度函数以均值为中心对称分布(图 9-8)。这是一种最常见的概率分布，其均值为 $\overline{x}$，方差为 δ^2，用 $N(\overline{x},\delta^2)$ 表示。当 $\overline{x}=0,\delta=1$ 时称这种分布为标准正态分布，用 $N(0,1)$，适用于描述一般经济变量的概率分布，如销售量、售价、产品成本等。

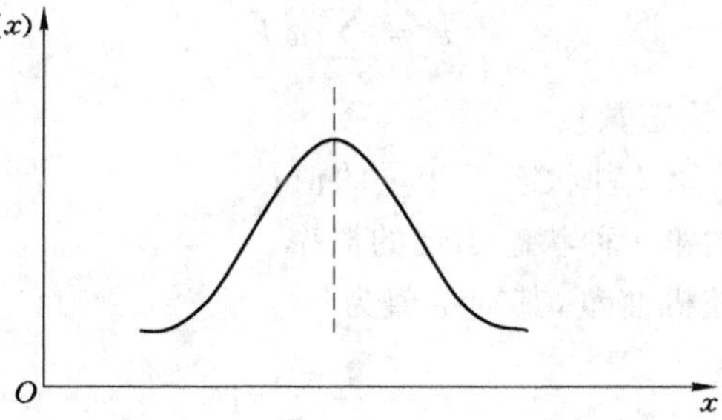

图 9-8　正态分布概率密度图

② 三角形分布。其特点是密度数由最悲观值、最可能值和最乐观值构成的对称或不对称三角形(图 9-9)。适用于描述工期、投资等不对称分布的输入变量,也可用于描述产量、成本等对称分布的输入变量。

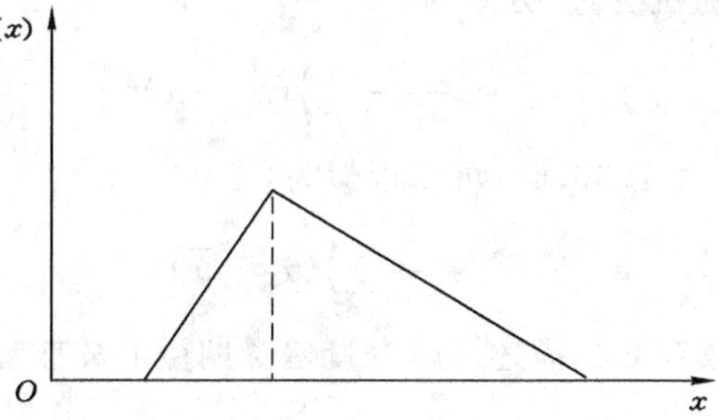

图 9-9　三角形分布概率密度图

③ β 分布。其特点是密度函数为最大值两边不对称分布(图 9-10),适用于描述工期等不对称分布的输入变量。

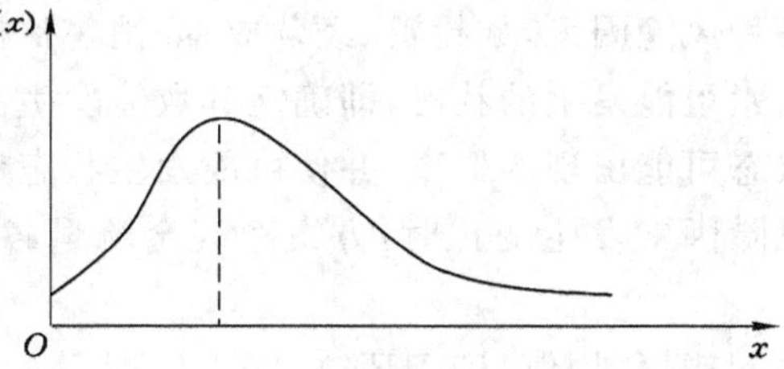

图 9-10　β 分布概率密度图

④ 经验分布。其密度函数并不适合于某些标准的概率函数,可根据统计资料及主观经验估计的非标准概率分布,它适用于项目评价中的各种输入变量。

2. 风险概率分析指标

描述风险概率分布的指标主要有期望值、方差、标准差、离散系数等。

(1) 期望值。期望值是风险变量的加权平均值。对于离散系数风险变量,期望值 $\overline{x}$ 为

$$\overline{x} = \sum_{i=1}^{n} x_i P_i$$

式中　n——风险变量的状态数；

x_i——风险变量的第 i 种状态下变量的值；

P_i——风险变量的第 i 种状态出现的概率。

对于等概率的离散随机变量，其期望值为

$$\overline{x} = \frac{1}{n}\sum_{i=1}^{n} x_i$$

(2) 方差和标准差。方差和标准差都是描述风险变量偏离期望值程度的绝对指标。对于离散变量，方差 S^2 为

$$S^2 = \sum_{i=1}^{n}(x_i - \overline{x})^2 P_i$$

标准差为方差的平方根，计为 S。

对于等概率的离散随机变量，方差为

$$S^2 = \frac{1}{n-1}\sum_{i=1}^{n}(x_i - \overline{x})^2$$

当 n 足够大(通常 n 大于 30)时，可以近似为

$$S^2 = \frac{1}{n}\sum_{i=1}^{n}(x_i - \overline{x})^2$$

(3) 离散系数。离散系数是描述风险变量偏离期望值离散程度的相对指标，计为 β：

$$\beta = \frac{S}{\overline{x}}$$

(四) 概率树分析法

概率树分析是借助现代计算技术，运用概率论和数理统计原理进行概率分析，求得风险因素取值的概率分布，并计算期望值、方差或标准差和离散系数，表明项目的风险程度。

概率树分析的一般步骤是：

(1) 列出要考虑的各种风险因素，如投资、经营成本、销售价格等。

(2) 设想各种风险因素可能发生的状态，即确定其数值发生变化个数。

(3) 分别确定各种状态可能出现的概率，并使可能发生状态概率之和等于 1。

(4) 分别求出各种风险因素发生变化时，方案净现金流量各状态发生的概率和相应状态下的净现值 $NPV_{(j)}$。

(5) 求方案净现值的期望值(均值)$E(NPV)$。

$$E(NPV) = \sum_{j=1}^{k} NPV_{(j)} \times P_j$$

式中　P_j——第 j 种状态出现的概率；

k——可能出现的状态数。

(6) 求出方案净现值非负的累计概率。

(7) 对概率分析结果进行说明。

【例 9-6】 某商品住宅小区开发项目现金流量的估计值见表 9-7，根据经验推断，销售收入和开发成本为离散型随机变量，其值在估计值的基础上可能发生的变化及其概率见

表 9-8。试确定该项目净现值大于等于 0 的概率。基准收益率 $i_c=12\%$。

表 9-7　基本方案的参数估计　　单位:万元

年份	第 1 年	第 2 年	第 3 年
销售收入	857	7 143	8 800
开发成本	5 888	4 873	6 900
其他税费	56	464	1 196
净现金流量	－5 087	1 806	9 350

表 9-8　不确定性因素的变化范围(概率值)

因素	变幅		
	－20％	0	＋20％
销售收入	0.2	0.6	0.2
开发成本	0.1	0.3	0.6

解:(1) 项目净现金流量未来可能发生的 9 种状态如图 9-11 所示。

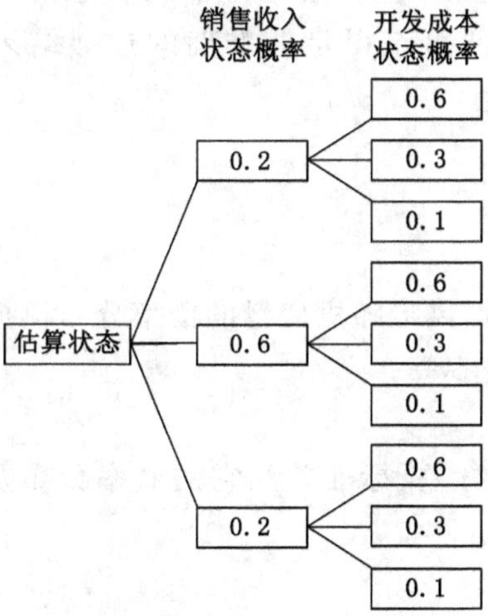

可能状态 (j)	状态概率 (P_j)	NPV	$P_j \cdot NPV$
1	0.12	3 123.2	374.8
2	0.06	5 690.4	341.4
3	0.02	8 257.6	165.2
4	0.36	-141.3	-50.9
5	0.18	2 425.9	436.7
6	0.06	4 993.0	299.6
7	0.12	-1 767.0	-212.0
8	0.06	-838.7	-50.3
9	0.02	1 728.5	34.6
合计	1.00		1 339.1

图 9-11　项目净现金流量发生的状态及计算结果

(2) 分别计算项目净现金流量各种状态的概率 $P_j(j=1,2,\cdots,9)$:

$P_1=0.2\times0.6=0.12$

$P_2=0.2\times0.3=0.06$

$P_3=0.2\times0.1=0.02$

其余类推,结果见图 9-11。

(3) 分别计算项目各状态下的净现值 $NPV(j)(j=1,2,\cdots,9)$

$$NPV(1)=\sum_{i=1}^{3}(CI-CO)_t^{(1)}(1+12\%)^{-t}=3\ 123.2\text{（万元）}$$

其余类推，结果见图 9-11。

(4) 计算项目净现值的期望值：

净现值的期望值＝0.12×3 123.2＋0.06×5 690.4＋0.02×8 257.6＋
0.36×(−141.3)＋0.18×2 425.9＋0.06×4 993.0＋
0.12×(−1 767)＋0.06×(838.7)＋0.02×1 728.5
＝1 339.1(万元)

(5) 计算净现值大于等于 0 的概率：

$$P(NPV\geqslant 0)=1-0.36-0.12-0.06=0.46$$

结论：该项目净现值的期望值大于 0，是可行的；但净现值大于 0 的概率不够大，说明项目存在一定的风险。

(五) 蒙特卡洛模拟

蒙特卡洛模拟法是用反复进行随机抽样的方法模拟各种随机变量的变化，进而通过计算了解方案经济效果指标概率分布的一种分析方法。

蒙特卡洛模拟法要通过反复抽样来模拟方案的各种随机状态，且样本数需足够大，因而计算工作量非常大，用手工计算进行大样本模拟是很困难的，一般需借助计算机进行模拟计算。在概率分析中，采用解析法有时过于烦琐，甚至得不到满意的结果，而蒙特卡洛模拟法则不然，它不需要复杂的数字运算便可获得足够准确的近似结果，而且适于使用计算机。

蒙特卡洛模拟法实施的步骤如下：

(1) 通过敏感性分析，确定风险随机变量；

(2) 确定风险随机变量的概率分布；

(3) 通过随机数表或计算机求出随机数，根据风险随机变量的概率分布模拟输入变量；

(4) 选取经济评价指标，如净现值、内部收益率等；

(5) 根据基础数据计算评价指标值；

(6) 整理模拟结果所得评价指标的期望值、方差、标准差和它的概率分布及累积概率，绘制累计概率图，计算项目可行或不可行的概率。

四、风险对策

如前所述，投资项目可能面临各种各样的风险，因此在项目评估过程中，不仅要了解项目可能面临的风险，而且要提出有针对性的防范对策，避免风险的发生或将风险降到最低限度，才能有助于提高投资的安全性，促使项目获得成功。

(一) 风险回避

风险回避是投资主体有意识地放弃风险行为，彻底规避风险的一种做法，即断绝风险的来源。例如，风险分析显示产品市场存在严重风险，若采取回避风险的对策，就会做出缓建（待市场变化后再予以考虑）或放弃项目的决策。简单的风险回避是一种最消极的风险处理办法，因为投资者在放弃风险行为的同时，往往也放弃了潜在的目标收益。所以一般只有在以下情况下才会采用这种方法：

(1) 投资主体对风险极端厌恶。

(2) 存在可实现同样目标的其他方案,其风险更低。

(3) 投资主体无能力消除或转移风险。

(4) 投资主体无能力承担该风险,或承担风险得不到足够的补偿。

(二) 风险控制

风险控制是针对可控性风险采取的防止风险发生,减少风险损失的对策,也是绝大部分项目应用的主要风险对策。可行性研究报告的风险对策应十分重视风险控制措施的研究,应就识别出的关键风险因素逐一提出技术上可行、经济上合理的预防措施,以尽可能低的风险成本降低风险发生的可能性并将风险控制在最低限度内。在可行性研究过程中所做风险对策研究可针对决策、设计和实施阶段提出不同的风险控制措施,防患于未然。

风险控制措施必须针对项目具体情况提出,既可以是项目内部采取的技术措施、工程措施和管理措施等,也可以采取向外分散的方式来减少项目承担的风险。例如,银行为了减少自己的风险,只贷给投资项目所需资金的一部分,让其他银行和投资者共担风险。在资本筹集中采用多方出资的方式也是风险分散的一种方法。

(三) 风险转移

风险转移是试图将项目业主可能面临的风险转移给他人承担,以避免风险损失的一种方法。转移风险有两种方式,一是将风险源转移出去,二是只把部分或全部风险损失转移出去。就投资项目而言,第一种风险转移方式是风险回避的一种特殊形式,如将已做完前期工作的项目转给他人投资,或者将其中风险大的部分转给他人承包建设或经营。第二种风险转移方式又可细分为保险转移方式和非保险转移方式两种。保险转移是采取向保险公司投保的方式将项目风险损失转嫁给保险公司承担,如对某些人力难以控制的灾害性风险就可以采取保险转移方式。非保险转移方式是项目前期工作涉及较多的风险对策,如采用新技术可能面临较大的风险,可行性研究中可以提出在技术合同谈判中加上保证性条款,如达不到设计能力或设计消耗指标时的赔偿条款等,可以将全部或部分风险损失转移给技术转让方,在设备采购和施工合同中也可以设置转嫁部分风险的条款。

(四) 风险保留

风险保留是指如果损失发生时,经济主体将以当时可利用的任何资金进行支付。风险保留包括无计划自留、有计划自我保险。

(1) 无计划自留。指风险损失发生后从收入中支付,即不是在损失前做出资金安排。当经济主体没有意识到风险并认为损失不会发生时,或将意识到的与风险有关的最大可能损失显著低估时,就会采用无计划方式承担风险。一般来说,无资金保留应当谨慎使用,因为如果实际损失远远大于预计损失,将引起资金周转困难。

(2) 有计划自我保险。指可能的损失发生前,通过做出各种资金安排以确保损失出现后能及时获得资金以补偿损失。有计划自我保险主要是通过建立风险预留基金的方式来实现。

以上所述的风险对策不是互斥的,实践中常常组合使用。在采取措施降低风险的同时并不排斥其他的风险对策,如向保险公司投保。可行性研究中应结合项目的实际情况,研究并选用相应的风险对策。

【复习思考题】

1. 什么是风险？风险的三个必要条件是什么？

2. 不确定性与风险的性质有哪些？不确定性分析与风险分析有什么区别和联系？

3. 简述盈亏平衡分析方法及其优缺点。

4. 简述敏感性分析方法含义与步骤。

5. 风险分析的内容有哪些？

6. 概率树分析的步骤有哪些？

7. 某企业生产某种产品，设计年产量为6 000件，每件产品的出厂价格为60元，企业每年固定性开支为60 000元，每件产品成本为30元，求企业的最大可能盈利，企业不盈不亏时的最低产量，企业年利润为4万元时的产量。

8. 某厂生产一种配件，有两种加工方法可供选择，一为手工安装，每件成本为1.2元，还需分摊年设备费用300元；一种为机械生产，需投资4 500元购置机械，寿命为9年，预计残值为150元，每个配件需人工费0.5元，维护设备年成本为180元，如果其他费用相同，利率为10%，试进行加工方法决策。

9. 某投资项目主要经济参数的估计值为：初始投资15 000元，寿命为10年，残值为0，年收入为3 500元，年支出为1 000元，初始收益为15%：

(1) 当初始投资变化时，试对内部收益率的影响进行敏感性分析；

(2) 当年收入变化时，试对内部收益率的影响进行敏感性分析。

10. 某方案需投资25 000元，预期寿命为5年，残值为0，每年净现金流量为随机变量，其可能发生的三种状态的概率及变量值如下：5 000元($P=0.3$)；10 000元($P=0.5$)；12 000元($P=0.2$)。若利率为10%，试计算净现值的期望值与标准差。

11. 试简述风险对策有哪些？各自的特点是什么？

第十章　建设项目后评价

本章主要介绍建设项目后评价概述、建设项目后评价的程序、方法和建设项目后评价报告等内容。通过本章的学习，读者要掌握项目后评价的概念、特点和内容；熟悉项目后评价的程序和方法；了解项目后评价报告的编写要求。

第一节　概　　述

一、建设项目后评价的概念和特点

（一）建设项目后评价的概念

项目后评价是指对已经完成的项目在一定时期内，对其目的、执行过程、效益、作用和影响所进行的系统的、客观的分析，通过对项目活动实践过程中的实际效果与项目预期目标相比较，找出产生差距的原因，总结经验教训。根据存在的问题，提出改进措施和建议。根据对未来所处的外部环境和内部条件的分析，提出相应的对策，使企业生产经营活动朝着预期目标运行。

建设项目后评价于 19 世纪 60 年代产生在美国，直到 20 世纪 60 年代才广泛地被许多国家和世界银行、亚洲银行等双边或多边援助组织用于世界范围的资助活动结果评价中。我国从 1988 年才正式开始建设项目后评价的试点工作。

（二）建设项目后评价的特点

（1）建设项目后评价的目标特点

项目前评估是在项目实施前进行，着重投资机会的选择，目标是保证项目决策的科学性与实用性；而后评价的时间，一般是在项目竣工后的一定时期内，目标是审查验证前评价的正确性，积累经验，提高项目决策、建设实施和生产经营的管理水平。

（2）建设项目后评价的内容特点

项目前评估的重点内容是对项目可行性研究报告进行审查，分析其完整性和可靠性，保证目标的实施；而后评价不仅是对项目决策、建设实施和生产经营的效果进行评价，还要对后评价时点以后的项目前景进行预测。

二、建设项目后评价的作用

通过建设项目后评价，可以达到肯定成绩、总结经验、研究问题、吸取教训、提出建议、改进工作、不断提高项目决策水平和投资效果的目的。建设项目后评价的作用主要体现在以下几个方面：

（一）有利于提高项目决策水平

一个建设项目的成功，主要取决于立项决策的正确。在我国的建设项目中，大部分项目的立项决策是正确的，但也存在少数失误的立项决策。例如，有的工厂在建设投产之前，不认真进行市场预测，建设规模过大，在投产后，原料靠国外进口，产品成本高，产品销路不畅，导致长期亏损，甚至被迫停产。后评价将教训提供给项目决策者，这对于控制和调整同类建设项目具有重要作用。

（二）有利于提高设计施工水平

通过项目后评价，可以总结建设项目设计施工中的经验教训，从而不断提高工程设计施工水平。例如，有一个煤矿建成投产之后，运输大巷地鼓变形严重，虽经多方抢修仍不能使用。在后评价过程中，聘请了高层次专家进行检测，一致认为，运输巷道放在三灰岩上面的泥岩中是错误的，施工中虽已发现该问题，但仍按原设计进行锚喷支护，待地鼓变形后再用U型钢支护抢修，但已达不到预期效果。设计单位和施工单位从中吸取了教训，这无疑会给提高设计、施工水平起到积极的促进作用。

（三）有利于提高生产能力和经济效益

建设项目投产后，经济效益的好坏、何时能达到生产能力等是后评价十分关心的问题。如果有的项目到了达产期而不能达产，或达产但效益很差，后评价时就要认真分析原因，提出措施，促其尽快达产，努力提高经济效益，使建成后的项目充分发挥作用。

（四）有利于提高引进技术和装备的成功率

在一般情况下，国家可以选择若干同类型的引进项目。通过后评价，总结引进装备过程中成功的经验和失误的教训，提高引进技术和装备的成功率。

（五）有利于控制工程造价

大中型建设项目的投资额在数目上都是比较大的，造价上稍加节省就能节约出一笔可观的投资。目前，在建设项目前期决策阶段的咨询评估，在建设过程中的招投标等都是控制工程造价行之有效的方法，通过后评价总结这方面的经验教训，将会对控制造价起到积极的作用。

三、建设项目后评价的内容

（一）项目目标评价

评定项目立项时预定目标的实现程度，是项目后评价的主要任务之一。因此，项目后评价要考察原定目标应完成的主要指标，检查项目实际实现的情况变化，分析实际发生改变的原因以判断目标的实现程度。判别项目目标的指标应在项目立项时确定，一般为宏观指标，即对地区、行业或国家经济、社会发展的总体影响和作用。建设项目的直接目的可能是解决特定的供需平衡，向社会提供某种产品或服务，指标一般可以量化。

目标评价的另一项任务是要对项目原定决策目标的正确性、合理性和实践性进行分析评价。有些项目原定的目标不明确或不符合实际情况，项目实施过程中可能会发生重大变化，如政策性变化或市场变化等，项目后评价要给予重新分析和评价。

（二）项目实施过程评价

项目的实施过程评价应对照立项评价或可行性研究所预计的情况和实际执行的过程进行比较和分析，找出差别，分析原因，实施过程评价一般要分析以下几个方面：

（1）项目的立项、准备和评价；

（2）项目内容和建设规模；

（3）工程进度和实施情况；

(4) 配套设施和服务条件;

(5) 受益者范围及其反映;

(6) 项目的管理和机制;

(7) 财务执行情况。

(三) 项目效益评价

项目的效益评价即财务评价和国民经济评价,其主要内容与项目前评估无大的差别,主要分析指标还是内部收益率、净现值和贷款偿还期等项目盈利能力和偿债能力指标。但进行项目后评价时有以下几点需要加以说明:

(1) 项目前评估采用的是预期值,项目后评价则是对已发生的财务现金流量采用实际值,并按统计学原理加以处理;对后评价时点以后的流量做出新的预测。

(2) 当财务现金流量来自财务报表时,对应收而实际未收到的债权和非货币资金都不可计为现金流入,只有当实际收到时才作为现金流入;同样,应付而实际未付的债务资金不能计为现金流出,只有当实际支付时才作为现金流出。必要时,要对实际财务数据进行调整。

(3) 实际发生的财务会计数据都含有物价通货膨胀因素,而通常采用的盈利能力指标是不含通货膨胀水分的。因此,对项目后评价采用的财务数据要剔除物价上涨的因素以实现前后评价的一致性和可比性。

(四) 项目影响评价

项目的影响评价内容包括经济影响、环境影响和社会影响。具体有以下几个方面:

(1) 经济影响评价。主要分析评价项目对项目所在地、所属行业和国家所产生的经济方面的影响。评价的内容主要包括对就业、资源利用、技术进步等方面的影响。由于经济影响评价的许多因素难以量化,所以一般对其进行定性分析。

(2) 环境影响评价。一般包括项目的污染控制、环境质量、区域生态平衡等方面。

(3) 社会影响评价。重点评价项目对所在地区和社会的影响,如贫困、平等参与和妇女问题等。

(五) 项目持续性评价

项目的持续性是指在项目的建设资金投入完成之后,项目的既定目标是否还能继续,项目是否可以持续发展下去,接受投资的项目业主是否愿意并能够领导自己的力量继续去实现既定目标,项目是否具有可重复性(即是否可在未来以同样的方式建设同类项目)。项目持续性的影响因素一般包括:所在国家的政策、地方政府的管理和组织、财务因素、技术因素、社会文化因素、环境和生态因素、外部因素等。

第二节　建设项目后评价的程序和方法

一、建设项目后评价的工作要求

开展项目后评价对项目决策科学化、管理现代化及对提高项目投资效益有着重要的作用,对后评价工作的要求主要集中在以下几个方面:

(一) 建立和完善项目评价体系

目前,我国投资项目的评价工作,主要侧重于项目前评估,这对保证项目决策的正确性和搞好建设项目前期工作，都起到非常重要的作用。但只凭前评估，还远远不能把项目搞好。从项目建设实施和投产后所发生的问题，足以说明仅有前评估还是不够的，还必须有后评价，以建立和完善项目评价体系，即项目评价体系应有前、中、后三个部分，才能对项目实行全过程的控制，保证项目达到预期的效果。

（二）建立和完善工作责任制度

项目投资效益的好坏是项目管理各阶段、各环节、各相关单位和部门综合作用的结果。其中任何一个环节的过失都会给整体带来损失。只有加强各个环节的工作联系，才能够有利于建立和完善项目工作责任制，从而使项目后评价达到预期的效果。

（三）适应市场经济发展需要

我国市场经济体制的建立和投资体制和金融体制的深化改革使银行贷款管理工作由过去侧重于前评估、往生产领域延伸，向加强后评估、重视企业的偿债能力转移。市场经济体制下，变化因素繁多，对项目预测数据和实施结果有很大影响。因此，在项目后评价的过程中，必须根据市场的变化和偏离预测目标的程度来对项目进行综合评价，才能合理调整企业的生产经营。

二、建设项目后评价的工作程序

（一）确定后评价项目

进行后评价的项目，一般有：

（1）投资额大、影响大的重点项目；

（2）经济效益和社会效益均好的项目；

（3）经济效益和社会效益均差的项目；

（4）其他能提供典型经验和教训的项目。

（二）组织后评价机构

通常可组织专门机构负责后评价工作，也可由原来的项目评价组负责后评价工作，如世界银行由评估局负责项目后评价工作，值得借鉴，这样有利于后评价的公正性、真实性和客观性。

（三）拟订后评价计划

后评价计划应包括的内容如下：

（1）后评价目的：明确后评价要解决的问题和达到的目的。

（2）后评价内容：根据后评价目的要求，确定后评价主要内容、重点和方法。

（3）后评价工作进度：按后评价要求内容，安排各步骤的时间进度。

（4）人员分工：落实任务，各负其责。

（四）收集相关资料

收集后评价所需的资料，加工整理，使之系统化和完整化。

（五）编写后评价报告

后评价报告是在综合分析的基础上编写的。根据后评价内容，分别说明项目评价报告中的预测数据和结论与实际值的差异及其形成差异的主要原因、项目全过程的经验和教训以及存在的主要问题及其对策和建议等。

三、建设项目后评价的方法

综上所述，项目后评价包括对项目已经发生事情的总结以及项目未来发展的预测。在后评价情况下，只有具有统计意义的数据才有可比性，后评价时点前的统计数据是评价对比的基础，后评价时点以后的数据是预测分析的依据。因此，项目后评价的总结和预测是以统计学原理和预测学原理为基础的。此外，项目后评价的两大方法是有无对比法和逻辑框架法。

（一）有无对比法

后评价方法要定量和定性相结合，与前评估基本相同。然而，后评价方法论的一条基本原则是对比法则，包括前后对比、预测和实际发生值的对比、有无项目的对比等比较法。对比的目的是要找出变化和差距，以提出问题并分析问题。

1. 前后对比和有无对比

在一般情况下，投资活动的“前后对比”（before and after comparison）是指将项目实施之前与项目完成之后的情况加以对比，以确定项目效益的一种方法。在项目后评价中则是指将项目前期的可行性研究和评估的预测结论与项目的实际运行结果相比较，以发现变化和分析原因。这种对比用于揭示计划、决策和实施的质量，是项目过程评价应遵循的原则。

“有无对比”（with and without comparison）是指将项目实际发生的情况与若无项目发生的情况相对比，以度量项目的真实效益、影响和作用。对比的重点是要分清项目作用的影响与无项目外作用的影响。这种对比用于项目的效益评价和影响评价，是项目后评价的一个重要方法论。这里说的“有”和“无”指的是评价的对象，即计划、规划或项目。评价是通过对比实施项目所付出的资源代价与项目实施后产生的效果得出项目的好坏。方法论的关键是要求投入的代价与产品的效果口径一致。也就是说，所度量的效果要真的归因于项目。但很多项目，特别是大型社会经济项目，实施后的效果不仅仅是项目的效果和作用，还有项目以外多种因素的影响，因此，简单的前后对比不能得出项目的真正效果。

2. 有无对比的方法

综上所述，后评价中的效果评价就是要剔除那些非项目因素，而对归因于项目的效果加以正确的定义和度量，由于无项目时可能发生的情况往往无法确定地加以描述，故项目后评价中只能用一些方法去近似地度量项目的作用。理想的做法是在该受益范围之外找一个类似的“对照区（control area）”进行比较和评价。

通常，项目后评价的效果和影响评价要分析的数据和资料包括：项目前预测的效果、项目实际实现的效果、无项目时可能效果、无项目的实际效果等。

（二）逻辑框架法

逻辑框架法（logical framework approach，LFA）是美国国际开发署（USAID）1970 年开发并使用的一种设计、计划和评价工具。目前已有 2/3 的国际组织把 LFA 作为援助项目的计划、管理和后评价的主要方法。LFA 不是一种机械的方法程序，而是一种综合地、系统地研究问题的思维框架，在后评价中采用 LFA 有助于对关键因素和问题做出系统的、合乎逻辑的分析。

1. LFA 的概念

LFA 是一种概念化论述项目的方法，即用一张简单的框图来直观分析一个复杂项目的内涵和关系，使之更易理解。LFA 是将几个内容相关、必须同步考虑的动态因素组合起来，通过分析其间的关系，从设计策划到目的目标评价一项活动或工作。LFA 为项目计划者和评价者提供一种分析框架，用以确定工作的范围和任务，并通过对项目目标和达到目标所需的手段进行逻辑关系的分析。

LFA 的核心概念是事物的因果逻辑关系，即“如果”提供了某种条件，“那么”就会产生某种结果。这些条件包括事物内在的因素和事物所需要的外部因素。

应用 LFA 进行计划和评价时的一项主要任务是对项目最初确定的目标必须做出清晰的定义。因此，在架构逻辑框架时应清楚地描述以下内容：

① 清晰并可度量的目标；

② 不同层次的目标和最终目标之间的联系；

③ 确定项目成功与否的测量指标；

④ 项目的主要内容；

⑤ 计划时的主要假设条件；

⑥ 检查项目进度的方法；

⑦ 项目实施中要求的投资投入。

2. LFA 的层次和逻辑关系

(1) 目标(goal)

通常是指高层次的目标，即宏观计划、政策和方针，该目标可由几个方面的因素来实现。宏观目标一般超越了项目的范畴，是指国家、地区、部门或投资组织的整体目标。这个层次目标的确定和指标的选择一般由国家或行业部门负责。

(2) 目的(objectives or purposes)

目的是指“为什么”要实施这个项目，即项目直接的效果和作用。一般应考虑项目为受益目标群体带来什么，主要是社会和经济方面的成果和作用。这个层次的目标由项目和独立的评价机构来确定，指标由项目确定。

(3) 产出(outputs)

这里的“产出”是指项目“干了些什么”，即项目的建设内容或投入的产出物。一般要提供项目可计量的直接结果。

(4) 投入和活动(inputs and activities)

该层次是指项目的实施过程及内容，主要包括资源的投入量和时间等。

以上四个层次由下而上形成了三级逻辑关系。第一级是如果保证一定的资源投入，并加以有效管理，则预计有怎样的产出；第二级是项目的产出与社会或经济的变化之间的关系；第三级是项目的目的对整个地区或整个国家更高层次目标的贡献关联性。

这在 LFA 中被称为“垂直逻辑(vertical logic)”，可用来阐述各层次的目标内容及其上下间的因果关系。每个层次的目标水平方向的逻辑关系则由验证指标、验证方法和重要的假定条件所构成。水平逻辑的三项主要内容包括：

(1) 客观验证指标(objective verifiable indicators)

各层次目标应尽可能有客观的、可度量的验证指标，包括数量、质量、时间和人员。在后评价时，一般指标应具有三个数据，即原来预测值、实际完成值、预测和实际间的变化和差距值。

(2) 验证方法(means of verification)

包括主要资源来源和验证所采取的方法。

(3) 重要的假设条件(important assumptions)

重要的假设条件主要是指可能对项目的进展或成果的产生影响，而项目管理者又无法控制的外部条件，即风险。这种失控的发生有多方面原因，首先是项目所在地的特定自然环境及其变化；其次，政府在政策、计划、发展战略等方面的失误或变化给项目带来严重的影响；第三个不确定因素是管理部门体制所造成的问题，使项目的投入产出与项目的目标分离。

项目的假定条件很多，一般应选定其中几个最主要的因素作为假定的前提条件。通常项目的原始背景和投入/产出层次的假定条件较少；而产出/目的层次间所提出的不确定因素往往会对目的/目标层次产生重大影响；由于宏观目标的成败取决于一个或多个项目的成败，因此最高层次的前提条件是十分重要的。

3. LFA 的应用

在国际上，LFA 已被广泛应用到项目策划设计、风险分析评估、实施检查、监测评价和可持续性分析的实践中，成为一种通用的方法。

为了建立 LFA 中的目标层次，可用“问题树”和“目标树”的方法来进行分析。在后评价中建立目标树的目的是为了分析问题，找出问题间的因果关系；分清各目标的层次关系，确定项目的主要目标。换言之，某个建设项目的目标是为了解决实际存在的某个问题。一般应采用“思维旋风(brainstorming)”技术对目标问题进行分析，以确定问题的原因和结果。有些问题可能和项目没有直接的联系，但项目的目标一旦实现，问题就可以解决，关键取决于其他外部条件或风险，需要从战略上采取措施。当然，这些措施不可能由项目自身来实现，而需要对项目的工作进行密切监督和监测，甚至作为贷款条件予以限定。

4. 项目后评价的逻辑框架

项目后评价的主要任务之一是分析评价项目目标的实现程度，以确定项目的成败。项目后评价通过应用 LFA 来分析项目原定的预期目标、各种目标的层次、目标实现的程度和原因，用以评价其效果、作用和影响。因此，国际上不少组织把 LFA 作为后评价的方法论原则之一。

(1) 指标和对比

与项目计划的 LFA 不同，项目后评价 LFA 的客观验证指标一般应反映出实际完成情况及其与原预测指标的变化或差别。

(2) 项目后评价的 LFA

采用 LFA 方法进行项目后评价时，可根据后评价的特点和项目特征在格式和内容上做一些调整，以适应不同评价的要求。LFA 一般可用来进行目标评价、项目成败的原因分析、项目可持续评价等。

第三节 建设项目后评价报告

一、建设项目后评价报告的总体任务

(一) 对项目结果的后评价分析

1. 宏观分析

评价者要从与项目目标相关的各个方面进行分析，特别是国家和行业的产业政策、发展方向等，如评价项目目标是否符合这些方针、政策，对其有什么贡献和影响。对世界银行、亚洲银行的项目还需要结合银行的扶贫、环保、人力资源开发和鼓励行业发展等策略进行必要的分析。

2. 效应分析

评价者要对照项目目标，从建设内容、项目财政、机构发展及其他相关政策等方面分析项目的实际作用和后果。

3. 效益分析

评价者要结合项目的投入、建设成本、实施内容和项目的财务经济结果分析评价项目的实际成果。按照世界银行的规定，要重新测算项目的经济内部收益率，看其是否达到规定标准。

（二）总体评价的主要目标

1. 总体结果（成功度）

用“成功”、“部分成功”和“不成功”来表示。项目“成功”表示已经或将要实现建设的主要目标，几乎没有明显的失误。

2. 可持续性

用“可持续”、“不可持续”和“待定”来表示，以此来评价已经或可能沿着项目的既定目标运营下去的持续性。

3. 机构和体制评价

不少项目的成果、效益和可持续性是与体制形式、机构设置和管理者能力相关，包括政策制度的改革完善、法制的加强、人员的培训和机构能力的增强等。

（三）对项目实施管理的评价

项目执行结果和各个方面的管理能力的水平高低有密切的关系，评价者要对在项目周期中各个层次的管理进行分析评价。项目实施管理的评价包括以下几个方面：

1. 投资者的表现

评价者要从项目立项、准备、评估、决策和监督等方面来评价投资者和投资决策者在项目实施过程中的作用和表现。

2. 借款者的表现

评价者要分析评价借款者的投资环境和条件，包括执行协议能力、资格和资信，以及机构设置管理程序和决策质量等。世界银行、亚洲银行贷款项目还要分析协议承诺兑现情况、政策环境、国内配套资金等。

3. 项目执行机构的表现

评价者要分析评价项目执行机构的管理能力和管理者的水平，包括合同管理、人员管理和培训、与项目受益者的合作等。世界银行和亚洲银行贷款项目还要对项目技术援助、咨询专家使用、项目的监测评价系统等进行评价。

4. 外部因素的分析

影响到项目成果的还有许多外部的制约因素，如价格的变化、国际国内市场条件的变化、自然灾害、内部形势不安定以及项目其他相关管理因素等。评价者要对这些因素进行必要的分析形成报告。

二、建设项目后评价报告的内容

建设项目后评价报告的内容包括项目背景、实施评价、效果评价和结论建议等部分。

（一）项目背景

1. 项目的目标和目的

简单描述立项时社会和经济发展对本项目的需求情况和立项的必要性，项目的宏观目标，与国家、部门或地方产业政策、规划布局和发展策略的相关性，建设项目的具体目标和目的，市场前景预测等。

2. 项目建设内容

项目可行性研究报告和评估提出主要产品、运营或服务的规模、品种、内容和项目的主要投入和产出，投资金额总数、效益测算情况、风险分析等。

3. 项目工期

项目原计划工期，实际发生的立项、开工、完工、投产、竣工验收、达到设计能力时间。

4. 资金来源与安排

项目批复时所安排的主要资金来源、贷款条件、资本金比例以及项目全投资加权综合贷款利率等。

5. 项目评价

项目评价的任务来源和要求，项目自我评价报告完成时间、评价时间程序、评价的依据、方法和评价时点。

（二）项目实施评价

项目实施评价应简单说明项目实施的基本特点。对照可行性研究和项目评估找出主要变化，分析变化的原因，讨论和评价这些因素变化对项目效益的影响。世界银行、亚洲银行项目还要就变化所引起的对其主要政策可能产生的影响进行分析，如环保、扶贫、妇女等。

1. 设计

评价设计的水平、项目选用的技术设备水平，特别是规模的合理性。对照可行性研究和项目评估，找出并分析项目设计重大变更的原因及其影响，并提出今后如何在其他项目可研阶段预防这些变更的措施。

2. 变更

评价项目的招投标、合同签约、合同执行和合同管理方面的实施情况，包括工程承包商、设备材料供应商、工程咨询专家和监理工程师的选择等。对照合同承诺条款，分析和评价项目实施中的变化和违约及其对项目的影响。

3. 投资和融资

分析项目总投资的变化，找出变化的原因，分清是内部原因还是外部原因，如汇率变化、通货膨胀等政策性原因。评价要认真分析项目主要资金来源和融资成本变化，讨论原因和影响，重新测算项目的全投资加权综合利率，作为项目实际财务效益的对比指标。如果政策性因素占主导，应对这些政策的变化提出意见，为今后的其他项目提供可借鉴的对策建议。

4. 项目进度

对比项目计划工期与实际工期的差别，包括项目准备期、施工建设期和投产达产期。分析工期提前或延误的主要原因，及其对项目总投资、财务效益、借款偿还和产品市场占有率的影响。同时还要提出为今后的其他项目避免进度延误可借鉴的对策建议。

（三）效果评价

效果评价应分析项目达到和实现的实际结果，根据项目运营和未来发展以及可能实现的效益、作用和影响，评价项目的成果和作用。

1. 项目运营和管理评价

根据项目评价时的运营情况，预测出未来项目的发展，包括产量与销量、运营量等。对照可行性研究和项目评估的目标，找出差别，分析原因。分析评价项目内部和外部条件的变化及制约条件，如市场变化、体制变化、政策变化、设备设施的维护保养、管理制度、管理者水平、技术人员和熟练工的短缺、原材料供应、产品运输等。

2. 财务状况分析

根据上述项目运营情况，按照财务程序和财务分析标准，分析项目的财务状况，主要评价项目的偿债能力和营运能力。在可能的情况下，还要分析项目的资本构成、债务比例；需要投资者、政府和其他方面提供的政策和资金，如资本重组、税收优惠、增加流动资金等。

3. 环境和社会效果评价

环境和社会效果及影响评价的关键是项目受益者产生什么样的影响。一般应评价项目的社会经济、社会文化、环境影响和污染防治等，具体包括人均收入、就业机会、移民安置、社会发展、资源利用等。

4. 可持续性评价

对项目可持续性评价主要是指项目固定资产、人力资源和组织结构在外部投入结束之后，持续发展的可能性。评价应考虑以下几个方面：技术装备与当地条件的实用性、项目与当地受益者及社会文化环境的一致性、政府为实现项目目标所承诺提供的政策措施是否得力、防止环境质量下降的管理措施和控制手段的可靠性。

（四）结论和经验教训

项目评价报告的最后一部分内容包括项目的综合评价、结论、经验教训、建议对策等。

1. 项目的综合评价和评价结论

综合评价应汇总以上报告内容，以便得出项目实施和成果的定性结论。综合评价要做出项目的逻辑框架图，以便评定项目的目标合理性、实现程度及其外部条件。同时，评价还要列出项目主要效益指标、评定项目的投入、产出和结果。在此评定的基础上，综合评价采取分项打分的办法，即成功度评价。

2. 主要经验教训

经验教训主要有两个方面：一方面是项目具有本身特点的、重要的收获和教训，另一方面是可供其他项目借鉴的经验教训，尤其是可供项目决策者、投资者、借款者和执行者在项目决策、程序、管理和实施中借鉴的经验教训要予以总结，目的是为决策和新项目服务。

3. 建议和措施

根据项目评价结论、问题与经验教训，提出相对应的建议和措施。

【复习思考题】

1. 建设项目后评价的含义是什么？有什么特点？
2. 建设项目后评价的作用有哪些？
3. 建设项目后评价的内容是什么？
4. 建设项目后评价的工作程序是怎样的？
5. 建设项目后评价的方法有哪些？
6. 建设项目后评价报告的内容是什么？格式是怎样的？

附录　年产 8 000 万片单晶硅片建设项目可行性研究报告

1　总　论

1.1　项目概述

(1) 项目名称:年产 8 000 万片单晶硅片建设项目

(2) 建设单位:××硅加工企业

(3) 建设规模:项目占地 300 亩 (1 亩=666.67 m^2,下同),分两期建设,其中一期工程占地约 200 亩,二期工程占地约 100 亩,建成后实现年产各种规格型号的单晶硅 8 000 万片。

(4) 投资估算和资金筹措:

① 投资估算:项目总投资估算为 98 923.95 万元,其中建设投资 83 544.45 万元,流动资金 14 083.49 万元,建设期贷款利息 1 296 万元。

② 项目资金筹措方案:

建设投资申请银行贷款 45 000 万元,流动资金申请银行贷款 8 000 万元,其余为企业自有资金。

(5) 建设工期:12 个月。

1.2　可行性研究编制依据(略)

1.3　建设单位概况(略)

1.4　主要经济技术指标

本项目的主要经济技术指标见附表 1。

附表 1　项目的主要技术经济指标

指标项目	单位	指标
建设用地	m^2	200 000
总建筑面积	m^2	115 070
容积率		0.58
绿化率	%	20
总投资	万元	98 923.95
建设投资	万元	83 544.45
其中:建安工程投资	万元	20 960.84
设备投资	万元	53 884.00
其他	万元	8 699.61

附表 1(续)

指标项目	单位	指标
建设期贷款利息	万元	1 296
流动资金	万元	14 083.49
劳动定员	人	390
建设期	月	12
年销售收入	万元	128 000.00
年均利润	万元	28 191.42
年均创税	万元	7 922.31
总投资收益率	%	28.93
资本金净利润率	%	46.04
项目投资财务内部收益率(税前)	%	34.42
项目投资财务净现值(税前)	万元	95 304.21
静态投资回收期(税前)	年	3.97
项目投资财务内部收益率(税后)	%	26.74
项目投资财务净现值(税后)	万元	60 820.70
静态投资回收期(税后)	年	4.64
项目资本金财务内部收益率	%	36.90

2 项目建设背景及建设的必要性分析

2.1 项目建设背景分析

近年来,各种晶体材料特别是以单晶硅为代表的高科技附加值材料及其相关高技术产业,成为当代信息技术产业的支柱,促使信息产业成为全球经济发展中增长最快的先导产业。单晶硅是一种比较活泼的非金属元素,是晶体材料的重要组成部分,处于新材料发展的前沿,主要被用作半导体材料和利用太阳能光伏发电、供热等。单晶硅作为一种极具潜能、亟待开发利用的高科技资源,引起越来越多的关注和重视,单晶硅产业呈现出良好的发展前景。目前,我国信息产业总体规模已居世界前列,随着我国成为世界电子信息产品的主要生产国和市场,硅材料的需求量将进一步增长,硅材料加工企业正面临难得的发展机遇。

××硅加工企业是一家集硅晶棒切片、太阳能用硅片、太阳能电池及组件的研发、生产、销售、服务为一体的高新技术企业,产品主要出口西班牙、德国等欧洲国家,产品纯度达99.99%。目前,企业已通过 ISO 9001、ISO 14001、TUV、IEC、CE 和 VDE 等国际权威机构的认证,拥有完整的光伏产业链,具有较强的市场竞争力。本案例对公司自主开发的单晶硅片生产线建设项目进行可行性研究。

2.2 项目建设的必要性

(1) 本项目的实施,符合低碳经济理念;

(2) 本项目的实施,可一定程度推动我国集成电路产业的发展;

(3) 本项目的实施,有利于加速我国单晶硅产业与国际单晶硅市场的接轨;

(4) 本项目的实施,是企业产业结构调整升级的需要;

(5) 本项目的实施,可创造较好的经济效益和社会效益。

2.3　项目建设的可行性

2.3.1　政策优势

本项目在国家发展和改革委员会发布的《产业结构调整指导目录》中属于鼓励类——第二十四条信息产业类中第38项“6英寸及以上单晶硅、多晶硅及晶片制造”项目。项目建设不仅符合国家产业政策和单晶硅产业化发展需要，而且也符合《××省国民经济和社会发展第十一个五年规划纲要》中重点建设项目的政策导向。

2.3.2　人才、技术优势

项目投资方现有从事单晶硅棒、片产品开发、制造的专业人才，有较强的开发实力及质量保证能力。拥有专门从事单晶硅棒、片产品生产的技术人员，拥有多项国家专利技术。并与国内多家科研院所和大学院校建立了长期合作的伙伴关系，为项目建设提供技术支撑。

2.3.3　经营管理优势

公司已按最优经营体制组建了一个由专家型领导人等组成的企业管理层，并拟通过建立完备的营销服务体系，与国内外有关单晶硅棒、单晶硅片企业加强业务往来，拓展国际市场。

3　产品属性和市场需求预测

3.1　产品概述

单晶硅主要用于制作半导体元件，是制造半导体硅器件的原料，用于制造大功率整流器、大功率晶体管、二极管、开关器件等。单晶硅圆片按其直径分为6英寸(1英寸＝25.4 mm，下同)、8英寸、12英寸及18英寸等。直径越大的圆片，所能刻制的集成电路越多，芯片的成本也就越低，但大尺寸晶片对材料和技术的要求也越高。

3.2　市场需求分析

3.2.1　单晶硅市场分析

单晶硅是太阳能电池的基础材料，也是目前应用最广泛、技术最成熟的半导体材料，广泛用于制备微电子集成电路、分立器件、电力电子器件、光电子器件等领域，被称为“人类现代信息社会的粮食”。近年来，由于美国、日本等国外政府对可再生能源的大力支持，国际太阳能光伏产业市场剧增，导致单晶硅的用量急剧扩大，全球范围呈现供不应求的局面。

近年来，我国单晶硅产量明显稳步增长，增长的原因一方面来自国际上对低档和廉价硅材料需求的增加，另一方面是近年来我国各方面发展迅速，各类信息家电和通信产品需求旺盛，因此半导体器件和硅材料的市场需求量都很大。

3.2.2　单晶硅市场前景

作为最理想的可再生能源，太阳能在一定程度上具有“取之不尽，用之不竭”的特点，而利用太阳能发电具有环保等优点，且不必考虑其安全性问题。这在发达国家得到了高度重视。自太阳能电池商品化以来，单晶硅是制备太阳能电池的主要材料，单晶硅电池具有电池转换效率高、稳定性好等特点，是目前世界上最理想的光电转换材料。硅材料市场前景广阔，我国单晶硅产量、销售收入近几年增长较快，为世界和我国集成电路、半导体分立器件和光伏太阳能电池产业的发展做出了较大的贡献。

3.2.3　国家及地方政策支持

《中华人民共和国可再生能源法》的实施以及国家发改委已出台可再生能源发电有关管理规定，明确太阳能发电可向国家申请政策和资金支持。这些扶植政策和措施将大力促进我国太阳能光电产业的发展。

3.2.4 市场分析结论

单晶硅广泛用于制备微电子集成电路、分立器件、电力电子器件、光电子器件等领域。当今全球电子通信半导体市场中95%以上的半导体器件及99%以上的集成电路需用单晶硅，另外也大量应用于太阳能电池行业，预计未来几年内全球太阳能光伏产业增长率稳步上升，太阳能光伏产业市场剧增，导致单晶硅在全球范围呈现供不应求局面，市场前景广阔。

4 建设内容和规模及产品方案

4.1 建设内容

项目总投资98 923.95万元人民币，分两期完成项目建设规划。

主要建设内容如下：

(1) 建设硅前处理车间、拉晶车间、开方切断车间、单晶硅切片厂房、总装配车间；

(2) 建设成品库、原材料库房、循环水站、机修车间、办公综合楼等配套设施，总建筑面积115 070 m^2；

(3) 购置设备288台(套)；

(4) 征用土地300亩。

4.2 生产规模及产品方案

本项目的产品方案：年产8 000万片6.5英寸单晶硅片。

项目建成投产后，第一年生产负荷为80%，第二年以后达到100%，项目建设目标为年产单晶硅8 000万片。

4.3 产品技术性能指标(略)

5 生产工艺和设备

5.1 生产工艺

5.1.1 生产工艺技术方案的选择

制备单晶硅的原料是多晶硅或无定形硅，用直拉法或悬浮区熔法从熔体中生长出棒状单晶硅，然后进行切片。单晶硅的生产方法有CZ直拉法和FZ熔炼法两种。

本项目采用CZ直拉法生产，生长出的单晶硅主要用在生产低功率的集成电路元件上。而FZ熔炼法生长出的单晶硅则主要用在高功率的电子元件上。CZ直拉法之所以比FZ熔炼法更普遍被半导体工业采用，主要在于它的高氧含量提供了晶片强化的优点；另外一个原因是CZ直拉法比FZ熔炼法更容易生产出大尺寸的单晶硅棒。

5.1.2 工艺流程

本项目单晶硅片生产主要包括单晶硅棒生产及切片两道工序。

(1) 多晶硅加工成单晶硅棒加工工艺流程(略)

(2) 单晶硅棒加工成单晶硅抛光硅片加工流程(略)

5.2 主要设备

5.2.1 设备选择原则

按照先进、可靠、经济合理的原则，在保证生产运行稳妥、技术先进的前提下，本项目拟优先采用国产单晶炉、切断机等先进设备，线切割机、开方机采用日本进口设备，并采用招标方式采购。

5.2.2　主要生产工艺设备

本项目设备拟由通过招标选购，共购置 288 台(套)。

6　原辅材料及燃料动力

6.1　原辅材料

本项目产品生产所需主要原材料为多晶硅，辅助材料为氢氟酸、盐酸、硝酸、氢氧化钠、氩气等。

6.2　燃料动力

本项目产品正常生产后用水量为 73 000 t/a；用电量为 7.983×10^7 kW·h/a。项目用水由××市自来水总公司负责提供，该厂的日供水量在 50 000 t 以上，可以满足项目的供水需求；项目用电由××电力公司的 35 kV 变电站架线供给，能够满足项目的供电需求。

7　工程建设方案

7.1　厂址建设条件

7.1.1　工程地质及水文条件

(1) 场地工程地质条件

根据野外钻探取芯肉眼鉴别，结合现场原位标准测试(SPT、DPT)及室内土工试验成果分析表明：在钻探控制深度范围内，场地土层按其成因及力学强度不同可分为 5 个工程地质层，主要由杂填土、黄土状土、砂类土、碎石类土等组成。

(2) 气候水文条件

××市属暖温带大陆性半干旱半湿润季风气候，四季分明，冬季较长，春秋气温升降急剧，夏季炎热，秋季多连阴雨。年平均气温 13.3 ℃，七月平均气温 26.7 ℃，极端最高气温 45.2 ℃。年平均降水量 604.2 mm，年平均相对湿度 71%～73%，无霜期 207 天。

7.1.2　交通运输条件

(1) 公路运输

本项目西临绕城高速和城市三环，东与 210 国道相接，与绕城高速公路和城市三环路相连，距××国际机场 28 千米，城市形成"米"字形高速公路网络，本项目的公路交通十分便利。

(2) 铁路运输

××客货枢纽中心的建成，"三纵四横"的货运道路的贯通，运输能力将大幅增长。本项目建设地址距铁路客货站约 20 千米，产品运输极其便利。

7.2　总图运输

7.2.1　总图布置

(1) 总图布置原则

本项目总图设计考虑了以下原则：

① 满足生产工艺要求、消防安全、总图运输条件，力求布置合理紧凑，物料流向通顺。

② 考虑合理的功能区分，保证有良好的生产联系和工作环境。

③ 增加厂区绿化，美化环境，净化空气，减少裸露土地。

(2) 总图平面布置方案

根据以上设计原则，本项目按照生产功能要求合理分区，总图平面布置如下：项目的总图平面布置图（略）。

7.2.2 仓储

本项目为满足原辅料、外协件、成品及配件等需求的仓储，在厂区新建车间内设置所需原辅料、成品仓库，用隔板与生产车间隔开，危化品仓库单独建设。

7.3 土建工程

根据生产规模及工艺流程，该项目土建工程内容为：硅前处理车间、拉晶车间、开方切断车间、单晶硅切片厂房、总装配车间等，同时新建成品库、原材料库房、循环水站、机修车间、办公综合楼等配套设施，总建筑面积 115 070 m^2。

7.4 公用工程

7.4.1 给排水

(1) 给水

本项目水源为××市自来水管网，厂内供水管网沿道路铺设供水管线，分送到各用水部位，可满足本项目用水量的要求。

(2) 排水

项目排水采用分流制，排入厂区污水处理站和排水系统，并连接开发区下水道。冷却水循环使用，本项目产品排水主要为生产工艺废水、生活污水及雨水。

7.4.2 供电

本项目新增装机容量约为 15 969 kW，计算负荷约为 11 204 kW，企业年耗电量约为 7.983×10^7 kW·h。考虑到应留有一定的备用余量，总降需增设 10 000 kVA 变压器两套及相配套的配电柜、电容补偿柜等，以满足项目生产的供电需要。本项目拟由××电厂变电站供电。该变电站有较大的富余量，能够满足本项目的用电要求。

8 环境保护

8.1 设计依据（略）

8.2 主要污染源及污染物

罗列废水、废气、噪声、固体废弃物等具体造成的污染。

8.3 环境保护措施方案

废水、空气污染、噪声、固体废物等环保措施。

9 安全生产与劳动保护

9.1 安全危险因素分析

9.1.1 生产过程中的危险危害因素

火灾、腐蚀、电气伤害、机械伤害、物体打击、车辆伤害及交通事故等。

9.1.2 项目对周邻单位的影响分析

本项目生产过程中存在着一定的危险有害因素，特别是火灾事故。

9.1.3 自然条件危险有害因素分析

××市地震基本设防烈度为 8 度，存在地震灾害的可能性；该区域夏季汛期雷暴雨较多，平均雷暴雨日 20 天，属多雷区；夏季最高气温达到 39.8 ℃，再加上该项目高温设备较多，作业人员易受高温危害；冬季寒冷冰雪，严重结冰，需采取有效保温防寒措施。

9.1.4　安全条件论证

该项目实施过程中存在着一定的危险有害因素，如因企业管理不善、设备存在故障、工人操作不当及其他方面原因而引发事故，有可能会对相邻单位以及周边的居民和环境产生一定的影响。项目所在地的自然条件也有可能对该项目产生一定的影响。

××硅加工企业应与相邻单位加强联系，在发生事故时，应能相互救援，必要时，应同时启动事故应急救援预案，以减轻事故损失。同时，该公司还应制订抗震减灾、防洪减灾、停水、停电等异常情况发生时的应急救援预案，并定期组织职工开展预案演练，提高职工处理突发事故的能力。

9.2　安全卫生防护措施

为有效的防范上述危险危害因素，确保项目建成投产后，保障职工生产和身体健康，实现安全文明生产，需采取以下技术措施：

(1) 防火技术措施；

(2) 防电气伤害措施；

(3) 防机械伤害措施；

(4) 防腐蚀措施；

(5) 其他安全措施。

10　项目节能

10.1　项目能源消耗状况

10.1.1　能源消耗种类

本项目主要耗能品种为电力、自来水。

10.1.2　能源消耗数量

(1) 能源消耗实物量

本项目耗电量估算为 7.983×10^7 kW·h/a，自来水消耗量约 73 000 t/a。

(2) 能源消耗折标准煤量

根据本项目年消耗电、水的实物量和折算系数，折算成标准煤约 26 362 t。

10.2　节能措施

本项目在立项研究过程中积极采取了各项节能技术和措施，并将在今后工程设计和施工建设各阶段遵循。

采取的节能措施包括：工艺节能技术；设备节能措施；照明节能技术；节水技术和措施；总图节地措施。

11　企业组织和劳动定员

11.1　组织管理机构

××公司对本项目的实施极为重视，成立了项目实施领导小组，负责包括可行性研究、设备洽谈与选购、工程设计、施工监理及工程验收等工作。公司的机构设置依据精干、高效、职责分明的原则，采用董事长领导下的总经理负责制。公司下设办公室、生产部、财务部、质保部、销售部、人事部等部门。

11.2 劳动定员与人员培训

11.2.1 生产班制和定员

本项目建成后,工作制度拟实行三班制,生产车间年工作日 300 天,日工作时间 24 小时,该项目需新增总定员 390 人。生产人员拟面向社会招聘技术、管理等专业人员。

11.2.2 人员培训

为适应本项目产品生产需要,××公司对新招聘人员拟通过制订切实可行的培训计划,按照先培训、后上岗的原则,由技术人员对工人进行生产工艺、质量检测、计量、安全等理论知识和操作技能的培训,经考核合格后持证上岗。

12 投资估算与资金筹措

12.1 投资估算

该项目建设投资范围为实现项目产品方案所需建筑工程、生产设备和相应的公用配套设施等,建设投资估算包括项目范围内的建筑工程费、设备及工器具购置费、安装工程费、工程建设其他费用、基本预备费和涨价预备费,详见附表 2～附表 4。

附表 2 建设投资估算表(形成资产法) 单位:万元

序号	工程或费用名称	建筑工程	设备购置	安装工程	其他费用	合计	比例/%
1	固定资产费用	15 572.44	53 884.00	5 388.40	1 621.30	76 466.14	91.53
1.1	工程费用	15 572.44	53 884.00	5 388.40		74 844.84	89.59
1.1.1	主体工程	9 880.00	51 876.00	5 187.60		66 943.60	
	国产配套设备		51 876.00	5 187.60		57 063.60	
	主体工程建筑	9 880.00				9 880.00	
1.1.2	辅助工程	3 120.00	718.00	71.80		3 909.80	
1.1.3	公用工程	34.30	790.00	79.00		903.30	
	供电	13.50	400.00	40.00		453.50	
	给排水	20.80	390.00	39.00		449.80	
1.1.4	总图运输工程	520.00				520.00	
1.1.5	绿化	230.14				230.14	
1.1.6	环保工程	12.00	200.00	20.00		232.00	
1.1.7	劳保与消防		300.00	30.00		330.00	
1.1.8	服务性工程	1 776.00				1 776.00	
1.2	固定资产其他费用				1 621.30	1 621.30	1.94
1.2.1	建设管理费				314.41	314.41	
1.2.2	工程监理费				419.22	419.22	
1.2.3	项目前期咨询费				50.00	50.00	
1.2.4	勘察设计费				287.68	287.68	
1.2.5	工程保险费				200.00	200.00	
1.2.6	联合试运转费				150.00	150.00	

附表2(续)

序号	工程或费用名称	建筑工程	设备购置	安装工程	其他费用	合计	比例/%
1.2.7	特殊设备安全检验费				100.00	100.00	
1.2.8	引进设备其他费用				100.00	100.00	
1.2.9	研究实验费				0.00	0.00	
2	无形资产费				3 000.00	3 000.00	3.59
2.1	土地使用权费				3 000.00	3 000.00	
2.2	技术转让费				0.00	0.00	
3	其他资产费用				100.00	100.00	0.12
3.1	职工培训费				100.00	100.00	
3.2	其他						
4	预备费				3 978.31	3 978.31	4.76
4.1	基本预备费				3 978.31	3 978.31	
4.2	涨价预备费						
	建设投资合计	15 572.44	53 884.00	5 388.40	8 699.61	83 544.45	100.00
	比例/%	18.64	64.50	6.45	10.41	100.00	

附表3　建筑工程费估算表

序号	建、构筑物名称	占地面积/m^2	建筑面积/m^2	单价/(万元/m^2)	合计/万元
1	主体工程				9 880.00
1.1	硅前处理车间	6 000	6 000	0.13	780.00
1.2	拉晶车间	8 000	8 000	0.13	1 040.00
1.3	开方切断车间	8 000	8 000	0.13	1 040.00
1.4	单晶硅切片车间	8 000	8 000	0.13	1 040.00
1.5	总装配车间	6 000	6 000	0.13	780.00
1.6	机修车间	4 000	4 000	0.13	520.00
1.7	预留车间1	8 000	8 000	0.13	1 040.00
1.8	预留车间2	8 000	8 000	0.13	1 040.00
1.9	预留车间3	8 000	8 000	0.13	1 040.00
1.10	预留车间4	6 000	6 000	0.13	780.00
1.11	预留车间5	6 000	6 000	0.13	780.00
2	辅助工程				3 120.00
2.1	原料仓库	6 000	6 000	0.13	780.00
2.2	成品仓库	6 000	6 000	0.13	780.00

附表 3(续)

序号	建、构筑物名称	占地面积/m^2	建筑面积/m^2	单价/(万元/m^2)	合计/万元
2.3	危险品仓库	6 000	6 000	0.13	780.00
2.4	预留仓库	6 000	6 000	0.13	780.00
3	公用工程				34.30
3.1	水泵房	120	120	0.09	10.80
3.2	变电所	150	150	0.09	13.50
3.3	循环水池	200		0.05	10.00
4	污水处理池	150		0.08	12.00
5	道路	35 000		0.01	350.00
6	围墙	17 000		0.01	170.00
7	绿化	23 014		0.01	230.14
8	服务性工程				1 776
8.1	办公楼	1 500	6 000	0.12	720.00
8.2	科研楼	1 000	4 000	0.12	480.00
8.3	综合楼	1 200	4 800	0.12	576.00
合计			115 070		15 572.44

附表 4　设备及工器具购置费估算表

序号	设备名称	设备型号	购置数量/台(套)	单价/[万元/台(套)]	总价/万元
	主要生产设备				
1	直拉式单晶炉	FT-CZ2208AE	100	250	25 000
2	线切割机	PV-800S	40	600	24 000
3	开方机	MBS1000	4	500	2 000
4	切断机	WX-7115	4	25	100
5	数控单晶硅滚圆磨床	WX-7322	10	20	200
6	数控单晶硅磨面磨床	WX-7342	10	23	230
7	硅片脱胶机		2	23	46
8	硅片清洗机		5	50	250
9	硅片甩干机		5	10	50
小计			180		51 876
2	辅助设备				
2.1	少子寿命仪		4	20	80

附表4(续)

序号	设备名称	设备型号	购置数量/台(套)	单价/[万元/台(套)]	总价/万元
2.2	四探针电阻测试仪	RESMAP178	6	35	210
2.3	外延模测厚	CEO/RS	6	30	180
2.4	表面颗粒度	WITS-CR8	6	35	210
2.5	干涉显微镜	MX50	6		0
2.6	空调	RESMAP178	40	0.5	20
2.7	电脑	CEO/RS	30	0.6	18
	小计		98		718
3	公用工程及其他设施				
3.1	供配电		2	200	400
3.2	供水设施		1	150	150
3.3	冷却循环系统		4	60	240
3.4	环保设施		1	200	200
3.5	消防设施		1	150	150
3.6	安全设施		1	150	150
	小计		10		1 290
	合计		288		53 884

建设期利息为该项目建设投资借款在建设期发生的利息。根据项目生产需要和当地资源利用以及运输、采购等因素，确定原材料等的周转天数，采用分项详细估算法估算该项目的流动资金。其中，建筑工程费、设备及工器具购置费和安装工程费形成固定资产；工程建设其他费用可分别形成固定资产、无形资产及其他资产，流动资金投资形成流动资产。基本预备费、涨价预备费和建设期利息，为简化计算方法，一并计入固定资产。

该项目总投资98 923.95万元，其中建设投资83 544.45万元，建设期利息1 296万元，流动资金14 083.5万元。

12.2　资金筹措

建设投资中，自有资金为38 544.45万元，其余45 000万元由建设单位申请贷款解决，贷款年利率5.76%。流动资金中自有资金6 083.5万元，在投产第一年全部投入，其余8 000万元由建设单位申请贷款，贷款年利率5.31%，流动资金估算详见附表5。总投资使用计划与资金筹措详见附表6。

13　财务费用与效益数据估算

13.1　计算期

该项目财务评价计算期为11年，其中建设期1年，运营期10年。根据项目具体情况，项目投产后第1年生产负荷为80%，第2年以后达到100%。

附表 5　流动资金估算表

单位:万元

序号	项 目	周转天数/天	周转次数/次	经营期									
				第 1 年	第 2 年	第 3 年	第 4 年	第 5 年	第 6 年	第 7 年	第 8 年	第 9 年	第 10 年
	生产负荷/%			80	100	100	100	100	100	100	100	100	100
1	流动资产			16 536.76	20 464.04	20 464.04	20 464.04	20 464.04	20 464.04	20 464.04	20 464.04	20 464.04	20 464.04
1.1	应收账款	30	12	6 178.22	7 624.80	7 624.80	7 624.80	7 624.80	7 624.80	7 624.80	7 624.80	7 624.80	7 624.80
1.2	存货			9 552.90	11 863.12	11 863.12	11 863.12	11 863.12	11 863.12	11 863.12	11 863.12	11 863.12	11 863.12
1.2.1	原材料	30	12	4 650.61	5 813.26	5 813.26	5 813.26	5 813.26	5 813.26	5 813.26	5 813.26	5 813.26	5 813.26
1.2.2	燃料动力	20	18	302.55	378.19	378.19	378.19	378.19	378.19	378.19	378.19	378.19	378.19
1.2.3	在产品	4	90	765.37	944.03	944.03	944.03	944.03	944.03	944.03	944.03	944.03	944.03
1.2.4	产成品	20	18	3 834.37	4 727.65	4 727.65	4 727.65	4 727.65	4 727.65	4 727.65	4 727.65	4 727.65	4 727.65
1.3	现金	30	12	805.64	976.11	976.11	976.11	976.11	976.11	976.11	976.11	976.11	976.11
2	流动负债			5 104.44	6 380.54	6 380.54	6 380.54	6 380.54	6 380.54	6 380.54	6 380.54	6 380.54	6 380.54
2.1	应付账款	30	12	5 104.44	6 380.54	6 380.54	6 380.54	6 380.54	6 380.54	6 380.54	6 380.54	6 380.54	6 380.54
3	流动资金			11 432.33	14 083.50	14 083.50	14 083.50	14 083.50	14 083.50	14 083.50	14 083.50	14 083.50	14 083.50
4	流动资金本年增加额			11 432.33	2 651.17								

附表 6　总投资使用计划与资金筹措表

单位:万元

序号	项目	合计	建设期	运营期			
			第 1 年	第 2 年	第 3 年	第 4 年	第 5 年
	生产负荷/%			80	100	100	100
1	总投资	98 923.95	84 840.45	11 432.33	2 651.17	0.00	
1.1	建设投资	83 544.45	83 544.45				
1.2	建设期利息	1 296.00	1 296.00				
1.3	流动资金	14 083.50		11 432.33	2 651.17	0.00	
2	资金筹措	98 923.95	84 840.45	11 432.33	2 651.17	0.00	
2.1	项目资本金	45 923.95	39 840.45	3 432.33	2 651.17	0.00	
2.1.1	用于建设投资	38 544.45	38 544.45				
2.1.2	用于流动资金	6 083.50		3 432.33	2 651.17		
2.2	借款	53 000	45 000	8 000			
2.2.1	建设投资借款	45 000	45 000				
2.2.2	流动资金借款			8 000			
2.2.3	其他短期借款						
2.3	建设期利息	1 296	1 296				

13.2　销售收入、增值税及其他附加税估算

该项目正常年份年生产 8 000 万片单晶硅片，单价为 16 元/片，建成第一年的销售收入为 102 400 万元，之后的正常年份产品销售收入为 128 000 万元。

该项目缴纳增值税，根据国家相关规定，产品销项税率为 17%，原辅材料进项税率为 17%，自来水进项税率为 13%，电力进项税率为 17%。项目建成第一年的增值税为 6 995.66 万元，正常年增值税为 8 744.57 万元。

本项目其他附加税 874.46 万元。其中：

(1) 根据 1985 年国务院发布的《中华人民共和国城市维护建设税暂行条例》规定，本项目产品的城市维护建设税按应交增值税的 7%计缴，项目正常年为 612.12 万元。

(2) 根据当地的规定，教育费附加按应交增值税的 3%计缴，项目正常年为 262.34 万元。

产品销售收入、增值税及附加税估算见附表 7。

13.3　总成本费用估算

产品总成本费用估算依据《企业财务通则》《企业会计准则》《建设项目经济评价方法与参数(第三版)》及当地的有关规定进行，见附表 8。

(1) 项目产品所需原辅材料及燃料动力的数量及金额见附表 9。

(2) 固定资产折旧按照国家有关规定采用分类直线折旧方法计算，本项目生产设备原值 59 272.40 万元(含安装工程费)，按 10 年折旧，残值率为 5%；建筑物原值 15 572.44 万元，按 20 年折旧，残值率为 10%；其他资产原值 1 621.30 万元，不计残值，按 10 年折旧，固定资产折旧见附表 10。

(3) 本项目土地费用 3 000 万元计入无形资产，其他资产 100 万元，无形资产及其他资产按 10 年摊销，详附表 11。

(4) 本项目定员为 390 人，其中技术、管理人员 70 人，年人均工资按 4 万元估算；生产人员 320 人，年人均工资按 2.5 万元估算。福利费按工资总额的 25%估算。正常年工资及福利费总额为 1 350 万元。

(5) 修理费按固定资产原值(不含建设期利息)的 4%估算，正常生产年份为 3 217.78 万元。

(6) 本项目正常年其他制造费用为直接材料的 5%；其他管理费用按职工工资总额的 10%估算；其他销售费用按年销售收入的 5%估算。以上三项计入其他费用。

根据本项目特点，其他制造费用中 50%为固定成本，50%为可变成本；其他管理费用和销售费用中 70%为固定成本，30%为可变成本。

项目正常生产年总成本费用为 98 934.12 万元，其中可变成本 380 441.20 万元，固定成本 18 492.92 万元。正常年经营成本 91 497.64 万元。

14　财务分析与不确定性分析

财务分析分为盈利能力分析、偿债能力分析和财务生存能力分析。盈利能力分析分别计算动态指标和静态指标；偿债能力分析计算利息备付率和偿债备付率指标；财务生存能力分析编制财务计划现金流量表。

14.1　盈利能力分析

盈利能力分析分为融资前分析和融资后分析，主要评价指标包括项目投资财务内部收

附表 7　销售收入、增值税及附加税估算表

单位：万元

序号	项目	合计	运营期									
			第 1 年	第 2 年	第 3 年	第 4 年	第 5 年	第 6 年	第 7 年	第 8 年	第 9 年	第 10 年
	生产负荷		80	100	100	100	100	100	100	100	100	100
1	营业收入	1 254 400	102 400	128 000	128 000	128 000	128 000	128 000	128 000	128 000	128 000	128 000
1.1	单晶硅片	1 254 400	102 400	128 000	128 000	128 000	128 000	128 000	128 000	128 000	128 000	128 000
1.2	其他											
2	增值税	85 696.74	6 995.65	8 744.57	8 744.57	8 744.57	8 744.57	8 744.57	8 744.57	8 744.57	8 744.57	8 744.57
2.1	销项税额	213 248	17 408	21 760	21 760	21 760	21 760	21 760	21 760	21 760	21 760	21 760
2.2	进项税额	127 551.26	10 412.35	13 015.43	13 015.43	13 015.43	13 015.43	13 015.43	13 015.43	13 015.43	13 015.43	13 015.43
3	税金及附加	8 569.67	699.57	874.46	874.46	874.46	874.46	874.46	874.46	874.46	874.46	874.46
3.1	营业税											
3.2	城市维护建设税	5 998.77	489.70	612.12	612.12	612.12	612.12	612.12	612.12	612.12	612.12	612.12
3.3	教育费附加	2 570.90	209.87	262.34	262.34	262.34	262.34	262.34	262.34	262.34	262.34	262.34

附表 8　总成本费用估算表(生产要素法)

单位:万元

序号	项目	合计	运营期									
			第 1 年	第 2 年	第 3 年	第 4 年	第 5 年	第 6 年	第 7 年	第 8 年	第 9 年	第 10 年
	生产负荷/%		80	100	100	100	100	100	100	100	100	100
1	外购原材料	683 639.02	55 807.27	69 759.08	69 759.08	69 759.08	69 759.08	69 759.08	69 759.08	69 759.08	69 759.08	69 759.08
2	外购燃料动力	66 713.01	5 445.96	6 807.45	6 807.45	6 807.45	6 807.45	6 807.45	6 807.45	6 807.45	6 807.45	6 807.45
3	工资及福利费	13 500.00	1 350.00	1 350.00	1 350.00	1 350.00	1 350.00	1 350.00	1 350.00	1 350.00	1 350.00	1 350.00
4	修 理 费	32 177.78	3 217.78	3 217.78	3 217.78	3 217.78	3 217.78	3 217.78	3 217.78	3 217.78	3 217.78	3 217.78
5	折 旧 费	69 416.81	6 941.68	6 941.68	6 941.68	6 941.68	6 941.68	6 941.68	6 941.68	6 941.68	6 941.68	6 941.68
6	摊 销 费	700.00	70.00	70.00	70.00	70.00	70.00	70.00	70.00	70.00	70.00	70.00
7	利息支出	9 528.72	3 016.80	2 200.71	1 337.61	424.80	424.80	424.80	424.80	424.80	424.80	424.80
7.1	长期借款利息	5 280.72	2 592.00	1 775.91	912.81	0.00	0.00	0.00	0.00	0.00	0.00	0.00
7.2	流动资金借款利息	4 248.00	424.80	424.80	424.80	424.80	424.80	424.80	424.80	424.80	424.80	424.80
8	其他费用	101 587.60	8 317.66	10 363.33	10 363.33	10 363.33	10 363.33	10 363.33	10 363.33	10 363.33	10 363.33	10 363.33
8.1	其他制造费用	37 517.60	3 062.66	3 828.33	3 828.33	3 828.33	3 828.33	3 828.33	3 828.33	3 828.33	3 828.33	3 828.33
8.2	其他管理费用	1 350.00	135.00	135.00	135.00	135.00	135.00	135.00	135.00	135.00	135.00	135.00
8.3	其他营业费用	62 720.00	5 120.00	6 400.00	6 400.00	6 400.00	6 400.00	6 400.00	6 400.00	6 400.00	6 400.00	6 400.00
9	总成本费用	977 262.94	84 167.15	100 710.03	99 846.93	98 934.12	98 934.12	98 934.12	98 934.12	98 934.12	98 934.12	98 934.12
9.1	固定成本	188 931.11	19 806.09	20 268.83	19 405.73	18 492.92	18 492.92	18 492.92	18 492.92	18 492.92	18 492.92	18 492.92
9.2	可变成本	788 331.83	64 361.06	80 441.20	80 441.20	80 441.20	80 441.20	80 441.20	80 441.20	80 441.20	80 441.20	80 441.20
10	经营成本	897 617.41	74 138.67	91 497.64	91 497.64	91 497.64	91 497.64	91 497.64	91 497.64	91 497.64	91 497.64	91 497.64

附表 9　产品原辅材料、燃料及动力费估算表

序号	项目	年耗用量		不含税单价/元	年金额/(万元/年)	进项税额/(万元/年)
		单位	数量			
1	主要原材料				69 759.08	11 859.04
1.1	多晶硅	kg	1 500 000	465	69 750	11 857.50
1.2	40%氢氟酸	kg	305	7	0.21	0.04
1.3	35%盐酸	kg	10 000	0.75	0.75	0.13
1.4	68%硝酸	kg	14 000	5.5	7.70	1.31
1.5	氢氧化钠	kg	6 000	0.5	0.30	0.05
1.6	氩气	Nm^3	2 400	0.5	0.12	0.02
2	燃料及动力				6 807.45	1 156.39
2.1	电	kW·h	7.983×10^7	0.85	6 785.55	1 153.54
2.2	水	t	7.3×10^4	3.00	21.9	2.85
合计(1+2)					76 566.53	13 015.43

附表 10　固定资产折旧估算表

单位:万元

序号	项目	折旧年限/a	原值	分摊值	运营期									
					第1年	第2年	第3年	第4年	第5年	第6年	第7年	第8年	第9年	第10年
1	新增房屋建筑	20	15 572.44	16 646.56										
1.1	折旧费				749.10	749.10	749.10	749.10	749.10	749.10	749.10	749.10	749.10	749.10
1.2	净值				15 897.47	15 148.37	14 399.27	13 650.18	12 901.08	12 151.99	11 402.89	10 653.80	9 904.70	9 155.61
2	机器设备	10	59 272.40	63 360.76										
2.1	折旧费				6 019.27	6 019.27	6 019.27	6 019.27	6 019.27	6 019.27	6 019.27	6 019.27	6 019.27	6 019.27
2.2	净值				57 341.48	51 322.21	45 302.94	39 283.67	33 264.40	27 245.13	21 225.85	15 206.58	9 187.31	3 168.04
3	其他资产	10	1 621.30	1 733.14										

附表 10(续)

序号	项目	折旧年限/a	原值	分摊值	运营期									
					第 1 年	第 2 年	第 3 年	第 4 年	第 5 年	第 6 年	第 7 年	第 8 年	第 9 年	第 10 年
3.1	折旧费				173.31	173.31	173.31	173.31	173.31	173.31	173.31	173.31	173.31	173.31
3.2	净值				1 559.82	1 386.51	1 213.19	1 039.88	866.57	693.25	519.94	346.63	173.31	0.00
4	合计原值		76 466.14	81 740.45										
4.1	折旧费				6 941.68	6 941.68	6 941.68	6 941.68	6 941.68	6 941.68	6 941.68	6 941.68	6 941.68	6 941.68
4.2	净值				74 798.77	67 857.09	60 915.41	53 973.73	47 032.05	40 090.37	33 148.69	26 207.01	19 265.33	12 323.65

附表 11　其他资产摊销估算表

单位:万元

序号	项目	摊销年限/a	原值	运营期									
				第 1 年	第 2 年	第 3 年	第 4 年	第 5 年	第 6 年	第 7 年	第 8 年	第 9 年	第 10 年
1	土地费用	50	3 000										
1.1	摊销费			60	60	60	60	60	60	60	60	60	60
1.2	净值			2 940	2 880	2 820	2 760	2 700	2 640	2 580	2 520	2 460	2 400
2	其他资产	10	100										
2.1	摊销费			10	10	10	10	10	10	10	10	10	10
2.2	净值			90	80	70	60	50	40	30	20	10	0
3	合计		3 100										
3.1	摊销			70	70	70	70	70	70	70	70	70	70
3.2	净值			3 030	2 960	2 890	2 820	2 750	2 680	2 610	2 540	2 470	2 400

益率、财务净现值、投资回收期、项目资本金财务内部收益率、总投资收益率和项目资本金净利润率等。

本项目盈利能力指标计算结果见附表1。

14.1.1　项目投资现金流量分析(融资前分析)

项目投资现金流量分析属于融资前分析,所得税后项目投资财务内部收益率为26.74%,大于设定的基准收益率12%,其他各项盈利能力均很理想,项目盈利能力较强。项目投资现金流量表见附表12。

14.1.2　项目资本金现金流量分析(融资后分析)

项目资本金财务内部收益率36.90%,远远高于基准收益率,说明项目资本金的盈利能力很强。项目资本金现金流量表见附表13。

14.1.3　静态利润分析

本项目所得税率按照25%计算,税后利润提取10%的法定公积金。项目正常年利润总额为28 191.42万元,企业所得税7 047.86万元,税后利润为21 143.57万元,该项目总投资收益率为28.93%,均高于同行业平均收益率水平;该项目资本金净利润率为46.04%,高于投资者的目标收益率。因此,从静态分析来看,该项目具有较强的盈利能力。利润及利润分配估算表见附表14。

14.2　偿债能力分析

该项目在运营期前3年内,采用等额还本付息方式偿还建设投资借款。偿债能力分析主要通过编制还本付息表和资产负债表,计算利息备付率、偿债备付率和资产负债率等指标。项目生产开始年的资产负债率为39.49%,资产负债率较低,并逐年降低,利息备付率和偿债备付率逐年升高,项目的偿债能力较强。项目还本付息表见附表15,资产负债表见附表16。

14.3　财务生存能力分析

财务生存能力分析主要是编制财务计划现金流量表,见附表17。通过分析计算,该项目具有足够的净现金流量维持正常运营,各年累计盈余资金均为正值,具备财务上可持续的必要条件。

14.4　不确定性分析

对该项目进行不确定性分析,主要包括线性的盈亏平衡分析和单因素敏感性分析。

14.4.1　盈亏平衡分析

以生产能力利用率表示盈亏平衡点,计算为:

$$\text{盈亏平衡点}=\frac{\text{固定成本}}{\text{营业收入}-\text{营业税金及附加}-\text{可变成本}}\times 100\%=39.61\%$$

生产能力利用率为39.61%,表明项目生产和销售能力只要不低于该点,项目就能够保本。根据市场行情分析,销售率低于该点的可能性极小,即项目的抗风险能力较强。

14.4.2　敏感性分析

考虑到项目实施过程中的一些不确定因素,对本项目在建设期和生产期存在的主要不确定因素进行敏感性分析。以销售价格、建设投资为不确定因素,以项目全部投资内部收益率(所得税前)为分析指标,进行单因素敏感性分析,分析结果见附表18。

附表 12　项目投资现金流量表

单位：万元

序号	项目	合计	建设期	运营期									
			第 1 年	第 2 年	第 3 年	第 4 年	第 5 年	第 6 年	第 7 年	第 8 年	第 9 年	第 10 年	第 11 年
	生产负荷/%		80	100	100	100	100	100	100	100	100	100	100
1	现金流入	1 280 807.14		102 400	128 000	128 000	128 000	128 000	128 000	128 000	128 000	128 000	154 407.14
1.1	营业收入	1 254 400		102 400	128 000	128 000	128 000	128 000	128 000	128 000	128 000	128 000	128 000
1.2	补贴收入												
1.3	回收固定资产余值	12 323.65											12 323.65
1.4	回收流动资金	14 083.49											14 083.49
2	现金流出	1 003 815.03	83 544.45	86 270.56	95 023.26	92 372.09	92 372.09	92 372.09	92 372.09	92 372.09	92 372.09	92 372.09	92 372.09
2.1	建设投资	83 544.45	83 544.45										
2.2	流动资金	14 083.49		11 432.33	2 651.17								
2.3	经营成本	897 617.41		74 138.67	91 497.64	91 497.64	91 497.64	91 497.64	91 497.64	91 497.64	91 497.64	91 497.64	91 497.64
2.4	税金及附加	8 569.67		699.57	874.46	874.46	874.46	874.46	874.46	874.46	874.46	874.46	874.46
3	所得税前净现金流量	276 992.11	−83 544.45	16 129.44	32 976.74	35 627.91	35 627.91	35 627.91	35 627.91	35 627.91	35 627.91	35 627.91	62 035.04
4	所得税前累计净现金流量		−83 544.45	−67 415.01	−34 438.27	1 189.63	36 817.54	72 445.44	108 073.35	143 701.25	179 329.16	214 957.06	276 992.11
5	调整所得税	69 524.03		5 137.52	7 154.06	7 154.06	7 154.06	7 154.06	7 154.06	7 154.06	7 154.06	7 154.06	7 154.06
6	所得税后净现金流量	207 468.08	−83 544.45	10 991.92	25 822.68	28 473.85	28 473.85	28 473.85	28 473.85	28 473.85	28 473.85	28 473.85	54 880.99
7	所得税后累计净现金流量		−83 544.45	−72 552.53	−46 729.85	−18 256.00	10 217.85	38 691.70	67 165.55	95 639.40	124 113.24	152 587.09	207 468.08
	指标计算				所得税前				所得税后				
	财务内部收益率 $FIRR$/%				34.42				26.74				
	财务净现值 $FNPV$/万元				95 304.21				60 820.70				
	静态投资回收期/年				3.97				4.64				

附表 13　项目资本金现金流量表

单位:万元

序号	项目年份	合计	建设期	运营期									
			第 1 年	第 2 年	第 3 年	第 4 年	第 5 年	第 6 年	第 7 年	第 8 年	第 9 年	第 10 年	第 11 年
	生产负荷/%			80	100	100	100	100	100	100	100	100	100
1	现金流入	1 280 807.14		102 400	128 000	128 000	128 000	128 000	128 000	128 000	128 000	128 000	154 407.14
1.1	营业收入	1 254 400.00		102 400	128 000	128 000	128 000	128 000	128 000	128 000	128 000	128 000	128 000
1.2	补贴收入												
1.3	回收固定资产余值	12 323.65											12 323.65
1.4	回收流动资金	14 083.49											14 083.49
2	现金流出	1 080 485.60	38 544.45	99 838.92	118 812.18	116 376.79	99 844.75	99 844.75	99 844.75	99 844.75	99 844.75	99 844.75	107 844.75
2.1	用于建设投资的项目资本金	38 544.45	38 544.45										
2.2	用于流动资金的项目资本金	6 083.49		3 432.33	2 651.17								
2.3	经营成本	897 617.41		74 138.67	91 497.64	91 497.64	91 497.64	91 497.64	91 497.64	91 497.64	91 497.64	91 497.64	91 497.64
2.4	税金及附加	8 569.67		699.57	874.46	874.46	874.46	874.46	874.46	874.46	874.46	874.46	874.46
2.5	借款还本付息	62 528.72		17 185.04	17 185.04	17 185.04	424.80	424.80	424.80	424.80	424.80	424.80	8 424.80
2.5.1	还本	53 000.00		14 168.24	14 984.33	15 847.43							8 000.00
2.5.2	付息	9 528.72		3 016.80	2 200.71	1 337.61	424.80	424.80	424.80	424.80	424.80	424.80	424.80
2.6	所得税	67 141.85		4 383.32	6 603.88	6 819.65	7 047.86	7 047.86	7 047.86	7 047.86	7 047.86	7 047.86	7 047.86
3	净现金流量	200 321.54	−38 544.45	2 561.08	9 187.82	11 623.21	28 155.25	28 155.25	28 155.25	28 155.25	28 155.25	28 155.25	46 562.39
	指标计算												
	资本金内部收益率/%			36.90									
	项目资本金财务净现值/万元			68 505.14									

附表 14　利润及利润分配估算表

单位:万元

序号	项目	合计	运营期									
			第 1 年	第 2 年	第 3 年	第 4 年	第 5 年	第 6 年	第 7 年	第 8 年	第 9 年	第 10 年
	生产负荷/%		80	100	100	100	100	100	100	100	100	100
1	营业收入	1 254 400	102 400	128 000	128 000	128 000	128 000	128 000	128 000	128 000	128 000	128 000
2	税金及附加	8 569.67	699.57	874.46	874.46	874.46	874.46	874.46	874.46	874.46	874.46	874.46
3	总成本费用	977 262.94	84 167.15	100 710.03	99 846.93	98 934.12	98 934.12	98 934.12	98 934.12	98 934.12	98 934.12	98 934.12
4	补贴收入											
4	利润总额	268 567.39	17 533.29	26 415.52	27 278.61	28 191.42	28 191.42	28 191.42	28 191.42	28 191.42	28 191.42	28 191.42
5	弥补以前年度亏损											
6	应纳所得税额	268 567.39	17 533.29	26 415.52	27 278.61	28 191.42	28 191.42	28 191.42	28 191.42	28 191.42	28 191.42	28 191.42
7	所得税	67 141.85	4 383.32	6 603.88	6 819.65	7 047.86	7 047.86	7 047.86	7 047.86	7 047.86	7 047.86	7 047.86
8	净利润	201 425.54	13 149.97	19 811.64	20 458.96	21 143.57	21 143.57	21 143.57	21 143.57	21 143.57	21 143.57	21 143.57
9	提取法定盈余公积金	20 142.55	1 315.00	1 981.16	2 045.90	2 114.36	2 114.36	2 114.36	2 114.36	2 114.36	2 114.36	2 114.36
10	累计盈余公积金		1 315.00	3 296.16	5 342.06	7 456.41	9 570.77	11 685.13	13 799.48	15 913.84	18 028.20	20 142.55
11	可供分配的利润	181 282.99	11 834.97	17 830.47	18 413.06	19 029.21	19 029.21	19 029.21	19 029.21	19 029.21	19 029.21	19 029.21
12	应付利润	157 318.03	4 678.41	9 857.82	9 577.32	19 029.21	19 029.21	19 029.21	19 029.21	19 029.21	19 029.21	19 029.21
13	未分配利润	23 964.96	7 156.56	7 972.65	8 835.75							
14	累计未分配利润		7 156.56	15 129.21	23 964.96	23 964.96	23 964.96	23 964.96	23 964.96	23 964.96	23 964.96	23 964.96
15	息税前利润	278 096.11	20 550.09	28 616.22	28 616.22	28 616.22	28 616.22	28 616.22	28 616.22	28 616.22	28 616.22	28 616.22
16	息税折旧摊销前利润	348 212.92	27 561.77	35 627.91	35 627.91	35 627.91	35 627.91	35 627.91	35 627.91	35 627.91	35 627.91	35 627.91

附表 15　项目还本付息表

单位：万元

序号	项目	建设期	运营期									
		第 1 年	第 2 年	第 3 年	第 4 年	第 5 年	第 6 年	第 7 年	第 8 年	第 9 年	第 10 年	第 11 年
1	借款及还本付息											
1.1	年初借款本息累计		45 000.00	30 831.76	15 847.43							
1.2	当年新增借款	45 000.00										
1.3	当年应计利息	1 296.00	2 592.00	1 775.91	912.81							
1.4	当年还本付息		16 760.24	16 760.24	16 760.24							
1.4.1	当年还本		14 168.24	14 984.33	15 847.43							
1.4.2	当年付息	1 296.00	2 592.00	1 775.91	912.81							
1.5	年末借款本息累计	45 000.00	30 831.76	15 847.43	0.00							
2	还款来源		14 168.24	14 984.33	15 847.43							
2.1	未分配利润		7 156.56	7 972.65	8 835.75							
2.2	折旧		6 941.68	6 941.68	6 941.68							
2.3	摊销		70.00	70.00	70.00							
2.4	其他资金											
3	流动资金借款											
3.1	流动资金借款		8 000.00									
3.2	流动资金利息		424.80	424.80	424.80	424.80	424.80	424.80	424.80	424.80	424.80	424.80
4	总利息支出		3 016.80	2 200.71	1 337.61	424.80	424.80	424.80	424.80	424.80	424.80	424.80
5	计算指标											
5.1	利息备付率		6.81	13.00	21.39	67.36	67.36	67.36	67.36	67.36	67.36	67.36
5.2	偿债备付率		1.35	1.69	1.68	67.28	67.28	67.28	67.28	67.28	67.28	67.28

附表 16 资产负债表

单位:万元

序号	项目	建设期	运营期									
		第 1 年	第 2 年	第 3 年	第 4 年	第 5 年	第 6 年	第 7 年	第 8 年	第 9 年	第 10 年	第 11 年
1	资产	84 840.45	95 680.53	94 577.29	89 611.50	91 725.86	93 840.22	95 954.57	98 068.93	100 183.29	102 297.65	96 412.00
1.1	流动资产总额		17 851.76	23 760.20	25 806.09	34 932.13	44 058.17	53 184.21	62 310.24	71 436.28	80 562.32	81 688.36
1.1.1	应收账款		6 178.22	7 624.80	7 624.80	7 624.80	7 624.80	7 624.80	7 624.80	7 624.80	7 624.80	7 624.80
1.1.2	存货		9 552.90	11 863.12	11 863.12	11 863.12	11 863.12	11 863.12	11 863.12	11 863.12	11 863.12	11 863.12
1.1.3	现金		805.64	976.11	976.11	976.11	976.11	976.11	976.11	976.11	976.11	976.11
1.1.4	累计盈余资金	0.00	1 315.00	3 296.16	5 342.06	14 468.09	23 594.13	32 720.17	41 846.21	50 972.24	60 098.28	61 224.32
1.2	在建工程	84 840.45										
1.3	固定资产净值		74 798.77	67 857.09	60 915.41	53 973.73	47 032.05	40 090.37	33 148.69	26 207.01	19 265.33	12 323.65
1.4	无形资产及递延资产净值		3 030.00	2 960.00	2 890.00	2 820.00	2 750.00	2 680.00	2 610.00	2 540.00	2 470.00	2 400.00
2	负债及所有者权益	84 840.45	95 680.53	94 577.29	89 611.50	91 725.86	93 840.22	95 954.57	98 068.93	100 183.29	102 297.65	96 412.00
2.1	流动负债总额		5 104.44	6 380.54	6 380.54	6 380.54	6 380.54	6 380.54	6 380.54	6 380.54	6 380.54	6 380.54
2.1.1	应付账款		5 104.44	6 380.54	6 380.54	6 380.54	6 380.54	6 380.54	6 380.54	6 380.54	6 380.54	6 380.54
2.2	建设投资借款	45 000.00	30 831.76	15 847.43	0.00							
2.3	流动资金借款		8 000.00	8 000.00	8 000.00	8 000.00	8 000.00	8 000.00	8 000.00	8 000.00	8 000.00	
2.4	负债小计	45 000.00	43 936.20	30 227.97	14 380.54	14 380.54	14 380.54	14 380.54	14 380.54	14 380.54	14 380.54	6 380.54
2.5	所有者权益	39 840.45	51 744.34	64 349.32	75 230.96	77 345.32	79 459.67	81 574.03	83 688.39	85 802.74	87 917.10	90 031.46
2.5.1	资本金	39 840.45	3 432.33	2 651.17	0.00	0.00						
2.5.2	资本公积金	39 840.45	43 272.78	45 923.95	45 923.95	45 923.95	45 923.95	45 923.95	45 923.95	45 923.95	45 923.95	45 923.95
2.5.3	累计盈余公积金		1 315.00	3 296.16	5 342.06	7 456.41	9 570.77	11 685.13	13 799.48	15 913.84	18 028.20	20 142.55
2.5.4	累计未分配利润		7 156.56	15 129.21	23 964.96	23 964.96	23 964.96	23 964.96	23 964.96	23 964.96	23 964.96	23 964.96
计算指标:资产负债率/%			45.92	31.96	16.05	15.68	15.32	14.99	14.66	14.35	14.06	6.62

附表 17　财务计划现金流量表

单位：万元

序号	项目	合计	建设期	运营期									
			第 1 年	第 2 年	第 3 年	第 4 年	第 5 年	第 6 年	第 7 年	第 8 年	第 9 年	第 10 年	第 11 年
1	经营活动净现金流量	281 071.07		23 178.45	29 024.03	28 808.25	28 580.05	28 580.05	28 580.05	28 580.05	28 580.05	28 580.05	28 580.05
1.1	现金流入	1 467 648		119 808	149 760	149 760	149 760	149 760	149 760	149 760	149 760	149 760	149 760
1.1.1	营业收入	1 254 400		102 400	128 000	128 000	128 000	128 000	128 000	128 000	128 000	128 000	128 000
1.1.2	增值税销项税额	213 248.00		17 408.00	21 760.00	21 760.00	21 760.00	21 760.00	21 760.00	21 760.00	21 760.00	21 760.00	21 760.00
1.1.3	补贴收入												
1.2	现金流出	1 186 576.93		96 629.55	120 735.97	120 951.75	121 179.95	121 179.95	121 179.95	121 179.95	121 179.95	121 179.95	121 179.95
1.2.1	经营成本	897 617.41		74 138.67	91 497.64	91 497.64	91 497.64	91 497.64	91 497.64	91 497.64	91 497.64	91 497.64	91 497.64
1.2.2	增值税进项税额	127 551.26		10 412.35	13 015.43	13 015.43	13 015.43	13 015.43	13 015.43	13 015.43	13 015.43	13 015.43	13 015.43
1.2.3	税金及附加	8 569.67		699.57	874.46	874.46	874.46	874.46	874.46	874.46	874.46	874.46	874.46
1.2.4	增值税	85 696.74		6 995.65	8 744.57	8 744.57	8 744.57	8 744.57	8 744.57	8 744.57	8 744.57	8 744.57	8 744.57
1.2.5	所得税	67 141.85		4 383.32	6 603.88	6 819.65	7 047.86	7 047.86	7 047.86	7 047.86	7 047.86	7 047.86	7 047.86
2	投资活动净现金流量	−97 627.95	−83 544.45	−11 432.33	−2 651.17	0.00	0.00	0.00	0.00	0.00	0.00	0.00	0.00
2.1	现金流入	0.00		0.00	0.00	0.00	0.00	0.00	0.00	0.00	0.00	0.00	0.00
2.2	现金流出	97 627.95	83 544.45	11 432.33	2 651.17	0.00	0.00	0.00	0.00	0.00	0.00	0.00	0.00
2.2.1	建设投资	83 544.45	83 544.45										
2.2.2	流动资金	14 083.49		11 432.33	2 651.17								

附表 17(续)

序号	项目	合计	建设期	运营期									
			第 1 年	第 2 年	第 3 年	第 4 年	第 5 年	第 6 年	第 7 年	第 8 年	第 9 年	第 10 年	第 11 年
3	筹资活动净现金流量	−122 218.80	83 544.45	−10 431.12	−24 391.70	−26 762.36	−19 454.01	−19 454.01	−19 454.01	−19 454.01	−19 454.01	−19 454.01	−27 454.01
3.1	现金流入	98 923.95	84 840.45	11 432.33	2 651.17	0.00	0.00						
3.1.1	项目资本金投入	45 923.95	39 840.45	3 432.33	2 651.17	0.00	0.00						
3.1.2	建设投资借款	45 000.00	45 000.00										
3.1.3	流动资金借款	8 000.00		8 000.00	0.00	0.00	0.00						
3.2	现金流出	221 142.75	1 296.00	21 863.45	27 042.86	26 762.36	19 454.01	19 454.01	19 454.01	19 454.01	19 454.01	19 454.01	27 454.01
3.2.1	各种利息支出	10 824.72	1 296.00	3 016.80	2 200.71	1 337.61	424.80	424.80	424.80	424.80	424.80	424.80	424.80
3.2.2	偿还债务本金	53 000.00		14 168.24	14 984.33	15 847.43	0.00	0.00	0.00	0.00	0.00	0.00	8 000.00
3.2.3	应付利润	157 318.03		4 678.41	9 857.82	9 577.32	19 029.21	19 029.21	19 029.21	19 029.21	19 029.21	19 029.21	19 029.21
4	净现金流量(1+2+3)	61 224.32		1 315.00	1 981.16	2 045.90	9 126.04	9 126.04	9 126.04	9 126.04	9 126.04	9 126.04	1 126.04
5	累计盈余资金	294 876.65		1 315.00	3 296.16	5 342.06	14 468.09	23 594.13	32 720.17	41 846.21	50 972.24	60 098.28	61 224.32

附表18　敏感性分析表

变动因素	内部收益率/%		
变化	−10	0	10
销售价格	20.91	34.42	47.05
建设投资	38.15	34.42	31.26
基准收益线	12	12	12

销售价格敏感度系数＝指标变化率/销售价格变化率

＝(47.05％−20.91％)/[10％−(−10％)]

＝1.31

建设投资敏感度系数＝指标变化率/建设投资变化率

＝(38.15％−31.26％)/[10％−(−10％)]

＝0.34

以上计算表明，销售价格敏感度系数大于建设投资敏感度系数，说明销售价格是影响项目投资效益的敏感因素，因此要控制好项目销售价格，保证投资效益。

各因素对投资财务内部收益率的影响程度趋势见附图1。

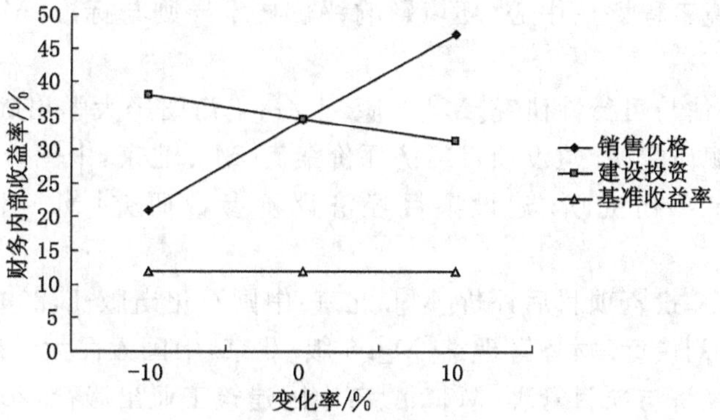

附图1　单因素变化敏感性分析图

参考文献

[1] 迈里克·弗里曼 A.环境与资源价值评估:理论与方法[M].曾贤刚,译.北京:中国人民大学出版社,2002.
[2] 财政部会计资格评价中心.中级会计资格:财务管理[M].北京:中国财政经济出版社,2014.
[3] 曾贤刚.环境影响经济评价[M].北京:化学工业出版社,2003.
[4] 成其谦.投资项目评价[M].5版.北京:中国人民大学出版社,2017.
[5] 国家发展改革委,建设部.建设项目经济评价方法与参数[M].第3版.北京:中国计划出版社,2006.
[6] 何芳,傅旗康.房地产项目后评价理论与实务[M].北京:清华大学出版社,2014.
[7] 环境保护部环境工程评估中心.环境影响评价技术导则与标准[M].北京:中国环境出版社,2018.
[8] 简德三.项目评估与可行性研究[M].2版.上海:上海财经大学出版社,2009.
[9] 建设部标准定额研究所.建设项目经济评价案例[M].北京:中国计划出版社,2006.
[10] 建设部标准定额研究所.建设项目经济评价参数研究[M].北京:中国计划出版社,2004.
[11] 姜伟新,张三力.投资项目后评价[M].北京:中国石化出版社,2001.
[12] 荆新,王化成,刘俊彦.财务管理学[M].6版.北京:中国人民大学出版社,2012.
[13] 李慧民.工程经济与项目管理[M].北京:中国建筑工业出版社,2009.
[14] 刘晓君.工程经济学[M].北京:中国建筑工业出版社,2015.
[15] 万解秋,贝政新.现代投资学原理[M].上海:复旦大学出版社,2012.
[16] 宋维佳,王立国,王红岩.可行性研究与项目评估[M].4版.大连:东北财经大学出版社,2015.
[17] 王立国.项目评估理论与实务[M].4版.北京:首都经济贸易大学出版社,2016.
[18] 张维宾.中级财务会计学[M].4版.上海:立信会计出版社,2012.
[19] 赵国杰.工程经济学[M].天津:天津大学出版社,2010.
[20] 赵国杰.投资项目可行性研究[M].天津:天津大学出版社,2003.
[21] 中国国际工程咨询公司.投资项目可行性研究指南[M].北京:中国电力出版社,2002.
[22] 中国国际工程咨询公司.中国投资项目社会评价指南[M].北京:中国计划出版社,2004.
[23] 周惠珍.投资项目评估[M].5版.大连:东北财经大学出版社,2013.
[24] 注册咨询工程师(投资)职业资格考试参考教材编写委员会.项目决策分析与评价[M].北京:中国计划出版社,2017.